丹尼·迈耶 Danny Meyer —— 著　顾淑馨 —— 译

全心待客

创造直抵人心的非凡体验

SETTING THE TABLE

THE TRANSFORMING POWER OF HOSPITALITY IN BUSINESS

中国人民大学出版社
·北京·

前言

款待的真义

过去的 21 年，我创办了五家铺着白桌布的美食餐厅，一家烧烤店，一家气氛上佳的爵士夜总会，一个卖蛋奶冻、汉堡包和热狗的新式路边摊，纽约现代美术馆内的三家咖啡店，以及一家餐厅级的餐饮承办公司。到目前为止，我还不曾有失败的体验，也希望永远不会有这种体验。

我的生意完全摆在公众眼前，任人评头论足。人们在争论自己喜爱的餐厅时，其热烈程度不亚于讨论政治或宗教议题。经营餐饮业若想经久不衰且成长茁壮，就不能志得意满。每次探听，总会发现又多了一个积极的新竞争对手——想要吸引民众和媒体的注目及喜爱，民众和媒体也迫不及待想尝尝新开餐厅的口味，给它打分数。

我从来没想过做别的行业。我天生就是要当老板，而且命中注定要从事可以与人分享自己喜爱事物的行业。对旅行、美食和美酒的热爱，是让我进入餐饮业的最早原因。就像其他创业家一样，我连自己是否有选择余地都说不上来：即便我从没考虑过餐饮业，它也会找上我。

这么多年之后，餐桌带来的乐趣依旧激励着我不断在事业上精进。然而，真正驱使我每天早上起来去工作，并且写下本书的力量，来自我深信人类具有提供并接受款待的强烈本能需要。婴儿出生没多久，都会收到四件人生最早的礼物：眼神接触、微笑、拥抱，还有食物。尽管日后仍会收到许多别的礼物，但很少能够胜过这四件。或许因为这是我们一生中收到的最纯粹的“款待”，所以终其一生都渴望再获得这些礼物。至少我知道自己是如此。

这点体会，以及我想要好好利用它的决心，是让我事业有成的最大推力。经验告诉我，善于款待别人极为重要，对象从为我工作的人开始，继而依序是顾客、小区邻里、供货商以及投资人。这与某些传统商业模式恰好相反，我称之为“有智慧的殷勤款待”。我们所有的商业决策和一切成就都以此为基础。

从前就有人告诉我，餐饮业是世上最难经营的行业之一。的确，餐厅里各个环节都充满变数，极具挑战性。要把餐厅经营好，必须十八般武艺样样精通，包括选择地点、雇用员工、洽谈协商、训练人员、采购用料、编制预算、设计、制造、烹饪、品尝、定价、销售、服务、营销及招待客人。所有的努力，都是为了生产出一个令人快乐并感到安心的产品。此外，这一行与其他生产性行业不同，在顾客消费和体验产品时，你也会在现场，可以立即看出顾客的反应。那是相当复杂、掺杂感情因素的事。

前 言

本书不同于一般的商业书籍，更不是教人该怎么做的参考手册。我更乐于讲述一个个引领我走进餐饮业的真实人生经验。从事这一行也让我学了好多有关事业与人生的功课。一路走来，我学到的宝贵教训和表达方式，让我得以以目标而非靠直觉来领导。在撰写此书的过程中，我没有特意去做研究，也没有搜集证据，或者访问任何人。但愿这不致减损各位的读兴。

各位可能以为，我从事的是供应美食的事业，我自己过去也这么认为。然而，比供应美食更重要的，应该是为人类的经验和关系创造积极正面、令人振奋的成果。事业就像人生，不外乎你能带给别人什么感觉。一切就是那么简单，却也如此困难。

SETTING THE TABLE

目录

第一章 第一道菜 001
第二章 正式入行 029
第三章 初试啼声 057
第四章 细节里的魔鬼 081
第五章 谁规定不能这么做? 105
第六章 勇往直前 119
第七章 51% 用人法 149
第八章 传达信息，广纳建言 167
第九章 一贯、温和地施压 195
第十章 迈向成功之路 223
第十一章 完美的循环 241
第十二章 情境至上 273
第十三章 款待的艺术 293

SETTING THE TABLE

第一章

第一道菜

我对人生的了解，得自人群的知识多过来自书本的，而我对人的了解有不少是从他们所吃的食物中体悟到的。每年，总有些日子我是在旅途中，或者一个人，或者与家人、朋友、同事结伴同行。每到一个地方，得空的第一件事便是去参观当地的食品市场、点心店、肉铺和杂货店。我会去看陈列在餐厅外的菜单，旁观当地人与商贩你来我往的讨价还价。遇见看起来像本地居民的路人，我会问他们，如果像我一样只能在此地待一两天，会去哪里用餐。凡是注重饮食文化的地区，往往也会重视生活、历史和传统。我特别留意带有地方特色的习俗，也就是别处看不到的饮食方式，对于寻找各地特产、美食餐厅始终乐此不疲。

从最早有记忆起，我一直是以眼、鼻、口在吃东西。我四岁时爱上迈阿密海滩浅水湖餐厅的石蟹，一吃就停不下来（要是有人肯听口齿不清的我发表意见，我也会说个不停）。此外，我还记得自己在佛罗里达州基韦斯特吃莱姆派；在圣塔巴巴拉城外山上吃下平生第一个在路边买的奶酪汉堡包；在旧金山渔人码头餐厅品尝黄金蟹和腌鲍鱼；在缅因州奥甘奎特吃龙虾堡。七岁时，我跟着父母到法国南锡市旅游，吞下平生第一个法式蛋挞；在塔卢瓦尔镇首次尝到瓶装矿泉水（依云和 Vittel）的滋味；也清楚记得阿讷西湖湖水的滋味，因为在湖里游泳时尝过。在普罗旺斯的山城旺斯圣保罗的金鸽餐厅，我发现了野草莓和法式鲜奶油；在巴黎的杜乐丽花园，我吃到了夹在法式面包里的香肠加辣芥末。母亲坚持要我写旅游日记，我的写作能力有很大提高，这是母亲给我的最好的礼物之一。我记下的不是参观过的博物馆或教堂，而是每一样吃过的食物。

回到圣路易斯，我对家乡父老的饮食习惯同样好奇。念小学时，我从家里带午餐到学校后，会跟同学换三明治，大家一起吃。倒不是因为同学的午餐比较好吃，而是我知道这是认识别人的最好方法。我从未听说过奇妙酱，直到某天与同学交换熏肠三明治（白面包夹一片熏肠，再加奇妙酱），才知道有这种酱，味道与我家用的好乐门美乃滋完全不一样。我开始依照喜欢好乐门口味还是奇妙酱口味，去认识不同的家庭。我也发现对面人家用的烤肉酱是气味浓烈但较稀的正统圣路易斯 Maull’s 牌，我家则是用流行的 Open Pit 牌，再以它为基底添加其他调味料。我学到用哪个牌子的花生酱加哪个牌子的果酱比较好吃；有些家庭选用亨氏番茄酱，有些爱用 Hunt’s 或 Brooks。我慢慢认识了不同品牌番茄酱口味的差异，也变得在乎这些差异。

这段在食物世界里探索的经历，不仅帮助我了解自己和他人，而且让我进入餐饮业，或许它也正是我的餐厅口味颇受好评的原因。同时我也相信，一定有人知道该如何使某种食物变得更好吃一点。这段探索和发现的过程给了我许多启发。

我在纽约市经营的餐厅及其他事业——联合广场餐厅、感恩小馆、十一号麦迪逊公园、塔布拉、蓝烟、爵士标准、奶昔小站、现代咖啡厅、二号咖啡厅、五号平台咖啡厅，加上哈德逊庭院酒宴承办公司，所有的构想及动力全来自这样一股热情，就是想要给我所谓现状与未来预期间的对话增添魅力与新意的热情。我决定开印度风味的塔布拉餐厅时，曾列出十项纽约一般印度餐厅应具备的条件，包括合乎预期的菜单、繁复的装潢、以西塔琴为背景音乐、严格的服务和款待等。继而我扪心自问：对于纽约客与印度餐馆来说，塔布拉还可以贡献什么？或许因为我们既要学又要教，这家餐厅初期的发展并不顺利，可是它的表现超出我的预期，不仅开创了美国“新印度”菜，而且培养了一批忠实顾客。塔布拉有多么成功，或许从不断涌现仿效者就可以看出。

无论是印度香料、美国新美食、小区小餐馆、烤肉店、豪华餐厅、大联盟爵士夜总会、传统美术馆自助简餐店，还是奶昔汉堡包，我向来都是全心全意地探索每个自己感兴趣的主题，再把我找到的最佳范例与一些预期之外的东西结合起来，创造出焕然一新的情境。然后再询问自己和同事：怎么做才能更好？新开餐厅，甚至设计食谱，就像作曲：音阶中只有那几个音符，所有的旋律及和声都由这些音符组成，而窍门就在于如何用过去不曾有过的方式加以组合。我们一直面临的挑战，正是如何将精致餐饮最精华的元素与殷勤的款待结合起来，也就是说，要亲切热忱地欢迎顾客。

这在餐饮业一度是个颇激进的理念。过去，优质美食总是配上冷淡僵硬的服务。如今，我们开始朝另一个方向发展，开设气氛随兴的烤肉店或奶昔汉堡摊，再雇请殷勤周到的员工、使用最上等的原料，做出超出顾客期待的尝试。这种策略基本上是知易行难，不过几乎在所有行业都适用。

■

为什么我如此渴望以仔细用心和始终如一的态度提供美食？为什么我对探索和发掘最好的食物兴致高昂？答案是我的家庭，尽管家庭对我的不同影响经常彼此矛盾。我人生中最重要的三位男性榜样是三个经营理念、个性全然不同的生意人！

我的父母罗克珊（Roxanne）与莫顿·路易斯·迈耶（Morton Louis Meyer）在1950年代初结婚，之后两年住在法国洛林省的南锡市。家父是派驻当地的陆军情报官，祖父是圣路易斯商人莫顿·迈耶（Morton Meyer），曾就读于普林斯顿大学，后来经营汤普森-海沃德化学公司。祖父是位有远见的民间领袖，也是忠实的共和党员，但他也明白与民主党的合作很重要。例如，他和斯图尔特·赛明顿（Stuart Symington）参议员曾协力为建造圣路易斯的防洪堤募款，并促成必要的结盟。他在圣路易斯是有头有脸但不苟言笑的名人，虽很少与家人谈论自己的工作，却常常跟我聊棒球和赛马。祖父在许多方面和大胆、爱冒险创业的儿子——我的父亲，正好相反。父亲也毕业于普林斯顿大学，他有语言方面的天分，在学校学会了流利的法语、意大利语及拉丁语（英语也很棒，曾担任《普林斯顿日报》副总编辑）。

母亲同样出身优渥的中西部家庭。外祖父欧文·哈里斯（Irving B. Harris）是个相当特别的人——有精明的商业头脑，又具备社会意识，对我做人以及成为餐厅老板这两件事影响很大。他毕业于耶鲁大学，不到 40 岁便赚到第一桶金，与兄弟一起创办托尼家用品公司，并于 1948 年以当时的天价 2 000 万美元将其卖给吉列安全刮胡刀公司。

外祖父敏锐的商业分析头脑与家父直觉式的冒险创业作风大异其趣。小名莫提（Morty）的父亲，对于经营公司总有一大堆新鲜、富有想象力的点子，外祖父则热衷于投资或购并别人的事业，把资金下注在企业高层领导人的个人能力上。对他而言，评估人的潜力与提出商业构想同样重要。

我景仰外祖父，敬畏他在事业上的成功。我从他身上看到了自己的好胜心，也开始相信自己有获胜的潜力。但是多年来，由于误以为顺从父亲就得如此，所以我压抑了对外祖父的爱，也抑制了自我实现。外祖父与父亲可能一度感情不错，而随时光流逝却愈来愈厌恶对方。如果逼外祖父说出他真正的看法，他会将我的父亲描述成一个不可测、不负责任的赌徒。家父则认为他的岳父是个专横的暴君，丝毫不肯放松对女儿以及家族中每个人的控制，私下称他“老大”。翁婿间的对立关系对我父母亲的婚姻造成了破坏，两人在结婚 25 年后离婚。

1955 年，父亲在海外服役期满，当时父母亲仍然十分相爱，也喜欢欧洲。他俩对法国的认识和喜爱，是维系情感的一大力量。我从小就经常与家人一起出国度假，在那些旅程中浸淫于欧洲餐旅业者所展现的优雅待客作风。那是一种经久不衰的文化。我们经常住在法国的民宿里，那里的待客之道充满感情，美食也与众不同，幼时的旅程给我留下了不可磨灭的印象。上菜时附带的拥抱往往让食物吃起来更美味！这种体会逐渐演变成我的经营策略：以殷勤款待为核心，处处为顾客着想。

殷勤款待是我的基本经营理念。

在任何商业交易中，最重要的莫过于给人的感觉。

当你相信对方是在替你着想，就代表殷勤款待是存在的。反之亦然。

事情“专为”你而做就是殷勤款待；如果只是“交差了事”，那就无所谓殷勤。

“专为”和“交差了事”两个简单的概念，一切尽在不言中。

父亲在圣路易斯把所有对法国事物的爱好投注在事业上，创办了概念新颖而成功的旅行社。他珍爱的收藏包括《美食家》《假期》，以及后来的《旅游休闲》杂志，几乎每一本都买。他经营的旅行社叫“大道旅游”，提供量身打造的旅游行程，并经常与全法家庭式旅店网（如今已是声誉卓著的国际小型豪华旅店网）合作。父亲十分喜欢规划开车游历乡间的行程，他会提醒游客在哪里会碰到什么葡萄园、有哪些值得一看的博物馆或特别好吃的小馆子。父亲的贴心让他深受客户欢迎，生意蒸蒸日上，当我对别人提起父亲是旅游业重要组织美国旅行社协会（American Society of Travel Agents，ASTA）的会长时，心中总是充满了骄傲。

他和母亲一样崇尚欧洲风。他们经常为从法国、意大利和丹麦来的朋友或生意上的合作伙伴举办鸡尾酒会。这些人有的是来此出差，有的是专程绕道来圣路易斯看我们。有几年，我们家成了法国旅店老板成年子女的家。这些年轻人白天在父亲的办公室帮忙做翻译和行政工作，晚上则充当姐姐南希、弟弟汤姆和我的家教，以此换取食宿。在我眼中，他们仿佛是法国的非正式文化大使，家里总是能听到法语。我们家那只神经兮兮的法国纯种狮子狗，就根据一道父亲最喜欢的普罗旺斯菜，被取名为“Ratatouille”（意为焖炖蔬菜）。直到今天，那道菜的辛香辣味，以及大蒜、橄榄油、茄子在平底锅里吱吱作响的声音，仍让我回味不已。餐桌上一定有瓶博若莱村酒。每当我们在烤架上慢烤特厚嫩牛排时，滴下的油脂总是让炉火冲得老高，父亲自有一套控制火候的秘诀：把牛排浸在他正在喝的红酒里。那当然是火上浇油。

父亲无疑是我心目中的英雄：他是快乐主义者、美食家，也懂得珍惜生命、体验人生。他热爱赛马场的冒险刺激，即便我还太小，不能下注，他也会让我尝尝个中滋味。到赛马场玩，是迈耶家的传统。每年的八月，我的祖父母几乎都待在纽约州的萨拉托加，每周六天到马场报到。父亲连做生意也酷爱冒险，爱好旅游和美食的他，总想要与别人分享他的新发现，新点子源源不绝。“大道旅游”旅行社一度在芝加哥、洛杉矶、纽约和巴黎设有办事处，后来更是在欧洲广设网点。我永远记得他骄傲地炫耀一张旅行社的股票，上面的投资人是美国老牌女星伊娃·加德纳（Ava Gardner）。父亲在纽约聘请了一位宣传专家埃塞尔·阿伦（Ethel Aaron），此人以绝妙的手法帮父亲推广生意，像是让父亲上《谁是真的》节目演冒充者。八岁大的我会骄傲地向朋友吹嘘爸爸上电视的事。

1960 年代末，当时我还很小，旅行社突然倒闭了。我依稀记得当时难过地流下了眼泪，非常遗憾，对细节则印象模糊。我记得大人们说过这样的话：“我们扩张太快。”而我的想法是：“我的英雄失败了。”祖父母也因此倍受折磨。家父是总经理，叔叔当副总经理，无论旅行社倒闭的原因是什么，都在他们兄弟间造成严重的裂痕。当叔叔和婶婶带着我挚爱的堂弟妹离开纽约另起炉灶时，我整个人都崩溃了。母亲极度难过，她的失望和非难之情显而易见。家人都不愿公开谈论细节，深受打击。

1970 年我 12 岁时，父亲一心投入旅馆业，到了意大利。尽管母亲再三恳求，外公也是心有不甘地借他 100 万美元，父亲仍执意签下长期租约，在罗马和米兰各开了一家旅馆。他深信经营旅馆可以致富。跨洲经营旅馆终究是行不通的，经常在外奔波，生意却始终没有起色。父亲最后总算找到愿意接手的人，但也付出了极大的财务代价。不久，他又开始进行下一个构想。

1972 年，超级乐观的父亲又创办了一家公司，名为恺撒联合公司。这家公司以超低折扣销售市场规模很小的团体旅游套餐，对象是航空同行，即航空公司员工和家属。航空业组织国际航空运输协会（International Air Transport Association，IATA）的会员，可以用低到令人难以置信的票价搭乘候补机位的班机。

父亲想到的商业模式很简单，但从没有人做过。他汇集所有 IATA 会员可享受的折扣，包装成最长两周的旅游套餐。除了低价机票，他又谈出食宿、交通、观光和购物的最低价格。在附加价值方面，他提供极富创意的行程，并以团体旅游潜在的购买力，创造出物超所值的诱人产品。他在每个景点都雇用年轻出色的导游，撰写源源不绝的营销文案，不断把各种旅游机会告诉客人。他文笔好，又擅长编辑，直接写信给客户的做法在多年后给我灵感，让我创办了自己的顾客刊物，以联系并扩大联合广场餐厅的客源。父亲不忘纠正刊物中的每个文法错误，或是删除赘字。（不用说，如果他还活着，一定也会对本书有意见的！）

恺撒联合公司其实风光过几年，在伦敦、巴黎、哥本哈根、马德里和罗马都有分支机构。可惜父亲并不满足。1960 年代和 1970 年代生意失败的惨痛教训，他并没有吸取，反而又把赚来的全部资金投在另一桩新生意上：在圣路易斯从事高风险的房地产及旅馆买卖。他在圣路易斯共拥有两家旅馆：七阁楼旅馆以及颇受好评的路易斯法国餐厅。至于丹尼尔希尔顿和成绩平平的伦敦烧烤，不论从哪方面看来都是失败的。父亲把整个公司抵押，借钱来买这些旅馆，又在密苏里州的克莱顿买下一栋医疗大楼，打算重新开发成大事业。不过在他把整栋大楼原有的租户全部清走后，公司已出现严重赤字。金主纷纷撤资，并对他提出诉讼。父亲或许是创意不断的创业家，可是缺乏必要的处理或控制情绪的技巧，又未能重用忠诚可靠且有才干的员工，好让他们的长处弥补父亲的短处。1990 年，父亲在于 59 岁因肺癌过世前不久，再次破产。我们全都体会到一种似曾相识的痛苦。

■

现在回想起来，父亲经营事业的方式犹如赌博，我一直引以为戒。为了避免重蹈父亲过快扩张的覆辙，我始终害怕把生意扩张得太快。

我并不反对冒险，可是我严格自我约束，也不想抱着赌徒心态。即使在赛马场上赌输 10 美元都会让我耿耿于怀，但我愿意为了新餐厅而赌上百万美元。当在自己身上下注时，我非常愿意冒险，因为我会让自己与有才干、人品佳的员工为伍。我在用人方面远比在赌马上更自信。相反，父亲在自认为很行的地方，从不觉得有必要跟比他高明的人较量。他需要觉得自己很重要，喜欢得到别人的认同，他必须做王，这是他把公司命名为恺撒的原因。我虽然也喜欢当领头者，可是我最大的喜悦是来自能够领导一个团队，而不是独力坐上王座。殷勤款待是一种团体合作。

有一点要说清楚的是：父母 25 年的婚姻是靠着许多因素来维系的，包括两人共同的兴趣。这在我身上留下了不可磨灭的印迹，也帮我做出了很多生意上的抉择。双亲均雅好现代艺术，各有敏锐的收藏眼光。多亏他俩明智的选择和有先见之明的收购，我有幸得以在欣赏名家的作品中长大，培养出优于一般人的鉴赏力，也学会与他人分享对艺术的热爱。

音乐是父母带给全家的共同的乐趣和喜好。在我记忆中，家中音响总是播放着原声唱片。每个炎热潮湿的夏天，我们都会去圣路易斯露天的谬尼歌剧院看音乐剧。冬季则是到城里的美国剧院观赏巡回演出的百老汇音乐剧。父亲知道所有剧中歌曲的歌词，却永远唱不准曲调；每次喝多了就唱着走音的歌曲，而且愈来愈大声、愈来愈夸张。

旅行也是如此。父母每年至少两次单独度假，另外再带着子女度三次假。圣诞节和复活节假期，我们经常在佛罗里达州度过。每逢暑假全家旅游的时间最长可达三周。六岁那年我们去加利福尼亚州（匹苏普安德森斯旅馆、渔人码头餐厅的发酵酸面包和鲍鱼，令人难忘）。七岁去法国，每件事都给我留下了深刻印象：早餐喝的热巧克力，苦到必须放两颗方糖；发酵的法棍面包；法式鲜奶油和咸咸的深黄色奶油。八岁那年去新英格兰，吃了炸伊普斯威奇蛤、龙虾堡、奶油酱、浓浓的奶油蛤蜊汤，还有金黄色的印度布丁。

随着时光流逝，旅行逐渐变成意味着父亲要离家两三周，可想而知母亲会感到孤单难过。虽然我很少说出来，但是我同情母亲。我们喜欢玩有输赢的拼字游戏，也会在每天下午五点半一起看沃尔特·克朗凯特（Walter Cronkite）主持的CBS晚间新闻。我跟她一样专注于当天发生的大事，每天早上读《环球民主报》，每天下午读《圣路易斯邮报》。我俩政治立场相同，那些时刻是我们母子关系的避风港，不过当时我会不自觉地为父亲辩护。随着父母关系恶化，我与母亲的关系也生变，夹在愈演愈烈的家庭冲突当中。然而排行中间的我，受到各方力量的拉扯，反而练就了往来折冲、谈判以及与逆境抗争等有用的技巧，这日后在事业和生活上帮了我很大的忙。

身体的发育，加上对没吃过的食物来者不拒，十二岁的我有点发胖。记得母亲带我到百货公司买衣服，我们逛的是过去有“壮汉部”之称的专柜。她担心我吃得太多，可是控制食量对我来说等于是一种惩罚，只会让我更贪吃。当时流行靠计算卡路里来节食，外公给了我一本书，里面列出几乎地球上所有食物的热量。他答应我每减轻一磅，就给我一美元。母亲开始以超薄培伯莉白面包做只有一片面包的三明治给我吃。

星期天，我和弟弟汤姆（他常是我偷吃的共犯）清晨六点便起床，蹑手蹑脚地打开冰箱，找里头的剩饭剩菜吃。我们用煮锅来做美式奶酪三明治（如果煎着做，会有很浓的奶油香，把每个人都唤醒）。我也可以熟练地切下一片 Usinger's Milwaukee 熏肝肠，再小心地恢复原状。无所不知的母亲从未逮到过我们。

十来岁时，我为了食物与母亲关系紧张。后来我经营餐厅有成，除了外公，最高兴的莫过于她。外公原本劝我不要沾这一行，直至他老人家在 2004 年以 94 岁的高龄过世前，他始终以我的成就为傲。外公和母亲两人拼命提醒我该吃什么、不该吃什么，反而增强了我对食物的热爱，因为食物的美味及其对我而言的意义——既是营养也是爱的象征。

我曾在威斯康星州北部参加尼巴加蒙夏令营，度过六个美妙的暑假，学会在野外生火做饭。这个夏令营只限男生参加，家父、叔伯、舅舅、堂表兄弟们都参加过，它有助于强化我在家里学到的道德和伦理守则。星期日晚上的营火会，是每周固定活动，鼓励参加者讲述有关伦理的小故事。这些故事教导我应该在精神上与大自然及环境融为一体。

周五晚上是烹饪夜。我们学习自己劈柴；寻找可以引燃火苗的木材；准备做菜原料；用吊在火上的烤盘，或把自制锡箔纸包埋在煤炭下，来熏、烤、焖肉。我们学着使用铝制“反射式加热炉”，把它摆在炉坑附近，让火发出的热反射到烤盘上，以此来烤蛋糕。

每栋小木屋都要推选一位代表，参加夏令营一年一度的“主厨帽”大赛，这是尼巴加蒙的最高烹饪荣誉。12 岁时，我被小组推选为代表。我毫不客气地大展身手：做招牌、挖炉坑、清理周遭环境，把露营区整理得像露天餐厅，让顾客愿意上门。我洗切材料、烹煮，完成三道菜的全餐。评分标准不止菜品，还包括清洗锅碗瓢盆、熄灭炉火、填平炉坑等，其中最重要的一项是能否“让营地变得比原来更整洁”（这个观念至今仍是我衡量事业与人生成就的一个主要标准）。所有参赛者各拿到一袋完全一样的食材：四个土豆、一整只鸡、四个柠檬、一块黄油、两把芹菜、两根胡萝卜、一个西红柿、一盒蛋糕材料，以及一些盐与胡椒。

整个过程得花上一整天。我一心只想争第一，做了多汁的柠檬鸡，以及放在余火里焖熟的土豆，配上很入味的番茄沙拉以及香草夹心蛋糕。最后我得了第一，其实是与另一人并列第一。我的鸡显然最好看也最好吃，不过我被扣了几分，因为我烤的两个蛋糕中有一个从反射式加热炉的架子上滑下来，掉进了火里。我及时救出了那个蛋糕，可是来不及清掉上面的炉灰就直接洒上糖霜。咬在嘴里别有一番口感和烟熏味！

十来岁时的我便开始为朋友做菜。我利用很简单的材料，例如热狗或德国蒜肠，从中间切开，里面塞奶酪，再用一片熏肉包起来，放在烤肉炉架上烤。我也自创独门特制烤肉酱，用 Open Pit 牌烤肉酱为底，拌入番茄酱、大蒜泥、伍斯特郡酱、红糖、少许辣椒粉，以及大量黑胡椒碎。我从完全不会，到学会做美味比萨，并以自创的塔可饼为傲。朋友来我家，都很爱吃我们的餐点（除了家母做的烤鸡肝），每次的例行活动是打篮球、美式足球、曲棍球或桌球，然后做菜，大家乐此不疲。

在青春期，食物依然是我社交生活的重心。十年级时，我在家政课上学烹饪，同班只有两个男生，而我所追求的不只是烹饪方面的兴趣。那一年我从纯男校圣路易斯走读学校转学到男女合校的约翰巴勒斯中学。该校是所优秀但要求极高的独立学校，在那儿我第一次为女生而分心，成绩因此大大退步。对 15 岁的我来说，最重要的便是追求漂亮女生、在街头打曲棍球、在草地上打美式足球、打网球，还有就是带着收音机上床，调到 KMOX 频道，贴着耳朵听杰克·巴克（Jack Buck）解说圣路易斯红雀队的比赛实况，或者听丹·凯利（Dan Kelly）播报圣路易斯蓝调队的冰球比赛。此外，我生命中有个从未间断的主题就是美食。每周六晚上我和朋友们都会不约而同地聚集于牛排奶昔屋，大啖细薯条、奶酪牛排堡和奶昔。在牛排奶昔屋度过的夜晚，是我最怀念的吃汉堡包经历，至于汉堡包是不是天下最好吃的并不重要（数十年后，这些美好回忆给了我灵感，促使我在纽约麦迪逊广场公园开设了奶昔小站）。

若是比较讲究的约会，我会带女生去通称“小丘”的意大利区乔瓦尼餐厅。那里的烤意大利方饺、贝壳通心面和小牛肉片非常好吃。更重要的是，老板乔瓦尼·加布里埃（Giovanni

Gabriele）总让我觉得自己在约会对象面前像个年轻的重要贵宾——老板允许我签支票付账。不过这是因为父亲是这家餐厅的常客，在这里有签账户头。偶尔我会和父亲一起来用餐，他总是点一瓶好酒。当时的我经常趁侍者不注意时，喝掉至少半杯酒，剩下的父亲会解决。他在这里总是像帝王般被对待，对我来说，同样是很美好的体验。

多年后的现在，我明白自己对父亲仍保有一种近乎反常的忠诚，甚至不惜以自己的最佳利益受损为代价。当他遭逢事业与婚姻失败时，我仍然努力维护他高高在上的地位。我们一起玩各种纸牌游戏，他几乎把把都赢我；我的网球技巧好到可以入选单打校队，可是我绝对不让自己打败父亲。无论比什么，潜意识总是跟我作对：对我缚手缚脚，而让父亲胜券在握。

■

升上巴勒斯中学毕业班后，过去几年成绩欠佳的后果，导致我只申请了三所大学。收到大学通知那天，我大失所望：普林斯顿和布朗大学都未录取我，就连康涅狄格州哈特福德的三一学院，我也只勉强得到备录取。外祖父打电话来，说他有办法让我进芝加哥大学，他在那里捐了不少钱。我不想这么做，事实上连考虑都不能；父亲一定会将我去读芝加哥大学看作是向敌队投降，会让他脸上无光。更何况我也不愿屈服在强势外公的意旨下，我要展开自立的人生。

我知道该怎么做。我卑躬屈膝地写了封感人的恳求信给三一学院。努力总算有了回报，我收到正取通知，免于无校可读的窘境。沉睡体内的运动员竞争精神终于从冬眠中苏醒。1976年，我自巴勒斯中学毕业，离家读大学，从此大梦初醒。

在三一学院的第一学期我几乎每科都拿A。我急于向校方证明，也向自己证明，当初没有直接录取我是错的。自尊心和不服气是我努力的动机，我也从心目中的棒球英雄鲍勃·吉布森（Bob Gibson）身上受到许多启发。记得他担任红袜队投手时，有个在第一轮打出全垒打的球员，第二次上场时却被他轻松解决。至今对我最有效的激励法，就是别人告诉我，我的能力不止于此。

读完大二后，我到罗马工作，担任恺撒联合公司接待员和同业旅游团的导游（我家三个孩子年满20岁后就得做这份工作：姐姐南希在丹麦当交换生，然后就留在哥本哈根工作；弟弟汤姆十几岁便到法国当交换生，最后也留在巴黎工作）。我们的意大利套餐行程分为三种：一种是走访那不勒斯、索伦托、卡普里和庞贝；另一种是深度罗马游；最高级的则是“意大利经典行”，搭乘巴士走遍阿西西、佛罗伦萨和威尼斯，再回罗马。

我把这视为学习殷勤款待的魔鬼训练营。父亲的客人抵达意大利时，经常因为旅途劳顿而脾气欠佳，我努力满足他们的情绪需求，虽然辛苦但是收获颇丰。在机场接到隔夜飞来的游客，大家一起上游览车，在车上我会拿起麦克风，先说明行程。接下来到旅馆，我帮他们办好手续，住进房间，让他们小睡一下。几小时后，再把这群睡眼惺忪的人聚集起来，参加下午的欢迎会，享用阿斯蒂葡萄酒和朗姆酒蛋糕。我首先要做的是：找出最难缠的客人，赢得他们的好感。我自己在罗马发现了一些家庭式小馆（其中我最喜欢 La Taverna da Giovanni，休假时会去开心地大吃培根鸡蛋意大利面和烤猪），同时也把这些美食胜地告诉客人，客人都很喜欢这种建议。只要情况许可，我会随机调整父亲定好的正式行程，把客人带到其中一家地道的餐馆去享用美食。不但我可以免费吃一餐，老板还会另外给我每名客人 1 000 里拉的佣金，让我在最喜欢的咖啡吧吃顿有卡布奇诺加奶油蛋卷和杏梅露的早餐。我乐于赚小费，这种外快来得轻松愉快。不止餐馆老板，客人也会给我丰厚小费，感谢我带给他们特别的意大利之旅，把他们招呼得很周到。

父亲曾担任尼加拉瓜航空公司的顾问（每年费用一美元），这使他得以享受不可思议的同业票价。我身为顾问的儿子，在满 21 岁前也有资格以 44 美元的价格购买飞往欧洲的来回机票；大学四年每逢长假，我只要打电话给父亲，他就会开一张 44 美元的票，再寄给我。我的意大利语就是靠在学校上课和在当地旅行学来的。我疯狂爱上罗马、佛罗伦萨和威尼斯。

1977 年，也是我大四那年，父母亲终于分手了。此时父亲愈来愈喜欢在公众场合大动作地表现自己：胡乱开车或不顾酒量猛喝酒；事业上继续做出愚蠢的决定。家庭分崩离析，我也愈来愈向食物寻求慰藉。

大三下学期我又回到罗马。这次是在罗马的三一学院游学四个月，表面上是修习国际政治、意大利语和艺术史，其实我真正的目的除了想要离家远一点之外，就是吃。我背下《米其林意大利指南》里的每家罗马餐厅（虽然入选米其林的多半比我喜欢的小餐馆体面），住在修道院的小房间里，那是三一学院为美国学生在阿文提诺山租的，睡在闪烁于夜色中的十字架下（我想我是第一个从圣路易斯来，睡在十字架下的犹太教徒）。新任教皇约翰·保罗二世选定到我们修道院来祈祷的那一天，是个不同凡响的日子。（我永远忘不了，站在群众之上，为同学拍摄受教皇祈福的照片时，被教皇安保人员从椅子上拉下来。后来才知道教皇祝祷时，不可以有人站在椅子上！）

我几乎每晚都出外用餐，自己一个人或与朋友一起，走遍每条偏僻的街道，研究每家小餐馆的菜单，不断寻找各家餐厅独有的特色。当我住在罗马及后来经常回去时（多亏我有 IATA 卡），总发现每家餐馆的菜品都大同小异，这令我相当好奇。每家都有培根鸡蛋意大利面、阿玛特里切纳吸管面、番茄奶酪炖茄子、罗马式牛尾。可以看得出来，罗马的餐馆强调在细微处表现特色：每位厨师对同一道经典菜都有独门做法。此外，尚有重要性与菜品不相上下的细微处：诚心诚意待客，使常客就像一家人。

若民众对传统感到自信和满意，那每天吃饭就不需换吃不同种类的食物，这种社会要不爱上它也难。我渐渐喜欢把用餐作为一种习惯：每晚在同一时间，与同一群人，吃同样的东西。等到我为纽约市民开设餐厅时，便打定主意要把所有在意大利学到的应用上，而罗马的餐馆是我最丰富的灵感来源。

1980 年，我自三一学院毕业后，搬到芝加哥，在公共电视台短期打工，试试看能否当记者，之后又去当约翰·安德森（John Anderson）竞选总统时库克郡的竞选干事，周薪 214 美元。安德森由独立党提名，竞选对手是卡特和里根。尽管雇用我的候选人以绝对弱势败选，那段残酷激烈的经验耗尽了我的政治热情，但也教给我一两样管理心得。

竞选志愿者没有薪水可拿，理念和理想是唯一的报酬，我学着管理他们，从此把每个员工都当成志愿者看待。如今即便薪酬是主要的激励因子，我仍然很清楚，我的员工是为了公司所代表的形象才选择来这里的。我相信够资格进我们公司的人，一定也能在别处找到薪水相当的职位。因此除了待遇，我们还应该给员工想要替我们工作的充分理由。

我决定下一站一定要到纽约去。就读三一学院时，我喜欢到纽约过精彩充实的周末。我会开车过去，整天参观博物馆或看赛马，晚上下馆子、看百老汇表演或听爵士乐。我喜欢纽约的节奏，决心在那边住个一年左右。这一次我没有拒绝外公帮忙，他替我在生产和销售防扒手的电子卷标及压力感应标牌的规模不大但不断成长的保点系统公司找到一份工作（外公是该公司初创时期的主要投资者）。

1981年，我受雇担任特别项目经理，年薪16 500美元，主要工作是协助业务员。做满一年时，另一个职位空缺，公司要我负责整个纽约区的推销业务。不久我便成为公司最佳业务员，负责纽约大都会区，佣金收入近10万美元。我很快就掌握了每个拥有药妆店、服饰店、杂货店、外套店和鞋店的纽约零售业家族的信息，知道每家的经营网点如何分布。我直接打电话给陌生的潜在客户，到处认识人，走访纽约每一处偏僻角落。根据替安德森打选战的心得，我四处为自己建立群众基础。这对日后开餐厅来说，又是不可或缺的一课，帮了我很大的忙。

我也变成替公司训练商家使用各种防盗方法与工具的专家。公司派我到全美各地出差，去训练客户。一有空当，我必定会去当地的餐馆品尝美食，也有一些重要的美食新发现。在底特律，我造访过金蘑菇和伦敦排骨屋。在加利福尼亚，我尝过开“新美国菜”风气之先的几位名厨的手艺，包括沃尔夫冈·帕克（Wolfgang Puck）、爱丽丝·沃特斯（Alice Waters）、马克·米勒（Mark Miller）、耶利米·托尔（Jeremiah Tower）。在帕克开的斯巴哥餐馆试吃他的新浪潮比萨，材料有鸭肉腊肠和香菇。这家餐馆不奢华却有趣，来此品尝渐渐流行的朴实美国菜，感觉很棒。新美国菜以简单、新鲜的意式和法式烹饪为基础，这些是我从小就喜爱的，再结合加利福尼亚当地的应季食材。当纽约还沉浸于老派法式、意式烹饪时，西岸已经有许多变化。

不过我还是最喜欢纽约。连续三年我都是公司的冠军业务员，想要出人头地的求胜欲持续激励着我。除了自己以外，我没有人要扶养，经济压力不大，就把余钱存在银行里。我爱好艺术，外公每年都会送我现代美术馆的会员资格，我尽可能善加利用，经常去参观。在参加展览开幕酒会时得知，纽约的社交生活不只限于上东区的酒吧。我十分乐于为自己安排每天的行程，这使我愈发认清，我再也不要替别人工作。即便在保点公司，按规定我要向业务经理汇报工作，其实我在东区无电梯公寓外为自己工作。我在公司内建立了自己的小公司，自己安排日程，自己确定业务策略，超越公司为我设定的任何目标。父亲和祖父、外公都是自己当老板，自己经营公司；母亲曾开过画廊。我有一股无法遏制的拼命要赢的冲动，它在此时到达巅峰。

我最欣赏保点公司的就是，我的辛勤努力可以带来金钱报酬及自寻乐子的机会。我津津有味地“品尝”着纽约，在城里四处做小小的探险，兴奋地到处下馆子和学东西。我在地图上，把工作需要拜访的地方标出来，再根据必须去哪一区、到哪家餐厅吃饭来决定行程。也许是在阿斯托利亚餐厅吃希腊菜，也许是在布鲁克林吃犹太简餐、波派炸鸡，甚至去皮克斯基尔市的橄榄园（那是当年该市最好的餐馆）用餐。晚上吃饭，我会依照《纽约时报》餐厅评论家米米·谢拉顿（Mimi Sheraton）的推荐，或者自己去寻访新地方。此外，我也不放过任何到欧洲旅行（现在是搭乘人民航空航班，单程票价 149 美元）的机会，以便探查那边的饮食。我与两个死党康纳·西布鲁克（Connor Seabrook）和赞德·格兰特（Zander Grant），一起开车旅行 17 天，从巴黎开到罗马再开回来，一路上完全只在找好吃的餐厅。这趟美食探险是父亲为我们设计的，他对于能够重拾自己擅长的事感到很高兴。那时的美元汇率高，因此我们三个胃口奇大的年轻男子可以吃得丰盛又花费少。我喜欢在观光客不常去的地方寻找物超所值的饭馆；贵的馆子反而不太能引起我的兴趣。品酒方面，我一定喝圣韦朗村，不喝普伊－富赛，喝白皮诺葡萄酒，不喝灰皮诺葡萄酒，喝圣欧班，不喝普里尼－蒙哈榭。

回到纽约，我发了疯似地照着食谱和《美食家》杂志做菜。我住在约克维尔，那里以德国肉铺和匈牙利香料店著称。我跟一位与众不同的厨师学做菜，这位个性活跃的女士安德里·阿布拉莫夫（Andrée Abramoff），是埃及出生的犹太人，童年分别在法国和埃及度过；她开的餐厅安德里地中海料理，是我的最爱之一。她在七十四街的住宅内教烹饪，餐厅也开在这里。我跟她学会了做希腊菠菜派、法国马赛什锦鱼汤和羊肋排。此外，我还和好友一起报名学习纽约餐厅学校的餐厅管理课程，那时他正在接受美国信托的银行业务训练。我们讨论过要合伙开餐厅：他管钱，我管餐饮。可是好友才上过两次课就放弃了，转去读工商管理硕士，开餐厅的计划无疾而终。这对我来说是伤心之事，对他来说却是明智之举。

1993 年年末，保点公司请我在伦敦开设分公司。我站在了人生的十字路口。到海外工作的机会固然诱人，可是无论在哪儿工作，抓小偷从来不是我从小到大的梦想。在保点工作那几年，我成长不少，了解商场上的竞争对我很重要，带给我极大快乐，也让我体会到自力更生、不必向别人开口的感觉有多过瘾。我才二十多岁，一年就赚 125 000 美元，而且只需对自己负责。我把赚到的佣金大笔投入公司在市场上交易的股票，在我任职期间，股价由每股 2 美元上下暴涨至 12 美元。我为公司赚钱，也从公司身上赚钱，这种感觉真的很棒。然而此时，我该继续往不同方向发展了。我应该长大，追求自己的终生事业。于是，我报名卡普兰预科学校，准备考律师执照。我的新计划是先当律师，再以此为将来从政或担任公职做准备，那是我的美梦。在法学院入学考试前一晚，我在第二大道的艾利欧餐厅与姨妈、姨夫一起吃饭，外婆也在座。我刻意不喝酒，因为第二天一大早就要上考场。我对姨夫说："真不敢相信，我明天居然要参加什么入学测验。我根本不想当律师。"

姨夫用恼怒的语气问我："那你干吗要考？你明明知道自己不想当律师。为什么不做你这辈子打算要做的事情？"

"什么事？"我问他。

"你这问题是什么意思？从小你嘴上讲的和心里想的就是食物和餐厅。你开餐厅算了。"这个主意让我觉得既陌生又好像正中要害。第二天早晨，我以完全轻松的心情参加考试。从那一刻开始，我就准备起跑了。

■

确定餐厅位置、名称、菜单花了近两年时间，但单凭直觉我已经知道，自己未来的经营方式将综合反映个人志趣、热情、乐趣，以及塑造我这一生的家庭背景。

我会以父亲的开创精神，有效将祖父和外公的强大商业领导力、社会责任感和慈善事业参与精神结合起来，踏入餐饮业，给他人提供两样我自己所渴望的东西：美食和殷勤款待。我开始了解，事业和生活有很多地方与拥抱相似。想得到拥抱的最好方法，就是先拥抱别人。我也幸运地在餐饮业发生革命性改变的时刻走进这个行业。直到近 20 年，开餐厅才被视为正经的创业之举，成为迷人的事业。不但厨师和餐厅老板得以享有高知名度，餐厅本身也成为地方的名胜。这种转变使我有机会推动及完成一些真正有意思的事情。

SETTING THE TABLE

第二章

正式入行

1984 年 1 月，在大雪纷飞的严寒冬季里，我开始了在餐饮业的第一份工作，在东二十一街的佩斯卡担任日班副经理。这是家颇具旧金山风格的意式海鲜餐厅。每天的例行工作包括接受订位；负责将当天的特色菜单到复印店印出来，再回到餐厅塞进透明立牌放在每张餐桌上。侍者到班时得向我报到，我也要在午餐时间招呼客人，引导他们入座，主要是服务常客；有时候，我也可以进厨房参与菜单策划和品酒讨论。

这家生意鼎盛的餐厅已经成功地经营了八年，水平不错而且走在时代前端。它供应新鲜且富有想象力的加利福尼亚意式海鲜，用餐气氛轻松活泼，又位于新兴的时髦地区。我很荣幸可以见到许多广告、出版和摄影界的有趣人物，他们都是刚被《纽约》杂志命名为“熨斗区”那一带的新居民。我的待遇是周薪 250 美元，比之前当抽佣推销员的年薪 125 000 美元少了不少，确实需要调整和适应。可是我忍不住提醒自己这不是做梦：终于进入餐厅这一行，心情很愉快。

我在佩斯卡只待了八个月，在这短短八个月期间，曾经跟一些了不起的人共事，这些人改变了我的一生。上班第一天，我就撞见四年后成为我妻子的女子，她后来更是成为四个孩子的伟大母亲。就在我正冲下狭窄的楼梯，赶往地下室的办公室，准备接订席专线电话时，俏丽活泼的女侍奥黛丽·赫弗南（Audrey Heffernan）正要走上楼。我们彼此认真地对望了三秒钟，随即擦身而过。突然间，我对这份新工作充满了希望，迫不及待地想要第二天再来上班。

可惜，第二天她居然就离开了。奥黛丽是个女演员，经常参与地方性的商业戏剧演出，曾在《玩具国历险记》、《屋顶上的提琴手》和《俄克拉何马》等电影中担任女主角。现在她又接了新戏，这次是在印第安纳波利斯演出《红男绿女》。她在佩斯卡餐厅已经工作了两年，老板尤金·弗拉基亚（Eugene Fracchia）特别钟爱她，还给她起了个绰号叫“圣奥黛丽”。任何时候只要她回纽约，一定有工作给她。一天我负责接听订位电话时，她正好打来说她很快就会回来，想问问什么时候可以再排班上工。我立刻把消息告知总经理道格拉斯·斯卡伯勒（Douglas Scarborough），他想出办法可以让奥黛丽马上上班。我们俩暧昧了好几个月，却不曾表白或是采取任何行动。4 月底，为了制造让奥黛丽来我家的机会，我邀请了 12 位佩斯卡的同事，参加迈耶家一年一度的肯塔基德比赛马派对。当我得知她那天得去参加兄弟的婚礼时，心情顿时跌到谷底。我还得再等久一点，才能在餐厅以外的地方和她见面。

另一位在佩斯卡认识、对我有极大影响力的人物，是餐厅酒吧经理戈登·杜达什（Gordon Dudash）。他拥有天生敏锐的殷勤待客本性；在优雅俊美的外表、热忱的笑容之下，是一股衷心迎宾的热诚，让人远在半条街外便能感受得到。联合广场餐厅开业之初，就是请他担任酒吧经理，他最后升为总经理。1998年戈登死于艾滋病，我悲痛万分（艾滋病最后夺走好几个过去在佩斯卡工作的同事的性命，包括餐厅老板、总经理、酒吧经理和至少一名侍者）。我之所以能够体会真诚待客的重要性，就是深受戈登影响，对此我始终铭感于心，他的努力让联合广场餐厅在1989年首次赢得了三星评价。

我也认识了年轻的厨师迈克尔·罗马诺（Michael Romano），他当时刚结束在法国和瑞士六年的烹饪工作回到美国，正以共同主厨的身份学习佩斯卡的运作模式，因为老板尤金即将在隔几个路口的二十二街开设名为“罗拉”的新餐厅，想要找罗马诺当主厨。我欣赏他的才华，也明白他在佩斯卡待得不会太久，于是尽可能地向他学习；他做的每道菜，都比我在佩斯卡看过的更色香味俱全。

我立志要打进厨房。虽然主管们还不肯让我负责内场的工作，最后我仍然说服了他们，让我穿上白色厨师服参与晚班作业。厨师们虽然欢迎我加入，却对我的行为感到不解，就用各种苦差事考验我的决心。其中之一就是在佩斯卡生意最红火的年度软壳蟹季，要我负责清理一箱箱的活软壳蟹，剪去蟹的头部、取出内脏。我努力工作，升到厨房里比较固定的位置，负责搅拌海鲜意大利饭以及海鲜意大利面。数周后，由于我建议的每日特餐反响不错，他们终于让我负责煮员工餐。每周有一晚我会在葡萄酒学院上课，老师是梅利莎（Melissa）和帕特里克·塞雷（Patrick Serré），地点在拉文餐厅地下室。这里是纽约率先供应多种加利福尼亚葡萄酒的餐厅之一，每周课程分别以世界各地的葡萄酒鉴赏为焦点。虽然我无法很快吸收所学到的信息，不过只要有人肯听，我会热切地向同事分享我的学习心得。

不久，我展现出足够的味觉分辨力及口感记忆，佩斯卡餐厅终于信任我，让我加入选酒工作。我很喜欢跟主厨迈克尔大谈对食物的爱好，他也喜欢跟我谈葡萄酒。他告诉我，接下佩斯卡餐厅这个过渡职位让他亦喜亦忧，他真正的梦想是到中城区一家高雅的法国餐馆出任行政主厨。我们因为美食、美酒和相互尊重而建立起了友谊。

在葡萄酒学院上课期间，我跟一位瘦长身材的年轻记者布赖恩·米勒（Bryan Miller）也成为好友。那时他刚离开《哈特福德新闻报》，转而替《纽约时报》跑餐饮新闻，随后报社指定他开辟周五见报的专栏，名为《美食者日志》，任务就是发掘新餐厅。他经常来找我，我一边给他出点子，一边陪他试吃。（在互联网尚不发达的年代，抢先告知大众最近新开了哪些餐厅是报纸的责任之一；如今，只需浏览任何一个谈论餐厅的博客，就能得到更新鲜的信息。）

布赖恩曾邀请我到豪华的俄罗斯茶馆与颇受敬重的美食作家克雷格·克莱本（Craig Claiborne）和皮埃尔·弗雷尼（Pierre Franey）同桌。置身这些大牌偶像当中，我时而谦卑，时而高调。虽然我不清楚他们是把我当成有趣的伙伴，还是溜须拍马的跟屁虫，不过能够跟这些美食家共餐，聆听他们的想法，带给我的收获是无价的。跟着布赖恩，我几乎吃遍各类餐厅。一天晚上，我们在一家以服务糟糕闻名的目前已关张的餐厅吃完可怕的一餐后，与皮埃尔·弗雷尼又到圆环去吃甜点，总算让这一晚没有太惨。老板西里奥·马奇昂尼（Sirio Maccioni）出身传奇家族（也是餐厅外场高手），拿出十种甜点让我们随意品尝，又拿出他最爱的西西里甜点酒供我们畅饮。马奇昂尼照顾有钱有势的常客无微不至，尽管我确信他没有把我放在眼里，不过我终究曾经躬逢其盛。

马奇昂尼家族在全世界都很成功，然而在 1984 年的时候，经营餐馆仍不被视为正当职业，至少在我家是如此。这一行被视为蓝领工作，不适合读文科的人做。在新美国菜刚兴起的那些年，拥有餐厅的正当途径是走厨房路线，有几位勇敢的主厨已做出榜样。每当我向别人透露将来可能开餐馆，对方虽会礼貌性地点点头，继而却会眨眨眼、笑一笑或在台面下做些动作。当时在一般的观念里，餐厅是不体面、唯利是图的行当，钱来钱往均是违法进行，而且家家都有两本账。住郊区的家长送子女上大学，可不是为了让孩子将来开餐厅（他们很乐意在名厨的店里进餐，可是让自己的子女做这一行就另当别论了）。

直到 1980 年代初，许多烹饪明星受到肯定，享有盛誉。我开始追随沃尔夫冈·帕克、爱丽丝·沃特斯、保罗·普鲁多姆（Paul Prudhomme）、耶利米·托尔、乔伊斯·戈尔茨坦（Joyce Goldstein）、马克·米勒、布拉德利·奥格登（Bradley Ogden）、迈克尔·麦卡蒂（Michael McCarty）、拉里·福希奥内（Larry Forgione）、乔纳森·韦克斯曼（Jonathan Waxman）、安妮·罗森维（Anne Rosenzweig）、巴里·瓦恩（Barry Wine）等人的脚步。他们不但带来改革和振奋，而且多半拥有大学学历。托尔拥有哈佛大学建筑学位；米勒在加利福尼亚大学伯克利分校读过人类学及中国艺术；乔伊斯·戈尔茨坦以优异成绩毕业于史密斯学院，还拿到耶鲁大学美术硕士学位。这些厨师摇身一变成为社会名流新贵，加上晨间电视节目烹饪时段的推波助澜，这些有才华、有魅力的名厨成了家喻户晓的人物。那个年代距美食网的出现还早得很。

我在佩斯卡工作八个月，建立起自己的常客群后，觉得是该跨进厨房，看看会有什么发展的时候了。我利用各种资源，包括在乔瓦尼餐厅认识的意大利家族、在纽约学习烹饪的老师阿布拉莫夫以及家父，设法安排我到意大利和法国进修三个半月的烹饪。

这种种计划终于刺激我和奥黛丽开始有所行动。她听说我要离开佩斯卡，惊讶地问：“什么？”虽然我们根本不曾约会过，可是爱苗已默默且坚定地成长，只差向对方表白爱慕之情。我说：“在离开之前，我想我们应该一起吃个饭。”离开佩斯卡的前一天，我们一起外出，进行一整晚的密集式约会，这也是我们婚后相处模式的开端：想做的事很多，但时间总是不够。当晚我们先在阿尔冈昆酒店饮酒，险些赶不上看戏，看完戏乘出租车到奥迪昂吃晚餐，吃完饭漫步到酒馆饮餐后酒，再一路散步至另一家也很受欢迎的深夜餐馆德克萨肯纳继续饮酒、交谈。我们边走边谈，来到二十一街奥黛丽住的公寓，就在佩斯卡的对面，在公寓里听由奥黛丽演唱的百老汇歌曲录音带，直至清晨四时，我才搭出租车回家。几个小时后，我得到餐厅上班。一觉醒来，只有力气写一张感谢卡（家母的教诲终于在人生关键时刻派上用场），等奥黛丽醒来时，会发现从门下塞进来的这张卡片。

佩斯卡对我而言是难能可贵的经验，让我知道什么事该做、什么事不该做。餐厅老板和高层主管们在财务方面极端保密。大家没有什么预算概念，更不用说如何计算餐点、酒水或人力成本，只能推断餐厅有没有赚钱。经营方式也是诉诸情绪多过专业，餐厅表现是好是坏，主要看老板的心情好坏。他们经常在自己的餐厅吃饭及招待客人，这些都是不付钱的，不会记在账目上，员工也拿不到小费。有些侍者最得高层欢心，有些则不是。在面试应征者时，通常是先上下打量以貌取人，然后才开始问话。事实上，我自己当初的面试就是这样开始的。我习惯穿灯芯绒长裤和袋鼠鞋，居然还能被录用，这倒令我颇感惊讶。我像海绵一样，非常积极地学习，样样事情都注意观察。如今该是离开此地，从别的角度去学习经营餐厅的时候了。

■

1984 年的最后 100 天，我完全投身于意大利和法国学习厨艺，多半是担任实习生，即厨师学徒。虽美其名曰实习生，其实我做的是没有人愿意做的厨房杂务，凭着一招半式的烹饪技巧，做这些事不致闹出大乱子。在罗马，我有幸为伟大的乔瓦尼餐厅工作，并学到珍贵的食谱。当年 26 岁的我，抓住空暇时间一路吃遍罗马、佛罗伦萨、博洛尼亚、热那亚、皮埃蒙特和撒丁岛，犹如在天堂生活。那时我奉为圣经的两本书是：维克多·哈赞（Victor Hazan）的《意大利葡萄酒》及《美国运通意大利餐厅指南》。

早晨我喜欢逛菜市场，如佛罗伦萨人挤人的中央市场或博洛尼亚超棒的坦布里尼专门市场，摸摸蔬菜，闻闻水果，察看各种食油与醋，见识奇奇怪怪的海产，赞叹稀奇的肉类与吊挂的野味，嗅嗅野蘑菇，尝尝意式香肠、腌肉和奶酪。弟弟汤姆曾在这段时间陪伴我两周，我们一起玩拼字游戏，也多了一张试吃美食的嘴和一个同样如此的胃。我们专挑廉价的小旅馆住，因为我曾立志，不要把有限的预算花在枕头上，而要花在“祭五脏庙”上。每到一地，我都会仔细研究菜单，分析餐厅设计。我记日志、画草图，一一记录并解析让餐厅特别吸引人的因素。

除了详细记录我喜欢的菜品，日志中还包括关于照明设备、菜单、建筑、地板及座位安排等的笔记和草图，尤其对住过和吃过饭的地方，我受到什么样的待遇，都予以生动记录。我从这些观察和体会中，逐渐形成未来想开什么餐厅的愿景。以往我不曾独自生活过那么久，这次经验给我机会好好思考及感受究竟哪些事对我来说是真正重要的。

下个阶段的训练在米兰，一开始不怎么顺利。我在那里求教于萨温娜·罗洁洛（Savina Roggero），度过了有生以来最长的三周。介绍我来的是安德里·拉布拉莫夫，她称罗洁洛女士是“意大利的朱利亚·蔡尔德”（Julia Child）[①]。不过，跟她见面两分钟后我就怀疑这个比喻不对。首次见面，罗洁洛就迟到整整两小时，她身材臃肿，披头散发，汗流浃背，理由是那天遇到了车祸。她请我原谅，并保证第二天不会历史重演。然而翌日早晨她变本加厉；我依约定时间到达，罗洁洛却不见人影。她向我收的学费不算便宜——每周 500 美元，却很少出现在厨房里指导我。我多半是跟她循循善诱的大眼睛助理皮娜（Pina）学，幸好这位助理是位有天分的厨师，也是有耐心的老师，我确实带回一些很不错的菜谱。即使罗洁洛出版过 30 本烹饪书，我也不认为她能跟朱利亚·蔡尔德相提并论。或许是我向她请教的方式不对，可是无论怎么说，罗洁洛女士并未给予我此行所想要获得的东西。更惨的是，我租的小房间位于一处没落的工业区，加上米兰的秋天湿冷又灰蒙蒙的，每到晚上我就开始想念奥黛丽。我们计划在 11 月会面，但也没有把握是否能成真。我巴不得赶快离开米兰。

① 将法式烹饪技巧引入美国饮食主流的著名烹饪家。——译者

当我终于搭上前往法国波尔多的夜车时，顿感轻松。这段经历并未破坏我对意大利的热爱，唯独至今仍对造访米兰兴趣阑珊。

筹划此次烹饪冒险之旅时，家父强烈坚持我待在法国的时间不能少于意大利。我不确定他是为了试图压抑我对意大利的热情，抑或是他自己对法国的迷恋使然。最后我选择相信他是为我好，他知道怎么做对我最有利。父亲认同这一点——意大利的烹饪法确实有其高明之处，只需用到少许的佐料即可。不过他坚持如果我真心想学习烹饪技巧，就一定要去法国。他打电话给几位朋友，最后帮我联络上一位熟人，对方在佩萨克镇与波尔多市中心有旅馆、餐厅。我的运气不错，当时正值秋收，也是当地最不容错过的季节。不久，我就明白父亲的建议实属明智，我确实获益无穷。记忆最深刻的参访之旅，是到木桐酒庄那一次。我们品尝了酒桶里的顶级葡萄酒，我在那里也首次听说，他们正与美国酒商罗伯特·蒙达维（Robert Mondavi）合作名为“Opus One”的新酒。我们曾向西走到海边的阿卡雄湾，我在此学会把深蓝色肉的海产牡蛎，和着干腊肠、黑面包和奶油，一起吞下肚。每天一大早天刚亮，我就跟着身材矮小、戴眼镜的首席主厨皮埃罗（Pierrot）一起到波尔多菜市场，跟他学习怎么为食材库挑选所有的产品。我造访过索特恩的吉侯堡，在那里猎野鸽、搜寻鸡油菌和牛肝蕈。基于在佩斯卡有过为软壳蟹去内脏的经验，我的工作内容升级到打开牡蛎、切柠檬和青葱，以及为刚宰好的禽类拔毛。偶尔他们会请我煮员工餐，那些年轻法国厨师很爱吃我学自罗洁洛的美食。不过他们最喜欢我做的法式烤猪排，用的是我祖父家传的圣路易斯猪小排做法。

有一天，我们应邀在波尔多一处美丽的宫殿举办一场盛大的午宴。午宴结束后，全体来宾鼓掌表示嘉许，我对能够参与这个厨艺团队倍感骄傲。当我被邀请与厨师们一起庆功、享用 1979 年的凯隆世家美酒时，首次感受到自己被这里的伙伴所接纳。

到 11 月见习期满后，我乘火车北上巴黎，迎接期盼已久的一周：奥黛丽要飞来巴黎与我相会八天。我照例征询父亲的意见，包括学烹饪和谈恋爱的行程。

奥黛丽抵达的前一晚，我怀着焦虑心情，一个人笨笨地在 Lamazère 小馆，吃着一大铜锅豆焖肉。记得当晚只睡了三小时，因为精神太亢奋，也因为吃下三人份的豆焖肉（每次面带疑容的侍者问我要不要再来一点时，我总是微笑说道：“好，谢谢。”）。我在凹凸不平的床上辗转反侧，满头大汗，豆焖肉则在我胃里膨胀。我和奥黛丽会合后，继续在巴黎吃吃喝喝。接着我们乘东方号快车的夜车前往威尼斯，大啖蛏子和墨鱼，以及小蛤蜊炖饭。之后再到距离博洛尼亚不远的卡斯特罗卡罗泰尔梅，在 La Frasca 餐厅细品佳肴；在佛罗伦萨的 Enotecca Pinchiori 餐厅同样是大饱口福。我们也吃平民化的晚餐，在大众餐厅吃着洒了茴香末的蒜味香肠、兔肉、佛罗伦萨牛柳，还有不限量的浸泡在深绿色橄榄油和黑胡椒里的扁豆。再后来是乘汽车到翁布里亚的托尔贾诺镇，最后转往罗马，好让我在乔瓦尼餐厅的伙伴面前介绍并炫耀我的女人奥黛丽。他们当然一致认可，并且叮咛我应该赶快和她订婚。

奥黛丽飞回纽约后，精疲力尽的我拖着身子乘火车回到佛罗伦萨，参加期待已久的家族聚会，庆贺母亲五十大寿。大家纷纷要我提供到哪里购物、吃饭和旅游的建议，那一刻我才了解到过去几个月自己学到了多少东西。在法国和意大利的这段时光，我清楚体认到经营餐厅的真实情况。而所见所闻当中，没有任何一点会让我对自己选择走上这条路有所怀疑。我喜欢在这行不断遇见的人物，能与这么多美食、美酒为伍是何其幸运，更着迷于能够朝不在预期内的事业方向发展。那 100 个日子的独处时刻，给了我充分的机会思考、感受和想象自己想开哪种餐厅。如今，我有了答案。

虽然我曾幻想成为一名厨师，可是我愈来愈明白，尽管热爱厨艺，我却更适合做餐饮业的通才。在欧洲所受的烹饪教育，为我可以与厨师用他们的语言做明确的沟通提供了必要的基础。事后证明，把自己赶下主厨的位子（至少是放弃成为主厨的想法）是我最明智的决策之一。从罗马飞回家的八个半小时的航程途中，我的笔没有停过，忙着写下在欧洲的心得和对未来的计划，时间简直不够用。

第二章
正式入行

■

回到纽约，我只是个来自圣路易斯的27岁男子，在餐饮这行待过八个月。走出佩斯卡的大门，知道我的人很少，业界认识的人也很有限。我有的是强烈的创业意愿、迫不及待的急切感，以及卖掉旧东家股票后足够让我一展宏图的现金。我估算，想开一家我企盼已久的餐厅大约需要50万～100万美元。筹募资金不难，因为我想开的是平民化而非精致化的餐厅。筹资之前，我必须先找到理想的地点。

走遍纽约市，有时跟中介同行，更多时候是自己，四处寻觅没有正式招租的店面，希望在合适的地点找到合适场地。对此我有两项原则：一要选在新兴小区；二是餐厅如果歇业，我有权把租约转让给别人。有过家父的破产经历，也明白每天有多少新餐厅关张，我很清楚经营不善确实可能发生。

关于第一点，我想找午餐生意好的区域（我在佩斯卡学到，午餐生意兴隆有助于满足餐厅固定成本开支需求，而午餐所吸引的商业顾客也可以提升餐厅知名度）。此外，合理的房租也很重要，有助于为顾客提供物超所值的餐点。对许多人来说，外出用餐也有到新环境冒险的用意。设在新兴繁华地区可以赋予顾客新鲜感，为餐厅增色。至于租约，曾在圣路易斯开法式酒馆的家父，自己也是餐馆老板，他一再强调，餐厅如果失败，那租约将是我唯一的有形资产（到今天为止，我对新餐厅老板的第一个忠告仍然是：弄一份可转让的租约）。

为了找寻理想的地点，我看过100多处值得考虑的场地。有一处我看中的地方，就在联合广场旁边，是东十六街上一家陈旧、带点腐味的素食餐馆，叫“布朗尼”。定居纽约以来，我只到过联合广场一两次，对当地的果蔬市场仅有粗略印象，当时那里有每周两次的露天市集，由农民出售收成换取现金，特别值得一提的是传统品种的苹果。在纽约就属这里的味道与我在意大利和法国最爱逛的市场最接近。联合广场虽然距佩斯卡只有六个路口，感觉却好像有半个城市那么远。我知道联合广场是波普艺术大师安迪·沃霍尔（Andy Warhol）会在晚上出没的地方。麦克斯堪萨斯城及“地下”两家夜总会远近闻名。白天是男装大本营，第五大道旁的街道塞满挂着裤子与上装的活动衣架，给人一种“白天廉价、晚上危险”的感觉。现在泽肯多夫大楼矗立的地方，那时开着一家摇摇欲坠的克莱恩百货。同样没落的一个地标是十四街上的梅氏百货；往东只隔几家则是惨淡经营的露秋餐馆。我不确定这一带未来是否有发展前途，不过恶化的环境使我相信至少有机会拿到条件不错的租约。农民市集很吸引我，而中介公司的经理艾伦·吉丁斯（Ellen Giddins）也是最早鼓励我相信自己直觉的人，他认为此处正是广告业和出版业为了逃避中城区高涨的房租，未来将迁移过来的地方。

我从未听过布朗尼餐厅，也从未有房屋中介正式把它出租。只见一个中年犹太人坐在收银机前吱嘎作响的旋转椅上负责收账，食客们有的在长长的餐台前，有的在后方灰暗低矮的用餐区内吃饭。西侧是家同名的维生素店。我拿出推销员直接登门造访的本领走向收银员，问他老板在不在。他用怀疑的眼光盯着我，答道："老板不在，你找他有什么事吗？"我说正在找开餐厅的场地，然后递给他一张旧的名片，上面有家里的电话号码。我说："哪天如果老板有意卖掉这间房子，我可能是有兴趣的买主。"我猜他心中一定闪过"厚脸皮"这几个字。

1985年冬天，天寒地冻。我在拉斐特街附近的运河街三角区四处闲逛（我觉得餐厅能够靠近当地的公共剧院也不错），同时考虑了小意大利区、西村区，以及当时还很简陋的肉类加工区，甚至一度考虑搬回中西部的老家。后来我转向芝加哥河北岸一带，那里正在进行旧市区改造，我曾短暂幻想过在此开餐厅的情景。奥黛丽勉为其难地跟我一起去访查。芝加哥的冬天寒风凛冽，6华氏度的天仿佛是零下25度，相较之下纽约暖和多了。况且，奥黛丽的家人都住在美国东海岸。基于这两个因素，我打消了想回芝加哥的念头。

尽管我去看过的地方都不理想，但是我依然排斥大家奉行不悖的定律：地点，地点，地点。以为名片上一定要有高级地区的地址，才能树立高级餐厅的形象，而餐厅为了地点够体面，势必得把高额的固定成本转嫁到顾客身上，使餐食的价格高得离谱。那个年代的优质餐厅往往与昂贵餐厅混为一谈。

我打定主意逆势操作。虽然我并非房地产专家，不过我有把握，如果能够正确找到处于劣势的地点，又能成功地让附近地段转型，那我的餐厅既能享有房租低廉的长期租约，同时也能为顾客提供优质优价的美食，吸引精明和喜欢尝鲜的忠实顾客，使其他餐厅与公司有信心进驻，等到达关键数量后，整个区域就会出现良性转型。万一几年后餐厅倒闭了，我也有信心找到愿意付出低于市价房租接手剩余租约的人。我认为整体而言是乐观的，对于负面后果也有解决之道。

在 2 月的一个寒冷的周六夜晚，我决定来个大探索，从联合广场出发，一路逛到市中心。或许我会受到幸运之神眷顾，能够发现有转手迹象的地方。我的想法是，如果周六晚间的生意平平，那这种店大可出售了吧。我从西十四街开始，在客满的卡托齐酒吧喝了杯法式醋酒，再穿过街道到客人不少的墨西哥小酒馆喝瓶墨西哥啤酒。我沿着甘斯沃尔特街的鹅卵石街道，走过肉类加工区，觉得此处实在像是美得令人难忘的舞台，绝对有潜力成为著名的餐馆区，只不过时候未到。

我以明亮的世界贸易中心为指南针继续向下走，一直来到钱伯斯街，途中曾在几个地方停留，希望搜集一些店家是否打算或愿意出让的情报。不久后来到翠贝卡区，在国际餐厅饮下当晚第四还是第五杯酒。我坐在气氛轻松、供应小吃的酒吧前研究餐厅的格局：长条形酒吧，后方是方形用餐区，从酒吧旁的走道过去，是另一个长方形用餐区。这个地方给人感觉像在开大派对，里面正在进行各种活动。此时我突然想到，国际餐厅的格局几乎与布朗尼一模一样，只要把素食餐馆与隔壁维生素店的墙壁打掉，将两边的空间连在一起即可。在那一刻之前，我其实已经忘了布朗尼餐厅。现在突然间，我又开始在小吃附带的半透明小张餐巾纸上兴奋地东描西画。

周一的第一件事就是打电话给佩斯卡的尤金·弗拉基亚；他评断设计富有眼光，我请他陪我一起去看场地。我们尽量避免引人注意。他看过一眼，对那里的空间竖起大拇指："你还等什么？墙当然可以打掉！"

后来我一个人再去时，收银员记起我。他说："老板在店里，他现在很乐意见你。"

几分钟后，萨姆·布朗（Sam Brown）走出来，个子不高，头发稀疏，年纪七十来岁，脚上穿着袜子和褐色凉鞋。他轻声告诉我，1936年他便开了这家美国第一家素菜馆。当时联合广场经常有工人示威，素食主义也被视为左翼政治运动。布朗先生人很慈祥，听起来似乎有气喘性咳嗽的毛病，他正打算退休，愿意与我谈谈交易。

我们相谈甚欢，第二次会面就有共识，由我接手布朗尼20年租约剩下的14年，生意顺利成交。为表庆祝，萨姆先生带我到东四十六街的火花牛排馆用餐。他的邻居兼朋友帕特·塞塔（Pat Cetta）在1966年与兄弟开了这家牛排馆，地点在东十八街。后来我知道，十年来萨姆先生常偷偷溜出自己的素菜馆来这里吃牛排。

那一晚，帕特先生坐下来与我和萨姆先生度过了美妙的三小时，吃牛排、讲故事、品红酒，妙语连珠，帕特先生决定收我做弟子。他讲了很多有趣的故事助兴，说他如何受食评家勒索（以及如何反制），谈他最喜欢的餐厅老板巴里·瓦恩，并发誓他家的冰激凌只用费城巴西特的产品。他引以为傲的事包括：店里用的是粗颗粒无粉黑胡椒、侍者在主菜与甜点间更换台布的高妙手法，以及他卖牛排赚到的钱多到难以想象的地步。

如今，每当我想起开设餐厅可能出错和确实出过错的地方时，就不免对开办联合广场餐厅的过程当中有那么多事情是顺理成章完成的感到惊奇。

1985 年初春的一天，为了多了解新餐厅的地点，我不请自来地造访第五大道上位于十三街的一处工地。我想知道这里盖的是不是餐厅，会不会多一个竞争对手。工人告诉我，盖的是服装店，之后我向项目经理汤姆·汉拉蒂（Tom Hanratty）自我介绍，他很客气，也很帮忙，说他手下的工人正好在找下一个工程。几天后我打电话给他，又向他过去的业主打听，也见了他的老板，最后决定请他替我建新餐厅。现在我知道慎选工程团队有多么重要，然而当时的我只想赶快开工，还好没有吃到苦头。

我也不知该去哪里找好的建筑师。我跟祖父及他的第二任妻子琼·哈里斯（Joan Harrist）谈起此事时，她说她认识家乡堪萨斯市的坎德家族。她曾听说苏珊·坎德（Susan Kander）

的丈夫沃伦·阿什沃思（Warren Ashworth）是很棒的建筑师，我应该见见他。苏珊的兄弟约翰（John）在家乡的夏令营教过我打网球。最后，我决定聘请沃伦和他的老板拉里·博格达诺（Larry Bogdanow）来设计联合广场餐厅。拉里先生为人质朴、热忱、爱动脑；沃伦则精明、不苟言笑、桀骜不驯。他们俩都充满想象力，也对这项工程很感兴趣，只是没有什么设计餐馆的经验（据他们说到当时为止仅接过两个很小的项目）。我告诉他们，我心目中的最佳设计是让人感觉不出这是建筑师设计的。

我大可以选出自己最欣赏的罗马大众化餐厅，让沃伦和拉里直接在纽约复制，有餐厅曾经这么做而且十分成功。（数年后的曼哈顿苏活区的巴萨扎就是地道法式简餐店的复制品，让我不必远赴我所知道的巴黎六家正宗简餐店。）这是傲人的成就，可是复制已经存在的东西，终究不是我想要的。

最后，我决定自己不要模仿，而是请建筑师设计一家轻松、舒适、历久弥新的餐馆，让人觉得它会永久存在。（在2005年联合广场餐厅20周年庆上，拉里先生曾挖苦地说："现在它是永久存在了。"）

由于预算不多，建筑师对这三层楼空间能做的也只有这么多：厨房很拥挤，侍者倒咖啡或切面包时很难不被端着餐点走出厨房的人撞到；衣帽间小得让人喘不过气来；洗手间也很"迷你"；用餐区天花板很低；通向楼上包厢的木阶梯又窄又陡，可是在此用的餐点有一半都要经过这些阶梯端上来。在我们“最浪漫的餐桌”上订婚的几十对情侣，可能万万想不到，他们最钟爱的第 61 号桌曾是前屋主的洗手间所在。

联合广场餐厅的空间是我旗下所有餐厅中最不吸引人且在人体工程学上最笨拙的。至今，这家餐厅仍是个怪异的组合，结合了两位设计师的审美，以及我在意大利、法国游历期间在餐巾纸上做的笔记。我相信正是因为不完美，反而有助于培养克服困难所需的团队精神，才使它成为一家很棒的餐厅。联合广场餐厅历久不衰，我从中学到的一项核心生意经就是，我的员工、合伙人与每家餐厅都有愿意克服艰困处境的关键特质。

在 1985 年筹办这家 5 000 平方英尺的餐馆，接手的租约、建筑设计和工程费加起来，总成本是 70 万美元多一点，以今天的标准来看，简直平价得不得了。除了卖掉旧东家股票的 35 万美元以外，我尚需筹到等额的资金。虽然家人（鼓励我开餐厅的姨夫除外）依旧认为，我一定是头脑不清才想开餐厅，不过大家显然基于亲情而对我有足够的信心，慷慨赞助了我其余的资金。外公的两位同事帮我把创业计划拟好，向家族成员说明。外公曾提议与我合资，但我决定不要，以免引起父亲的不满。尽管父亲的餐厅已经扭亏为盈，但我也不打算找他投资。

不过我接受了他对餐馆名称的建议。住在欧洲那段期间，我经常在广场或火车上发呆，想象未来可用的餐馆名称，例如比米（外公的昵称）、蓝碟咖啡屋、古贡佐拉，或者干脆用意大利语。父亲直截了当地建议我："干脆就叫联合广场餐厅，联合广场在旧金山是最繁华的地段。"

我说："我知道，在旧金山可以这么做，但是在纽约，联合广场可不是什么了不起的地方。"我把自己对那一带环境的了解跟父亲说了一下。

他仍不放弃地说："你可以使那个地方变成纽约的繁华地带，就叫联合广场餐厅吧。"

开工的那天正是"美国阵亡将士纪念日"（五月的最后一个星期一），不到五个月便完工。那是一段七上八下的日子。我们选定 1985 年 10 月 21 日开业，剩下不到一周时，还在铺樱桃木地板，护墙板也尚未钉好。在如此嘈杂、混乱、气味难闻的场地，不可能进行任何会面或训练。我跟所有应聘人员的面试都是在人行道上，坐在大型垃圾车旁的锯木架上完成的。我凭直觉找人，寻找我觉得个人作风能与我兼容的员工；理性告诉我要找具备餐饮技能的人，可是我的感性却驱使我组织一个餐厅家族。

我设计的应聘表格很特别，列入的问题有："如何把自己的幽默感应用于服务工作上？""你对上一个工作最不满的地方是什么？""你喜欢美乃滋还是奇妙酱？"等等。一家餐厅如果想兼顾真心诚意的款待和出色的餐饮专业技术，就必须加进一点趣味在里头。这些怪怪的问题，可以让我了解应聘者是否有幽默感。培训时我会买一大堆苹果，然后大家一起坐在联合广场公园的草地上，边吃苹果边演练服务顾客的各种情形。

一天在公园里，我无意中发现《纽约时报》餐饮评论版的新任主笔布赖恩·米勒与皮埃尔·弗雷尼在记录我们的培训。我在法国学烹饪时，布赖恩曾写信告诉我，报社已派他接替米米·谢拉顿女士的位子。我回信恭喜他，并告知他我打算在纽约开餐厅的具体计划。1985 年我回国后，我们只出去吃过一次饭，但是两人都觉得不自在。那天晚上，布赖恩选定要评论的餐馆是卡拉维尔，那里新聘的主厨是我以前在佩斯卡的老同事迈克尔·罗马诺。我不喜欢这样偷偷摸摸地去评判老友做的菜，也觉得自己是准备要开餐馆的人，实在不应该和当今《纽约时报》餐饮评论版主笔共餐。布赖恩和我虽然早已是好友，但是那一晚我们决定长时间内不要再联络，也不要一起吃饭。我开始感受到压力。

签下接手布朗尼的合约后许久，我才请到联合广场餐厅的主厨（虽然我已经下定决心，可是某种程度上仍不肯放弃自己当主厨的幻想）。数月前，布赖恩曾介绍我认识一位壮实的法国人马克·萨拉辛（Marc Sarrazin），他是纽约各法国餐馆顶尖的肉类供货商，也是餐馆非正式的人才聘用顾问，兼纽约市一流烹饪人才的“包打听”。马克认识市内所有名厨，特别是法国餐馆名厨。他可以直接进入餐厅的厨房与大厨们交谈。他知道哪些有才华的年轻厨师有意跳槽，也知道哪里要请人。他是呼风唤雨的高手，所以我请他帮我物色主厨。没过几天，他就引荐给我一位长着娃娃脸的年轻厨师阿里·巴克（Ali Barker），他擅长处理鱼。阿里是巴斯克海岸餐厅的鱼料理和酱料师傅，当时那家餐厅是许多明日之星的最佳训练所，包括托德·英格利希（Todd English）和查理·帕尔默（Charlie Palmer）。我对两位副主厨也有兴趣：一位是烹饪老师彼得·孔普（Peter Kump，也是通过布赖恩所认识）推荐的年轻厨师斯科特·坎贝尔（Scott Campbell），另一位是玛西·史密斯（Marcie Smith）。

我请他们到我在东八十四街的公寓里，在厨房中进行试吃。我仿效 12 岁露营时参加户外烹饪比赛的方法，给每位厨师一份鸡胸肉、一些奶油、一颗洋葱、大蒜、新鲜香料，以及一个番茄，看他们如何料理。阿里做的鸡肉多汁而且调味恰到好处；令人印象深刻的是，他还利用鸡骨和洋葱做出美味的汤汁。我聘请他做行政主厨时，双方协议聘用期是两年，我对自己的未来也只看得到那么远。

员工训练是场盲人带盲人的学习过程。我聘请了一位从未做过主厨或副主厨以上职位的人担任主厨，而且他的年纪比我还小。不知天高地厚的我自任总经理，负责我所知有限、甚至一无所知的事务，像是安排员工的上下班时间、监督维修工作、考评员工绩效等。我引诱佩斯卡的戈登·杜达什跳槽，来做我的副总经理，可是他以前只管过静态的酒吧，从未管过活生生的员工。

我们的会计是个不折不扣的大好人，却全无记账经验，还有个侍者坚持用软木塞起子开香槟酒。

餐厅开业前一两周的一日，工程仍在赶工时，理查德姨夫请来一位熟人给我提一些意见。这位满头白发的烹饪大师是纽约哈佛俱乐部的餐饮部门主管，他扬起鹰钩鼻睨视我，开口问道："你到底打算开哪种餐厅啊？"他清了清喉咙。

我答道："我也说不上来，很难明确归类。"

"噢，这样啊。那你要卖哪种食物？"

"卖些分量像开味菜的意大利通心面。我想到的是用酱油、姜和柠檬调味的鲔鱼排，还有一些法式食物，像油封鸭配大蒜、土豆，以及……"

他斩钉截铁地说："那绝对不会大卖。"

我顿了一下才继续说："配菜有我祖母的芜菁泥加炒青葱，汤是加澳大利亚雪莉酒的黑豆汤。"

"别说了，这样行不通的！"他气急败坏地嚷道："一般人出外用餐时都是说：'去吃法国菜还是意大利菜？'要不然就选中国菜。没有人会说：'我们去吃大杂烩。'你再好好想清楚。"

这位专家把我吓得半死。只剩几天就要开业了，即使想修改菜单，以我的能耐也不会好到哪里去。其实我并不清楚这家餐厅将来会是什么模样，只知道自己迫不及待地想要把热爱的食物和食谱分享给更多人，并且将心比心地去款待客人。这还不够吗？

1985 年 10 月 20 日晚间，我们举办开业派对。那是个令人晕乎乎、好像在做梦的时刻，也是令我五味杂陈的一晚。当店门打开时，想到这一刻是多少人努力的成果，我不禁激动落泪。75位参加派对的来宾都是亲朋好友，令我悲喜交集。父亲没有来，应该是出差去了。无论如何，这是我自立完成一项成就的时刻。我花将近两年时间，尽我所能地努力学习，现在是展现学习成果以及独立自主的时刻了。不论未来餐厅经营得是好还是坏，开业此刻代表着我事业和人生的重大突破。我流下的是极度喜悦、难过，以及松了一口气的眼泪。

SETTING THE TABLE

第三章

初试啼声

餐厅刚开张的头几个月，我便发现最令顾客生气的，莫过于明明预订了位子或菜肴，却还要久候。这种情形不断出现，因为电话铃响的频率增加，而我对所有订位的要求，几乎是有求必应。

我个性中属于餐厅主人的那一面，固然执着于待客之道，但创业家的那一面却日渐陷入追求数量的迷思。我总想测试自己一天究竟能应付多少顾客。来客量大，侍者可以多赚小费，所以人数也很重要。好侍者难求，我可经不起任何一个人离职，若他们的收入不够养家糊口，就会留不住人。餐厅共有 135 个座位，每晚我的目标是打破“个人最佳供席纪录”。我们始终在一轮的关卡上下徘徊，即每张桌子每晚只安排一组客人，并连续数周保持在 140 人左右的高点。有一晚，我们破纪录地服务了 171 位客人，把厨房和餐厅弄得人仰马翻。每创下新纪录就想要冲得更高，于是我设计出一套人工订位系统，两人一对的客人分配 2 个小时，4 人一组再多加 30 分钟，5 人以上一桌可以有 3 小时，用这套做法使来客量冲到最高。可惜那时我尚不懂得调整每桌用餐步调的艺术。我们的厨房人手少，每 15 分钟却有 20 位左右客人的菜要上，结果必然会让厨房打结；好比往漏斗状的管子里塞进太多东西，反而使食物完全出不来。

正式开业的头一晚，有两批客人因为餐饮久候没来而离去。接下来数周，令人冒火的苦等和愤而离去变成常态而非例外。我们发现，以我们厨房的规模、厨师又是新手的状况来看，想应付琳琅满目的菜单实在野心太大，只好忍痛删掉一些。大多数的夜晚，我总会离开外场片刻，汗流浃背地站在厨房里，因为再也不想面对发火的客人。主厨拼命加快清理贴满墙面的点餐单，每张都代表了一桌饥肠辘辘的食客。

我拼命冲来上客数量，却把自己弄得一团乱。不过自找麻烦，然后再加以克服，反而让我感到兴奋（这一直是我做事的模式）。我绘制了新的订位单，调整座位分配图，重新划分侍者的责任区，并且更精准地计算分配给每桌客人的时间。这一切都为了在不影响优质服务的前提下，尽量增加来客人数。过程就像玩拼图游戏，既是艺术，也是科学。每供应一份晚餐，都是调整步调、流程及进步的机会。

这么做的目的是建立起“运动员式”的待客之道：策略上有攻有守，但永远想要设法赢得比赛。进攻方面，我们会想出有创意的方法，给顾客创造好的用餐体验（例如生日加送有巧克力题字的甜点；招待常客免费的饭后甜点酒）。防守方面，我们愈来愈擅长克服常犯的错误，以及化解令顾客不满的状况。渐渐地，顾客最常抱怨的事变成订不到特定时间的位子。我很擅长应对这类状况，单凭直觉我就知道如何让来电者感觉我在替他着想，我会说“没问题，八点钟候补名单的第一位”，或是“八点钟已经没有位子了。八点四十五分可以考虑吗?”我知道这么说听起来比“九点差一刻”早一点点;或是说“可否给我一个你方便的时段,我来找找看有没有人取消订位?”重点在于不要把话说僵了,同时传达给顾客“我是你的代理人,而不是餐厅守门人”的信号。

对于久候的客人,我们时常给予补偿,免费招待他们店里的甜点酒。我们把前屋主留下的一台老电冰箱废物利用,称之为“药柜”。所谓的药便是各式甜点酒,当作给顾客的赔罪礼。除了少数敌意甚强的客人,这个方法都能奏效。1985 年,纽约很少有餐厅供应单杯的甜点酒,这是欧洲人的习惯,也是当事情偶尔小小失控时,应用防守式待客之道的重要一步。

店里最受欢迎的托斯卡尼甜点酒是种琥珀色、像马德拉白葡萄酒的酒,我们鼓励客人浸泡意式杏仁饼干来喝。这种以饼泡酒的意式传统是早在 1978 年我在罗马当导游时就爱上的餐后余兴,但那时对多数的纽约人而言尚属新鲜。

虽然我极不愿意承认,但有些顾客确实难以挽回。我清楚记得有桌客人,尽管我们努力了五次想要弥补错误,他们却始终怒气未消。我恳求地说:“我真的很想让各位了解,我非常在意能够赢回各位的信任。我知道实在让大家等太久了。你们的时间很宝贵,我也觉得万分抱歉。有什么办法能够使各位回心转意,下次再度光临?”

客人当中有位男士说:“你不用麻烦了,以后我们也不会来。”

我到现在依然记得当时如鲠在喉的感觉。我仍然试图做最后的努力："那么请便。只求各位离开时记得，我愿意尽一切努力，挽回各位对本店的信心。"

好在这种情况很少发生。顾客开始回心转意，他们点甜点酒来喝，而且会付钱。开店初期，充满意想不到的管理难题。一天店门开后不久，我到厨房找主厨阿里，他不在厨房，地下室准备区里也不见他人影，唯一剩下的可能就是在大冰库里。我打开容人进出的冰库门，阿里果然在里面，他与二厨马西娅·史密斯（Marcie Smith）正在牡蛎桶旁忘我相拥。我退出冰库时，三人都不发一语，我对他们正在谈恋爱之事一无所知，但我知道这是必须小心应对的微妙状况。我打电话请教父亲（跟他谈这个话题相当安全），他的答复是："把有吸引力的人放在像餐厅那样紧张的环境里，不是变冤家，就是坠入爱河。这可能还是比较好的结果。"我依旧不知道该怎么面对。

开张数周后的一天晚上，我自豪地带着三一学院的好友汤姆·卡鲁索（Tom Carouso）参观我的餐厅。他在非洲住了一段时间后，刚回到纽约。他不敢相信，我居然真的实现了开餐厅的梦想。我们来到可以俯视后方用餐区的包厢，观看这家餐馆的全景、25 英尺高的天花板，以及后墙上的壁画。当我开始述说画家朱迪·里夫卡（Judy Rifka）画壁画的经过时，忽然听到一声刺耳的断裂声，接着轰的一声，一支 30 英尺长的活动照明灯杆的一端从屋顶上断裂下来，像钟摆般摇晃下坠。那支沉重的钢制灯杆和固定装置猛朝墙上撞去，发出奇怪的声音，把灰泥砌的墙划出一个 3 英长的口子，离一位正在用餐的女士头部不远，真是惊险万分。再向右偏两英寸，就很可能让她丧命，我也别想在这一行混下去了。

那位女士吓了一大跳，我的心脏也吓得停止跳动好几秒。我冲下楼，请她移到另一处用餐区，并表示晚餐免单。我们两个都在发抖，她吓得再也待不下去，一等到回过神来，立刻和男友打道回府。受到这么大的惊吓，我完全忘了要去问她的姓名、住址或电话号码，以便做后续处理。这项工程的承包商可得好好跟我解释一下。我也记得感恩节后的那个星期五。那时我们开张才 5 周，生意一直不太好，也没有任何媒体写过评论，所以我预料这个假日后的周末生意不会太忙。于是，我大胆地放主厨阿里和女友二厨马西娅的假，好让他们到俄亥俄州去见马西娅的双亲——未来的岳父母（我实在不知该如何面对他们的关系，所以干脆不处理，只能祈祷皆大欢喜）。

我对周末生意清淡的预测简直是大错特错，周五晚上最后一刻涌入的订位持续不断增加，生意好到我必须亲自披挂上阵，直接在西装、领带外面罩上白袍、白帽做起菜来。厨房里忙得不可开交，顾客等开胃菜就得花上半个小时，然后再费 30 分钟等主菜。我汗流浃背，名牌红色领带开始渗出血一般的颜色，染遍我皱巴巴的白衬衫。我一整天没有进食，头昏眼花。一度我走出厨房进到用餐区，看到一位醉醺醺的客人跌跌撞撞地乱走，一面大声抱怨：这“蹩脚的”餐厅居然不能点烤土豆。

又累又饿的我决定反骂回去。我告诉他，我们绝不会再供应他任何东西，他脱口而出：

“你们不能就这样叫我走。”

我答：“我可以。你的账单马上送过来。”

他反击道：“你们不能要我付钱。”

我说：“也许不能，可是我可以请你离开我的餐厅。”

我们继续针锋相对。两人胸对着胸，动作频频，一路走过用餐区，再上楼到酒吧。快到餐厅前门时，他很恶劣地向我挥拳，正中我的下巴。我拼命用力回拳，把他推向门外通道上。他却抓住门把，顺势抓着我的头，往门板与门柱之间猛撞。我觉得很痛，当他又朝这边抓过来时，我全身紧绷、发疯似地拼命朝他踢过去。

他弯下腰设法逃到东十六街的人行道上，同行的另外两个伙伴无用地躲在一旁，最后才把他带离人行道，塞进出租车里。

次周我打开《每日新闻》才知道，该报的餐厅评论人亚瑟·施瓦茨（Arthur Schwartz）那晚就在我们店里，目睹了整个冲突经过（他对互殴的事只字未提，不过他后来告诉我，他全都看见了，还说希望我已经好过一点了）。

施瓦茨是纽约首位认为联合广场餐厅深具潜力，并且正在走清新、开创性路线的评论家。他的评论让我们打出了名号。同时，我也在留心等候布赖恩·米勒——全美最权威的餐厅评论家的评语；基于我们之间暂停联络的默契，我对他什么时候会光临我们餐厅、究竟会不会来，都一无所知。

■

我认为，让联合广场餐厅展现轻松感与创新感非常重要，我想要巧妙地把欧式精致餐饮与美式轻松舒适的气氛相融合。我心目中的联合广场餐厅应综合 1970 年代末三种截然不同的餐厅：一是加利福尼亚伯克利和旧金山的地方性餐厅，有乡土味、讲究应时食材、老板为爱好美食而经营；二是巴黎的精致食客级饮食圣殿；最后是罗马的家庭式餐厅。

在加利福尼亚，满怀热情的人们并肩努力，打破各种成规、界限和传统，乐在做出美食。在巴黎，精致出众是唯一的标准，每位名厨都明白顾客的期待，志在做出分毫不差的口味和提供无微不至的款待。在罗马，一个家族经营餐厅，是为了让每位常客吃得开心。我决心找出方法，让这三个元素“水乳交融”，创造出轻松又精致的用餐环境，兼具三者的优点：讲究的烹饪技巧，配上细心、优雅的款待，以及用心、符合时令的菜品。

我们与 1980 年代好大喜功的作风背道而驰，不断寻找低调而实在的方式，让用餐的顾客获得实惠享受。在那个时代，有个快速让我们与众不同的简单方法，就是当高不可攀的定价代表高人一等时，我们宁可提供物超所值的价格。不论对餐厅提出哪方面的正当批评，我都乐于接受，但如果有人指责我们收费过高，我会深感屈辱。这种观念受幼时与家人到餐厅吃饭的经验所影响，大人们教我看菜单先看价钱。二十出头时，我在意大利和法国四处尝鲜，这些经历也影响了我的想法。美元当时十分强势，我习惯一次就大吃好几碗开胃菜分量的世界顶级意大利面，价钱只要三四美元。在美国，口味勉强过得去的意大利面，如果是主菜分量，就要价 18 美元。我把给顾客提供实惠价视为与其他餐厅相区别的大好机会。不过直到 1980 年代末，联合广场餐厅开张数年之后，我才对经营餐厅的理想有所顿悟。那时我和奥黛丽在巴黎造访三星级的大伊风餐厅，其无懈可击的服务和细腻殷勤的款待，是我仅见的最高水平，老练的工作人员很有自信地开自己的玩笑，并把欢乐带给客人。这是我在米其林三星餐厅的用餐经验中，第一次觉得除了色香味俱全的美食外，也能体验无穷乐趣！

这家餐厅能维持三星级评价长达 30 余年绝非偶然。世上再也没有比大伊风餐厅老板让 - 克劳德 · 弗希纳（Jean-Claude Vrinat，其父是餐厅创办人）更杰出的餐厅经营者了。弗希纳先生总是过分自谦。我对那一晚的完美服务向他致意，他却表示不足挂齿，并说："认真服务带给我们乐趣。至于说到完美，那只是我们比别人更会掩饰错误！"这让我更加振奋地继续精进提升自身的待客功力。

1983 年，我曾在伦敦度过了值得怀念的两周。我拿着与米其林地位相当的法国《Gault Millau美食指南》，详尽地研究了当地的餐饮业概况（当年那里市况寂寥，不过我依然兴趣十足），每晚都独自出外用餐，从中又学到不少待客之道。我选中的餐馆里，有半数一听说“只有一个人”，便立刻拒绝接受订位。几次之后，我仍不肯善罢甘休。我会再打回去，订两个人的位子。等我顺利入了座，再以不可置信的表情看着手表说：“看样子我请的人不会来了。”这招对好几家一开始拒绝“只订一个席位”的高等级餐厅行得通。这些经验使我下定决心，我开的餐厅将加倍礼遇和尊重单独用餐的顾客。

有些餐厅把独自用餐的我看作影响业绩的讨厌鬼，一个人占据一张原本可做更多生意的桌子；有些则认为我的光临对它们是种肯定。有一次我实在受到太过分的待遇：在拿到菜单和酒单之后，至少20分钟没有人理我。于是我决定做个实验：叫来高傲的酒侍，点了一瓶非常昂贵的葡萄酒，使我账单上的金额远超过一般两个顾客的消费额。果不其然，我很快就赢得他的注意。他也许没有学到教训，可是我学到了。我发誓，日后绝不有差别地对待客人。

那趟伦敦之行让我注意到不能小看单独用餐客人的生意，应该同样热诚地欢迎他们光顾。当我想到自己是花多少时间和精力选择吃晚饭的地方，以及会向亲朋好友多么卖力地推荐招待周到的餐厅（或是强烈警告不要去服务差的地方），就知道高规格善待客人是正确、聪明之举。联合广场餐厅率先在酒吧区供应菜单上所有食物，对象多半正是单独或成对的用餐者，这点领先纽约市其他同业很长时间。我始终认为，顾客愿意单独上门用餐是对本店最大的恭维。这些客人的到来没有特别目的（不涉及生意、恋爱或社交动机），他们只想对自己好一点。我们怎么可以不予以回报？

我们与同业最重要、最持久的区别就在于如何定义和实行殷勤款待。联合广场餐厅开设于 1985 年，适逢第一波“太空超人”（是美泰玩具公司 1980 年代的畅销品，包括电视剧、电影、漫画与公仔玩偶）文化盛行时期。此时消费市场热钱滚滚，加上纽约迪斯科舞厅“54 号俱乐部”仅限名人进出的效应持续发酵，造成“愈贵、愈有排他性的消费行为，愈令人向往”的风潮。

一想到有些餐厅居然可以把价钱定得老高，还设下进入的门槛，并因此而扩大了需求，我就觉得不可思议。然而，这种蜡烛烧不久。1970 年代的迪斯科舞厅，被 1980 年代初的其他夜总会所取代，后者又被体育场大小的餐厅所淘汰。这些地方的食物实在不比夜总会里的餐饮好多少。当时非常流行这类餐厅，尤其市中心开始吸引餐饮业者，餐厅纷纷进驻像库房似的空间。饮食文化的另一个极端，则是令人唇齿留香的地道法国餐厅。那时较为少见的是，在朴实舒适的环境里吃到优质的餐点。我察觉到，纽约有这样一批美食爱好者，乐于接受热情的款待和合理的价格。其实事后回想起来，把联合广场餐厅构思为优质版的邻里餐厅不是多具挑战性的事情。事实证明，美国饮食文化仍有极大的进步空间，使我们得以在相对较不拥挤的领域一展宏图。

1980 年代也是“服务业经济”的时代。几乎所有美国企业，从租车公司到银行到美国邮政总局，都面临顾客要求更多服务的挑战。这股趋势同样出现在餐饮业，矛盾的是，服务有时反而会牺牲款待质量。以当时盛行的观念来说，应该给客人更悉心的服务、更多的选择，并且更频繁地打断客人。餐厅是否真的需要让顾客可以选择四种面包、两种奶油，以及数目不一的特殊刀具？餐前吃的开胃小点真的需要侍者花一分钟时间说明每种原料和做法吗？每多一项选择便意味着又多一次会浪费顾客的时间、分散其注意力的来自侍者的不必要的干扰。我认为最重要的是努力提供最多的价值以交换顾客的金钱和时间。凡无谓地打断顾客和同伴相聚的时光，或是影响顾客享用餐点的乐趣，均有害于款待之道。

服务是美丽的舞蹈编排，达到最高境界时便成为一种艺术，如同芭蕾舞。我欣赏把餐桌收拾得妥帖的利落；赞佩把一瓶美酒好好打开，轻轻倒在杯子里的优雅。用正确的方法做事，自有其美学价值存在。可是唯有做这些事的人明白，餐桌上的一切讲究都是为了替顾客制造乐趣，并期待顾客的响应。如果敷衍了事或自顾自地做这些，不论动作多么专业，都会降低美感。这是关于灵魂的问题，没有灵魂的服务，再无懈可击的流程，也会很快被顾客遗忘。

明白服务与款待之间有所差别，是我们成功的基础。

服务是凭借技术提供饮食给顾客；款待则是提供饮食时带给顾客的感觉。

服务是独白，由我们自行决定做事的方式，自定服务的标准；款待则是对话。

所谓站在顾客的立场，代表必须用每一种感官去聆听顾客的需求，然后给予周到、优雅、适当的回应。

兼顾优质的服务和圆满的款待，才能成为顶尖餐厅。

当你在预订的时间，准时被引导到预订的桌位坐下，由你指定的侍者为你服务，这代表服务不错。当食物在正确的时间，以恰当的温度，准确无误地送至客人桌上，这是服务；当你看到侍者小心而优雅地把酒倒出酒瓶，这是服务；用完餐后，侍者把空盘子优雅地收走，这也是服务；客人提出问题时，侍者能够解释酒单上每种酒之间的细微差别，这也是服务。然而不论餐厅或是任何事业，让自己与众不同的终极武器——款待，则是指全体服务人员为了让顾客感受到我们在替他着想，所做的所有周到、用心及优雅举动的总和。

我们餐厅不会选择性地款待顾客，而是努力像对待常客那样招待首次光顾的客人，也不会只给予特定人士特殊待遇。尽管这常使我遭到批评，可是这完全不是问题。我们的民主式待客原则，已成为本公司经营理念的核心价值。记得开张约两年后，我曾读到某专栏的一篇评论。那个专栏名为“餐厅行者”，刊载于1980年代中期的流行周刊《七日》。作者把在联合广场餐厅用餐的经验比作接受电影《超完美娇妻》的服务。那时我听不懂她的意思，还得去查参考资料。

作者显然认为我们雇用天性友善的人，并让他们的个性在餐厅内发扬光大，是虚伪之举，令人不快。这种怀疑真诚善意的评论令我大感吃惊，但并未损及餐厅的声誉，也丝毫未曾动摇我的经营方式。如果客人不愿坐在某一桌，我会说：“没问题，请问你想坐哪一桌？”许多客人听了往往不知该如何回答，因为他们已经习惯听到：“对不起，只剩下这桌是空的了。”

我从经验中学到，提供上乘款待的秘诀就在于雇用真挚、快乐、乐观的人。丽思卡尔顿连锁酒店向以重视服务著称，绝非浪得虚名，只是他们不称之为款待。我住在那里时，偶尔会觉得服务质量稍嫌生硬。不论顾客问什么或说什么，每个员工的回答千篇一律：“很荣幸为您服务。”

一再听到“很荣幸为您服务”会令人起鸡皮疙瘩。款待工作不是独白，我要求员工设想如何才能让顾客感受并了解我们的诚意。我不会指示员工在每种情况下应该怎么做、怎么说，不过我的确有些不愿在用餐区听到的禁忌。例如问客人：“近来好吗？”这是个空洞的问题，只会得到空洞的回答。还有，我受不了在该用“你”的地方，用“我们”来代替，像是“我们近来做得好不好?”当客人说“谢谢你”时，侍者不应回答:“没问题。”真心回答对方“不客气”永远是得体的应对。

■

开业后的前三个月，我仅有一晚不在餐厅坐镇。那天为了庆祝奥黛丽的生日，我们在上城的四星餐厅 Lutèce 共进晚餐。看着 Lutèce 的大厨安德烈·索奈（André Soltner）在用餐区来回招呼客人，我也很期待他能比照熟客来跟我们聊聊。他不认识我，不过帮我订位的是我们的共同友人马克·萨拉辛，若非靠他，根本订不到位子。他也告诉索奈，我是刚崭露头角的市中心餐厅的老板。索奈一桌桌地跟每位客人寒暄。他来到我们这桌后，先转身满脸笑容地对奥黛丽道声:“生日快乐。”对我则装出严厉的表情，用阿尔萨斯口音说:“今晚你不好好在自己店里工作，跑到我店里来做什么?”我怯懦地笑着，低头望着面前那碗番茄酱淡水螯虾。显然我有待努力之处仍多。

此后有很长一段时间，我不再外出吃饭。我确信食评家布赖恩·米勒先生会挑一晚来评鉴我的餐厅，而我一定要在场。餐厅的生意相当不错，我从未料到会有那么多客人上门，我们要求自己每天都要有进步。终于《纽约时报》准备要刊出对我们的评论，这令我倍感压力，从事餐饮业才两个月，我的左半边脸颊就麻痹了，舌头左半边也失去味觉。我无法皱起左鼻孔，合拢左眼，只能勉为其难地挤出半个笑脸。医生告诉我，有八成患者会在八周内痊愈，有两成则不会。足足有半个月的时间，我不知道自己最后会变成什么模样。这使我忧心不已，心里七上八下，更增压力，搞得什么事情都不对劲。1985 年，联合广场餐厅度过第一个新年之夜，当午夜时分庆祝的人们大声喧哗，彩纸四下纷飞的时候，我却笑不出来，甚至都没办法哭。1986 年的头两周，当我的脸部渐渐恢复动作自如时，我哭了，是因为放心而哭。

接下来的一个月，布赖恩先生至少来了五次（两次午餐，三次晚餐），每次我都在场。有一晚我预感他会来，因为他虽然用新的假名来订位，却留了跟上次一样的回电号码。记得一起上品酒课时，他说过讨厌太冰的白酒，所以我想先猜猜看他会选哪种酒。我知道他的口味，料想他会先选意大利白酒。我甚至记得他最喜欢哪几种意大利白酒。

在他预定抵达的前五分钟，我从冰箱里拿出五瓶酒，好让这几瓶酒不致太冰。他果真来了，也正如我所料，翻到酒单上意大利白酒那一页。当侍者把他点的单子送进来时，我吓了一跳，布赖恩选的酒不在我预选的五种当中。他点的酒还在快结冻的冰箱里，是产自 Ronco del Gnemiz 酒庄的 Tocai Friulano，酒瓶已经结霜了。

我边低声咒骂，边走向酒吧，躲在他那张桌子视线之外的地方，把那瓶冰冻的酒放在大腿之间温热。五分钟后，招呼布赖恩的侍者紧张地走向我。“那瓶 Tocai 在哪里？他在问酒呢？”我摸着酒瓶说："现在应该可以了。"然后将酒递给他。我的裤子又湿又冷。不久侍者回到酒吧，一脸挫败的表情，紧紧抓着酒瓶说："布赖恩先生要换一瓶，这一瓶不够凉。"

■

布赖恩第五次，也是最后一次来时，他与妻子带着女星玛丽埃尔·海明威（Mariel Hemmingway）及其新婚夫婿史蒂文·克里斯曼（Steven Crisman）一同来品尝。他们刚开了家气氛活泼的餐馆，名叫山姆咖啡馆。她曾在电影《情难舍》中扮演身材丰满的插页女模，由此我无法不注意到她隆了胸。布赖恩先生完全豁了出去，一开始便点了生蚝与香槟。我为玛丽埃尔小姐倒了杯 Billecart-Salmon 香槟，然后慢慢把杯子滑向该放的地方，忍不住盯着她看。如果不是为了向她献殷勤，我或许会注意到桌巾没熨好，折痕清晰可见。就在我滑动酒杯时，头重脚轻的香槟酒杯底座碰到折痕翻倒，冰冷的香槟洒满玛丽埃尔小姐的洋装和大腿。我糗到简直无地自容。

1986 年 1 月 23 日晚上，阿里·巴克主厨与我守在西四十三街的《纽约时报》大楼外。十一点零四分，一捆捆次日的早报从一辆卡车上丢下，然后在大厅解开。我们丢下 35 美分，急忙把报纸翻到星期五周末版的最后一页，找到联合广场餐厅的评论。布赖恩先生给了我们两颗星，代表极优（very good）等级。我俩欣喜若狂。他称赞我们的菜品和装潢“地道而兼容并蓄”，海鲜烩饭“令人食指大动”，意式腌渍蔬菜面“分量多”而且“调味大胆”等等。

评论中有两点甚得我心。一是我们餐厅“正迅速成为市中心区出版界人士常去吃午餐的地点”；直至今日，我都希望自己新开的每家餐厅都有一群忠心顾客把它当作固定午餐地。当一家餐厅足以成为特定族群的非正式俱乐部后，就会更添神秘色彩，吸引更多顾客。接着布赖恩先生又写到，有心的设计让联合广场餐厅感觉像是“与周遭合为一体，没有突兀感”。读着他的文章，使我了解到自己凭直觉做的事确实产生了效果。从此，我便刻意遵守这个策略。

《纽约时报》这篇评论对联合广场餐厅营收的影响，超过其后其他评论我们各家餐厅的文章。一夜之间生意便大增六成。多年后布赖恩先生才跟我透露，因为我们的友谊，他反而对我们更严格，以避免出现利益冲突。他也曾与他在《纽约时报》的主管讨论该如何处理这篇评论。他大可不必评论我们，可是这对读者和餐厅都不公平。最后他和他的主管达成一致：如果他不喜欢这家餐厅，或许就不要写；如果喜欢，就算他低估了我们。他愿意给我们一个机会，让我们超出他的预期。这是恩赐。

■

早期还有一位意外的导师令我受益良多，协助我厘清并实现愿景。这位火花牛排屋老板之一、令人印象深刻的帕特·塞塔先生（就是促成我与山姆·布朗谈成交易者）经常会不请自来地出现在店门口。当时因为当老板和主管的经验不足，又要学习如何经营忙碌的餐馆，我正吃足苦头。帕特先生的第六感很准，能够准确知道什么时候该斥责我，什么时候该帮我。他既是天才，也是恶棍；既迷人又粗鲁；有时亲切得像泰迪熊一样可以抱抱，有时又脾气暴躁得叫人害怕。他的领带上总是有红酒渍，衬衫经常少了几颗纽扣，既热爱生活又不忘嘲笑生活。瞪得老大的眼睛已生出鱼尾纹，是因为老爱严厉斥责人而生成的。

一天帕特先生又来突击检查，我立即把自认是聪明点子的一道新菜炸牡蛎恺撒沙拉拿出来表现一番。我们坐在61号桌，我信心十足地要厨房送一份来试吃。过去没有人做过这种尝试，就连鸡肉恺撒沙拉都还是很多年以后的事。

帕特沉着脸说："这道菜跟心理自慰没有两样。你显然只是为了引起著名美食、烹饪专栏作家弗洛伦斯·法布里坎特（Florence Fabricant）的注意，好登上《纽约时报》。"他接着说："坏消息是，她根本不会领情。我保证那鬼东西两个月内就会从你的菜单上消失。如果是我，两分钟内就会把它拿掉。你应该不会那么笨吧？"他说得有理，我连忙取消这道菜。

虽然我们的背景截然不同，但帕特先生对款待、服务和优质的见解，与我所见略同。他的店永远满座，每周一至周五晚上他一定亲自坐镇，把全部精力和热忱放在监督员工不漏掉任何细节上。我俩在看待订位的立场上南辕北辙。在帕特先生眼中，订位只代表餐厅会等候你大驾光临，至于何时可以入座则是另一回事。火花牛排馆的客人即使订了位，通常仍可能等上 15 ～ 90 分钟不等，而联合广场餐厅如果让订位客人等候 30 分钟，他们就准备以书面形式向我提出抗议，再把副本送给纽约市每位餐厅评论者。2000 年去世的帕特先生总能逃过抗议，因为大家喜欢在火花用餐，还把等候变成预期的用餐体验。（后来这给了我信心，对 Shake Shack 大排长龙不致太发愁——那也在顾客的预期内）。

早年我还遇到另一位无价的导师：厉害的葡萄酒进口商罗伯特・查德登（Robert Chadderdon）。他是我 1984 年在佩斯卡工作时最早认识的特别人物之一。即便在那个年代，他就以难搞和破坏成规享有神话般的名声。据说他对于要和哪家批发商、餐厅或零售店往来，非常有选择性。他要求客户必须符合高标准，同时对他要谦逊且有信心，大部分业者都无法做到。在认识他前，我只知道他为著名的弗兰克・舒马克（Frank Schoonmaker）工作。不过，贴着他的标签“罗伯特・查德登特选”的任何一瓶葡萄酒我都喜欢（而且从未失望过）。在我还不太懂葡萄酒时，总会在零售店以及卖酒的餐馆寻找他的标签，那几乎等于是质量保证。一日，佩斯卡总经理道格拉斯・斯卡伯勒（Douglas Scarborough）宣布，罗伯特先生已莅临本餐馆，口气仿佛是外国皇室驾临用餐。

初遇罗伯特的印象极为深刻，所以一年后，我为联合广场餐厅安排开业酒单时，便鼓起勇气打电话给他。他在电话那头对我仔细拷问，以判定我是否值得他出售酒品（你要开什么餐厅？地点在哪里？主厨是谁？你有什么背景？）。之后他同意与我见面，一起吃饭。我们在格林威治村第六街的小酒馆碰面。他直视我的眼睛，一开口便问："你究竟多大了？"我答道："二十七。为何这么问？请问您贵庚？"

他答道："三十七。"又神色自若地说："过去十年里，关于酒与人生，我遗忘的部分都比你未来二十年能学到的还多。"我当机断定，此人有值得我学习之处，我也有向他学习的意愿，相信做他的学生会很愉快。他立刻成为我重要的顾问与盟友，亦父亦兄；后来我们密切合作，甚至数次结伴至法国和意大利旅行。我在这两国曾有幸接受密集训练，得到葡萄酒与食品方面的高等学位。自那晚初见面后至今，罗伯特又累积了二十年的智慧，却仍未停止教诲、督促及爱护我。

若只把罗伯特先生视为葡萄酒专家，未免有些肤浅。他不但具备天生完美的味觉、不可思议的口味记忆、对内在质量的敏锐感受力，而且还拥有丰富的人生阅历、智慧与判断力，足堪借鉴。这些年来，我在了解质量、美食、美酒和人生方面，受益最多的部分全来自他。

■

1988 年是我们开业第三年，也是重要的转折之年。我们首次打进《查氏餐馆评鉴》的纽约前40名最受欢迎餐馆排行榜，位居第21，联合广场餐厅也被誉为“美式创意烹调之光”。1988年8月，同居四年后，我与奥黛丽步入红毯。初秋时分，我考虑已久的厨房变革也付诸实行。

首度担任主厨的阿里·巴克曾经承诺要为我工作两年，如今他做了三年！他竭尽所能地做好一切（包括娶到一位贤妻），虽然原本没有主厨经验，却也倾其所有贡献出其质朴的烹饪能力及努力。我跟他开诚布公地讨论未来，对他说：“你有很大的潜力，不去多学点东西太可惜了。而联合广场餐厅也有无穷的潜力待发掘，让一位经验更丰富的人来领导厨房，必能如虎添翼。”我鼓励他到法国去待一段时间。我们两个谈着谈着，心里都很难过，不禁潸然泪下。我们已经成为好友，也曾并肩为这里投注心力。尽管阿里完全明白我的意思，却很难接受我的结论，可是我知道这是正确的决定；多年后的今天，我们仍是好友，他定居密歇根州，经营餐馆有成，家庭也幸福美满。

10月初，我挖到老同事迈克尔·罗马诺，他一直在La Caravelle餐厅工作，以实在但轻巧的方式烹饪经典法国菜。我花了不少时间说服他，说他应该考虑向市中心发展，着实费了一番口舌终于让他点头。最后让他动心的是，虽然转到我这里来工作，就得放弃多年辛勤耕耘所练出的好手艺，但可以让他回归自己意大利的根。他来的第一个月，我不准他更改菜单。我建议他：“去了解员工、客人、设施和餐厅的节奏。研究现有菜单上的菜品，使之好得不能再好。另外利用每日特餐的机会，测试新菜的反应。这样就知道顾客可以接受哪些，然后再一样样加进菜单里。”

我们确实照这个方式进行。1989 年 5 月，布赖恩 · 米勒先生再度回来评论我的餐厅。这次他给了三颗星，并称联合广场餐厅为“一种可称为国际化小馆的新类型餐厅的典范”。布赖恩先生提到迈克尔主厨热衷意大利北部的菜肴，还说我们的菜单“是我在此地见过的最整齐的菜品”，并且“价格公道”。他说我们的酒单在纽约市数一数二，“有许多不常见的珍品”；我们的桌位“距离安排得当，易于交谈”，比酒吧区低几个阶梯的用餐区“具乡村风味而且诱人食欲”。10 月份的《查氏餐馆评鉴》纽约最受欢迎餐厅排行榜，把我们从 21 名升至 16 名。不过令人悲痛的是，我们钟爱的总经理戈登 · 杜达什先生也在同年因艾滋病并发症辞世。幸好他坚持得够久，看到了自己努力的成果：一家待客与厨艺均愈来愈受欢迎的餐厅。

进入餐饮业才四年，我内心的火刚开始燃烧。从舒适的装潢和气氛，到供应的餐饮物美价廉，我对联合广场餐厅的愿景已经实现。至今，联合广场餐厅仍是我个人最纯粹的表现，也最清楚地展现了旗下所有餐厅的共同使命：尽可能以最兼容并蓄、易于接近和真诚周到的方式，做出优异的表现。

SETTING THE TABLE

第四章

细节里的魔鬼

我这一辈子只试过一次毛钩钓鱼，地点是在科罗拉多州阿斯本郊外的伍迪溪。我所跟随的年轻向导，是十一号麦迪逊公园餐厅首位大厨凯利·赫弗南（Kerry Heffernan）极力推荐的。这位向导是毛钩钓鱼专家，展现出超乎年龄的智慧。他涉水走入一条清澈湍急的溪流时，一面拿起一小块石头，一面叫我过去。他把石头翻过来，面露笑容。我从远处看不出石头滑溜的底面有什么特别。

他说："你过来看。"他指着在石头上孵化的数十只水栖昆虫，这让他知道要绑哪种毛钩才对，他解释说，鳟鱼只会咬形似在孵化昆虫的人工毛钩。然后他丝毫不差地把石头放回原来的位置，我为此深深着迷。石头下有大量的信息，只看你知不知道或有没有用心去寻找。

我把这珍贵的一课带回纽约。只要用心去找，每个故事后面必定有另一个故事；只要肯用心，肯花时间，有兴趣去发掘，便可以增加顾客"上钩"的概率。我巡视餐厅用餐区时，总是不断寻找各种细节：如客人不耐烦的表情或瞥手表的动作、一盘未动过的菜肴，或者客人好奇地盯着陈设的艺术品等。这些细节可能透露出客人正感到无聊、烦躁、困惑、需要关爱，或只是在做白日梦。每种情况，都驱使我走向那一桌，提供某种款待的机会。

别人认为你对他有多在意，就会以同样的在意回应你，这是人类天性。所以建立关系的不二法门便是真心关切对方，让对方愿意说出自己的故事。当我们主动去关心客人，对方就会产生和我们是一家人、共同拥有这家餐厅的感觉。

当顾客在言谈之间，把一家餐厅当作自家的餐厅，则共同拥有感于焉而生。

他们会迫不及待地想告诉亲朋好友，不只是美食体验，还有受到尊重和关爱的感觉。

这种归属感带来的信赖感和被接纳、被肯定感，必然会使顾客再度上门。

任何公司想要长长久久，绝不能只做一锤子买卖。

首先，第一步是得把石头翻过来。

我一再提醒员工，要视情况主动与顾客建立关系。例如简单地问一句顾客是哪里人，就会产生惊人的效力。这类问答中不难找出某些联结，可能我们都认识相同的朋友，或是喜欢同一家餐馆，也可以聊同一场球赛。“你认不认识某某人?”这个老招数是把石头翻过来、以强化人际联结的典型例子。当你要选择一家餐厅用餐的时候，在其他条件相同的情况下，一定会选侍者领班跟你念同一所学校、与你支持同一支球队、生日跟你同一天，或认识你远房亲戚的那一家。此外，也可能倾向于选上次去吃时，大厨曾出来打招呼，或是他知道你爱吃软壳蟹，曾特别为你留下最后一份的那家餐厅。只要有心，信息是在那里等待被你发掘的。

巡视用餐区对我而言最重要的便是能够聆听、观看及感觉现场的情况，好让我能够与员工和顾客产生联系，并有所作为。我没有适用于所有顾客的标准做法，经常靠直觉来判断是不是可以去问候某桌客人了。我都是这样主动出击的，也许只是走过去说“谢谢各位光临”，便把球发到对方的那一边。这样的接触可能进行下去，也可能就此打住。不过一旦石头翻了过来，我和顾客就会开始交谈，并从中得到信息，再根据这个信息行事（有时我会知道客人只想静静用餐）。

2002 年 4 月的一天晚上，蓝烟烤肉餐厅开业后没多久，我发现用餐区后方有对夫妇正望着庭园里的树木。我感觉得出来，他俩正在辩论肋排是否好吃，于是我走过去打招呼。我问：“两位是哪里人？”

那位先生说：“我们来自堪萨斯市。”

我回答：“我们这里的烤肉很难比得上你们家乡的水平。”

我们继续聊天，得知他们刚搬来纽约，很高兴在住宅附近发现有正宗的火炉烤肉店。那位先生说：“我只希望吃烤肉不必四周前就要订位。”我告诉他，本餐厅才刚决定留下一半的位子给随时上门的客人，以鼓励他们临时起意来用餐。这个消息令他们满意。那位先生又说：“在堪萨斯市，餐厅给的烤肉酱不止一种。

你们是否会考虑供应比现在这个更甜更辣的烤肉酱?”

我的直觉是对的：他们心里有事。现在我知道是怎么回事，也知道该如何建立联结。“你的建议很棒，我们的厨房恰巧正在调配一种堪萨斯市特有的烤肉酱。你们要不要先尝尝味道?”

我到厨房拿了一瓶那种酱，送到他们桌上。那位先生倒了一些在烤肉上（得克萨斯州人绝对不会这么做），然后满面笑容地说：“好像回到家乡一样！”我请他留下名片，后来蓝烟餐厅开始供应堪萨斯式烤肉酱时，我写了一封短笺给他。

我确信那对夫妇在这次交谈后，对这家店产生了认同感。对他们来说，我们推出新酱汁，部分是他们的功劳。这就是我们希望与顾客进行的对话。唯有通过人与人的交谈，才可能有款待存在。我们从这次对话中得到了宝贵的顾客反馈，也与两位顾客建立了联结。我投入的那六分钟很值得！

我尽可能亲自到各家餐厅巡察。在到西五十三街开现代咖啡厅之前，有将近 20 年，我所有的餐厅彼此间的距离，以及它们与我家的距离，走路都不超过十分钟。我照例在午餐时分到每一家去看看，不只是为了打招呼、握握手，更重要的是在餐厅的大社群下建立起每天的小社群。

最理想的做法，是先尽量搜集有关顾客的信息，我称此为“点的搜集”。我敦促各店的经理应做到 ABCD，即“时刻不忘搜集点滴信息”(always be collecting dots)。

每个点都是信息。信息搜集得愈多，愈易于做出有意义的联结，不但可以让客人感到高兴，还可以为自己的生意创造优势。利用搜集到的一切信息，让顾客在共同经验的号召之下集合在一起，我称之为“连连看”。如果不把石头翻过来，就看不到下面的点点滴滴；如果不搜集这点点滴滴的信息，就无从“连连看”。举例来说，假设我不知道某人在替某杂志工作，而我正好认识那个杂志的总编辑，那岂不是坐失良机，无法建立有意义的联结，以增进我们与这个客人彼此的关系。信息是现成的，就看你有没有用心去寻觅。

我总不忘抓住机会搜寻取得信息，而且不限于店里顾客的信息。我经常站在用餐区的角落旁观，体察室内的温度、气味和音量，更重要的是观察员工彼此相处是否愉快？工作是否专注？如果这两个问题的答案都是肯定的，我就相信我们可以做得很好。试想每当你走进一家餐厅、一间办公室，甚或看看棒球比赛时的球员休息区，如果大家都乐在其中而且心无旁骛，那么胜算就很大。

我也研究顾客的神色。若看到顾客的视线在餐桌中央交会，就知道他们相谈甚欢，我会确信一切进展顺利，但这不是前去打招呼的适当时机。客人出外用餐主要是为了相聚，他们的眼睛会告诉我此刻他们相谈甚欢。

当我发现有客人的视线不在餐桌中央，或许就该过去看看。我不确定出了什么差错，可是我有把握，此刻去跟客人建立联结不会令对方觉得受到打扰。客人有这种表情，也许是等上菜等得太久，想要找侍者来问问；也许只是对餐厅建筑本身、墙上的艺术品，或是对别桌的俊男美女感到好奇；也可能是一时无聊，想暂停休息一下，或正与同伴闹别扭。

我也会关注单独吃饭的客人。以我一个人就餐的经验可知，这类客人想做的事很简单：让自己享受一段充实、安静思考的时光，然后选中我们餐馆。我把这视为无上的认可，也希望今天的单客明天会带来四个人一桌的生意。

看似一点点的洞察力可以发挥大作用。款待顾客的正确方式，可能只是站在附近用肢体语言向顾客表达善意。假设我接触到某女士的目光，她也许示意要我过去，告诉我她需要水、要找侍者，或要买单。我感谢她的光临，她可能会回答："不客气。这里比你其他的餐厅要好太多了！""我们刚才正在聊，这家餐厅是多久以前开的？""这次再来感觉不错。上次来时，服务速度简直太慢了。""自从开业后我们就没有再来了。那时候好吵！你是怎么解决的？"

我从这些交谈里搜集信息，不只是想了解顾客，也想知道他们对菜品与服务的评价。比起其他产业，餐厅所享有的优势，就是在顾客享用我们菜品的同时可以立即得知他们的反馈。人们很在意食物和自己的钱包，对于去餐厅吃饭也抱有很高的期待。所以只要客人相信我们是在为他着想，通常不用太费力便能得到坦白的反馈。

如果顾客真心喜欢所点的东西，我看表情（和盘子）就能明白。如果有所不满，只要我们与客人曾建立良好的关系，他们也会让我或员工知道。某晚在蓝烟餐厅，我注意到有客人已经用完餐，但盘子里的洋葱圈却大半没有动。他们可能只是吃不下了，不过我仍走过去打招呼，顺便看看。果然不错，那些洋葱圈看起来不酥脆。我指着洋葱圈说："这不合各位胃口吧。"

那位男士说："没错。只有这道菜我觉得还可以做得再好一点，应该更脆一点、辣一点。"我说："那么这些免费。"不久他们起身准备离去，那位男士拿了一张百元美钞给我，说："这是给那位服务生的。"我知道这名侍者的确不错，不过这么慷慨的小费，也代表顾客欣赏我们的用心和对顾客的关心。因为要保持洋葱圈稳定的质量必须付出高昂的人工成本，所以我们决定把它从菜单上删除，这当然引发了另一波抗议，爱好者高喊："把洋葱圈还给我们。"

■

在伍迪溪时，当向导把石头翻过来之前，我觉得能够站在湍急的溪水边，欣赏梦幻般美丽的河谷与山脉，余愿已足矣。后来才真正体悟到，经营事业者倘若能像毛钩钓鱼者那样，仔细观察每个细微之处，相信一定可以取得重要信息，使你对顾客产生更大的兴趣，也促使顾客对你产生兴趣。

自从 1985 年开张以来，光顾过联合广场餐厅和其他餐厅的客人都会在结账时收到一张意见调查表。若客人在意见表正面填上姓名住址，我们就把他列入活动的邮寄名单。我们会照意见表上保证的“定时通知客人即将举办的活动”，像是美食美酒品尝会和烹饪课程。意见表反面有空白处，供客人对食物、酒类、气氛、服务或任何他们想到的问题发表意见，这是搜集信息的大好机会。最初由我亲自回复每张意见表，现在则由各店的主厨和主管负责，每周要看近百张的意见表。这么做很有用，不但可以建立起餐厅与顾客间的互信，鼓励和充实彼此的对话，还能够令顾客相信他们的意见受到重视。

调查顾客意见现在看起来或许没什么大不了，但在 1980 年代可谓前所未有。当时很少看到高级餐厅发放意见表，感觉那是平价餐厅才会做的事。可是不过两三年的工夫，我为首张意见表写下的“希望您再次光顾联合广场餐厅，本店竭诚欢迎您提供意见和建议”那句话，已被各式各样的餐厅几乎一字不差地照抄。我们的邮寄名单，已有远超过 150 000 个名字。我们发现，这些名单是建立社群，以维系与全国甚至全球顾客关系的利器。现今整个营销业都在积极搜罗电子邮件地址，以便与现有及潜在顾客保持联系。我们也发电子邮件，不过依我个人的判断，以传统方式寄送个人化信函或公司刊物所产生的有意义联系，是难以取代的。

生意人的老话“顾客永远是对的”似乎已经过时，应该主动出击制造机会，让顾客感觉即使他们的意见无理也会受到尊重。无论在各店巡视时、在意见表上，或在信函或电子邮件里，我总是积极鼓励客人，如果他们感到有任何不当之处，尽管告诉我们。我衷心感谢表达意见者。

■

我向来把杰出表现看成是旅程而非终点。完成这趟旅程需要一种运动员作风，运动员有汇集所有资源以竞争求胜的天性。我认为，适用于网球场或棒球场上的运动技巧，同样适用于做生意。这是天赋能力加上专注的训练，以及坚持求胜的毅力，三者的完美结合。

朋友曾对我讲过一个故事，有关佛罗里达州州长杰布·布什（Jeb Bush）的运动员作风。朋友是非常成功的企业家，同时也是民主党党员。他在佛罗里达州开了分公司，员工约有 40 人。公司正式成立那天，他意外接到（素昧平生的）布什州长亲自打来的电话，感谢他把生意拓展到佛罗里达州。州长说：“我给你一个特别的号码，如果需要为贵公司改建道路或兴建桥梁，打这个电话就可以。”朋友现在依然是民主党党员，不过这件事使布什州长给他留下了深刻印象。

不论政治立场为何，这都是一则发人深省的故事。布什州长这种出人意表的动作，向选民发出清楚的信号：任何一张选票都不能视为理所当然。餐饮这一行非常依赖不断上门的常客，缺乏这群常客而能生存的餐厅，就我所知不多。

如果订位表上有新的电话区域码或邮政编码，或是我注意到有不远千里而来的客人，我一定设法让这类顾客受到特别关照。可能会问他们：是怎么知道这家店的？是来出差还是度假？在纽约期间还会到哪些地方用餐？这可以打开客人的话匣子，也是推荐他们光顾我们别家餐厅的大好机会，他们在那里也会享受到特别待遇。希望他们回家以后，能为我们每家餐厅散布口碑。

如何让顾客再度上门？无论经营保龄球馆、药房、计算机公司或刺青馆，每位老板都要面对这个问题。顾客上门分为两种过程：尝试和重复。你必须在这两个过程都胜出。假设是开餐馆，很幸运地说服了某个客人，愿意来做初步的尝试（这并不容易），那务必让他留下极佳的印象，始能赢得第一回合。我觉得企业大多比较擅长用心服务熟客，却疏于吸引新顾客，然而对任何公司来说新旧客人都很重要。讨老顾客欢心固然重要，但是企业的长久经营有赖于赢得新顾客的心。以网球比赛为例，除非每回合都赢，否则不可能拿到冠军。如果能够与某位顾客打到第三回合，那他就很有希望成为可贵的常客。

研究哪些人会成为常客，总令我兴味盎然。喜欢我们所有菜品的顾客只占极少数，大部分的人会对某家餐厅情有独钟，顶多再喜欢另外一两家。决定喜欢与否的因素通常在于投不投缘，以及个人对食物和设计装潢的偏好。

我的各家餐厅顾客回头率相当高，有七成以上的顾客会再次光顾。有一点值得重视，就是这几家餐厅历史愈久，愈受欢迎，而且不止反映在《查氏餐馆评鉴》的排名上。除少数例外，这几家餐厅的营收也年年增加。我知道受欢迎并不绝对代表优秀，不过那是个可靠的指标，可以反映你令多少客人感到满意以及满意的程度。

一个爱下馆子的纽约客，每周外食三次，一个月就有 12 次的外食机会。到外面吃饭，大家都喜欢发掘新餐厅，所以我假设 12 次中有 8 次纽约客会想试吃从未去过的店，包括新开张或开了很久的餐厅。这样每月仍剩 4 次是去自己喜爱的老餐厅吃。我不期待顾客每天甚至每周都光顾我们旗下的餐馆（可是我们十分幸运，有不少习惯来用餐的老客人）。假使有常客，每周惠顾三到四次，还把我们的餐厅当作俱乐部，甚至视为自己住家的延伸，而不只是普通的一家餐馆，那我会非常感恩。

我的目标是争取让大量客人成为固定常客：午餐有 40%，晚餐有 25%，每月光顾 6 到 12 次。看百老汇的演出，不管多好看，一般人多半只看一次，然而用餐愉快的经验，却会使人想要一再重复。餐厅若经营到极致，应该让顾客离去时觉得自己仿佛被满足地拥抱过。

不论卖什么产品，若能做到如此地步，就可以为公司奠定坚实的基础。满意的顾客不只是常客，更是口碑传播者。他们会告诉所有人，自己多么喜爱你的菜品，主动帮你推销。汽车公司和钟表厂早就明白，顾客购买它们的东西，不只是为了产品本身的性能，也是为了表现自我。正如选择戴什么手表、开什么车，都会传达你是个什么样的人，选择经常光顾的餐厅也有这种作用。我们希望让尽可能多的客人以在我们店里用餐为傲。我们的任务便是令顾客觉得与有荣焉。

自从有计算机和在线订位之后，我们可以比用纸笔登记的订位簿更有效率地建立常客群。每天一开门，我就会接到计算机记录的各餐厅的详细订位单，助理每天早晨也会检阅这些订位单，寻找可以有助改进款待之道的蛛丝马迹。我们去了解当天有哪些客人要在何时、在哪家店进餐，有助于规划一天的工作，让我有机会参与为顾客安排座位及招呼他们的工作。我们会策略性地让工作性质相近的客人坐得比较近，以制造偶遇的机会；也会让想要独处的客人不受干扰。我刚好很喜欢地图，所以把负责订位的人视为制图师，把订位单视为地图，用餐体验则代表顾客一次短暂的假期。度假时游客有很多路线可以选择，而我们的任务则是绘出包含最多细节的地图。在某位顾客进门前，我们能够搜集到愈多确切的信息，便愈可能创造赞不绝口的用餐体验。顾客这次来是为了什么特殊场合吗？是否首次光顾？某人是否希望安静？上次来时有没有发生过任何问题？有没有人会过敏？这位客人爱喝红酒；那位客人是个专栏作家；还有一位客人待会儿要去看尼克斯队的比赛；等等。

负责接听订位电话的员工，形同站在款待顾客的第一线。他们仔细聆听，然后把所有从来电者处获得的数据输入我们的订位系统及“顾客小记”数据库。我们的接待员、领班、经理和侍者，可以从中了解顾客的许多需要，以调整服务和款待方式。

我们也一定会把过去犯过的错误输进顾客数据库里，如“7月16日鲑鱼煮得太熟”“5月12日把酒洒在客人手提袋上”等。顾客所有的特殊要求也会记下来，例如“偏好42号桌”“送餐时带辣酱”“喜欢靠角落的桌子”“鸡尾酒旁边一定要放冰块”“对贝类水产过敏”“咖啡在甜点之后上”等，这些都会出现在计算机的订位屏幕上。只要态度真诚，大多数顾客都会乐于告诉我们真正的喜好或需求。

在客人尚未踏入餐厅大门前，我们就能利用订位单开启款待经验。一天我在订位单上发现当晚有对夫妇要到感恩小馆庆祝结婚二十周年，那当然是非同小可的一餐。当天早上我便打电话给这对夫妇，谢谢他们把这么重要的日子与我们分享。我说：“请带着好胃口来，好好庆祝一番。”电话那一头的女士听到我这番话十分惊喜，并表示她正要来确认订位。我告诉她：“不必再打电话，一切都安排好了。”

挂上电话后，我向餐厅确认订位无误，并指示店员免费招待那对夫妇一道菜。我知道那道菜一定会很美味，并且由很称职的侍者送上，因此我有信心创造令顾客难忘的一晚。

这是主动出击款待顾客，我们各店的主管均在竭尽所能地这么做。有很多行业靠口碑。一般人总喜欢聊庆祝生日、过节和过纪念日用什么方式及庆祝的地点（“你生日是怎么过的？情人节男友带你去哪里？”），因此这类特殊场合是树立口碑的绝佳机会。

同一天早上在检阅订位单时，我得知一位熟客当晚要在塔布拉进餐，并且在前两天，他已光顾过我们其他三家餐馆。其中一家是蓝烟楼下的音乐夜总会“爵士标准”，这位客人在那里听到了钢琴家比尔·查拉普（Bill Charlap）的精彩演奏，十分满意。了解到这类细节实在太重要了。我打电话给塔布拉的总经理特雷西·威尔逊（Tracy Wilson），要她一定得向顾客表示我们多么感谢他如此关照。

我又看到另一张订位单，我认识的一对夫妇当晚预定到蓝烟用餐，他们订位时曾特别问候我。那还等什么？我立刻拿起电话打给他们，并在录音机上留言：“嗨，海伦和保罗，我是丹尼（Danny）。看到你们今晚要光临蓝烟，只是想说，像你们这样忠实的顾客，对我们非常可贵。我无法亲自到场向你们问好，先在此祝你们一切顺利，祝今晚在蓝烟用餐愉快。”

我明白自己大可不必做这类事情，然而，我个人或任何一个员工，没有理由天天辛苦工作，只为提供给客人普通的用餐体验。我想要听到客人说：“我们喜欢这家餐馆，爱吃这里的食物，不过你们店里的人才是最让我们感动的。”这是最令我感到骄傲的反馈，也等于告诉我，我们各方面都做得很成功。我鼓励每位主管，每天花十分钟做三件超出预期及特别关心顾客的事。那相当于每年做 1 000 件。我们各家餐厅有百余位杰出主管，所以这个数字还要扩大百倍。对任何老板而言，这都意味着可观的回头客生意。

1990 年代后期，我刚开始听说有网络电子订位系统时，对这整个概念十分排斥。我认为接受在线订位，会使我们失去原本由热忱、人性化的真人接听电话的优势。如此一来，我们就与其他餐厅没有两样了。

后来有个理由使我改变了看法．关闭那个窗口，让喜欢在线订位的人不得其门而入，有亏待客之道。也许对他们而言，晚上十一点半坐在计算机前订位，会比在我们正常营业时间方便。他们不必打电话；不必忍受电话占线的挫折感；不必在电话那一头等候即可得知有没有位子；也不会经过种种周折，最后却被告知已经客满。一旦我终于接受势在必行的在线订位，便立即爱上这种模式及其好处。每当有人上网订位，我们的订位员便可少处理一通电话，并免于说那句令人头痛的“能否请稍候，又有一通电话进来了?”

无论通过电话还是网络订位，我们接到信息后，立刻加入以往用手写在订位单上或偶尔记在档案卡上的顾客偏好档案中。如今多亏计算机的庞大容量，使我得以计算有多少比例的顾客属于常客；知道他们最喜欢坐哪张桌子，或是有没有最喜欢（最讨厌）的侍者。我可以知道客人的生日或周年纪念是哪一天；知道客人在我们别家餐厅是否也是常客，若他肯再去另一家餐厅试吃，我就会更高兴。所有这些等于一个信息金矿，让我们能够建立各种联结。

偶尔会出现脾气坏、要求多甚至恶言恶语的来电者，考验我们订位员的耐心。我们设计了一个速记制度，能够预警可能出现的棘手状况。这也属于运动员式、主动出击的款待之道。订位员假使不得不费尽口舌去安抚或顺应某个怒气冲冲的来电者，我们或许会注记 WFM（welcome from manager，经理恭迎），表示这个客人需要经理格外注意。当客人让我们知道，不希望受到不必要的打扰时，则注记“勿扰”或“放下即走”，奉上餐点就让客人独处。我们的工作不是把本身需求强加于顾客身上，而是明白顾客的需求，再据以提供商品。在款待客人上，一种尺度只适合一个人！

我在意大利替家父当导游那年暑假，上司是他在罗马的经理人乔治·斯莫尔登（Giorgio Smaldone）。他来自意大利萨莱诺，很傲慢，也是个老烟枪，教给我好多关于款待的精髓。当谈到如何接待旅行团团员时，乔治先生最常挂在嘴边的，就是用他那独树一帜的英语说：“让他们觉得自己很重要。永远都要先从最需要感觉重要的人下手！”

多年后，在联合广场餐厅工作已十多年的一个优秀侍者告诉我，之前她在玫琳凯化妆品公司工作时，创办人玫琳凯女士告诉业务人员，每个人的脖子上始终挂着一个隐形的牌子，上面写着：“让我感觉自己很重要。”凡是依赖人际关系的行业，最成功的必定是知晓有那个无形牌子存在，并看得出它的光芒有多么耀眼的人。真正的优胜者，最懂得如何去拥抱挂着那个牌子的人。

■

不管有多少高科技的助力，餐饮业永远是需要亲力而为、频繁接触、以人为主的行业。与人握手、微笑、直视其双眼，借此表达欢迎之意，那是什么都无法取代的。

基于此，款待有别于机械式的东西，无法标准化、规格化。不过你可以通过教育让款待产生威力十足的影响。我发现召集一大批员工上课，是最能延伸我的接触范围的方式。

生意愈做愈大的后果，就是我无法同时出现在每家餐厅。为此，我会研究订位图并加以应对。我常在街上偶遇客人，却说得出：“我知道你昨晚光顾了塔布拉。晚餐还合胃口吗？”对方会觉得很高兴，也很惊讶我怎么知道这件事。我怎么会不知道呢？若要顾客对我们有兴趣，我自当同等地关心他们。

我利用客人的信息，把从事相关行业的人引荐在一起，或是让有共同背景的人，不论来自艺术界、金融界、政界、餐饮界、新闻界、出版界、广告界还是设计界的人，互相认识。我称此为“把相同的种子种在相同的花园里”，如此才能扩大我们的社群。我会刻意安排这些人坐在附近，但不是坐在隔壁；我也可能直接介绍他们认识，期望在美好的一餐之余，这“意外的邂逅”可以产生正面的效果。

一位出版社老板若在联合广场餐厅遇见同行，自然就会认为“同业都是到这里来吃午饭”。采访美食的记者，看到知名厨师坐在隔两桌的位子上，也许会推断：“他会来这里吃饭，那这家餐厅必然很不错。”我把这种关联性称为“善意的操纵”。人人都是赢家，包括我们餐厅。

这么多年来，在建立社群上我得到不少忠实友人的协助。出色的图书出版商罗格·斯特劳斯（Roger W. Straus Jr.）至2005年以87岁高龄辞世为止，共领导该公司近60年之久。这位讲究生活的美食家，自联合广场餐厅开业后不久，即成为最支持我们的好客人。据我们估计，他在此吃过大约3 000次午餐，最喜欢的是半壳装的牡蛎、黑豆汤、烟熏牛排三明治，以及鲔鱼酱冰冻小牛肉，而且几乎都是坐38号桌。他在将近20年的时间里，平均每周有三天会来此吃午餐。

罗格先生以与他共餐的人为傲，这些人有博学的主编、诺贝尔奖得主，也有畅销作家，他也一直努力把这些人介绍给别的朋友。有时我与他同桌聊天，他会靠过来问我，认不认识坐30号桌或36号桌“那个浑球是谁”。如果我说不认识，他总是很好心地替我介绍。眼见罗格先生在38号桌用餐，各作家、编辑、经纪人或出版商便明白，联合广场餐厅是同业在市中心区常出没的地方。此时用餐区另一头若坐着出版界另一位传奇人物：哈里·艾布拉姆斯公司的保罗·戈特利布（Paul Gottlieb），也会取得同样的效果，这家公司以出版艺术类和文学类的书出名。这些年来，联合广场餐厅的许多桌位陆续有别的出版商现身，其中有不少是固定贵客。

有时我看到某个名字，想起那是曾在感恩小馆或十一号麦迪逊公园餐厅办过新书发表会的客人，就会提醒侍者领班要欢迎对方再度光临。有一天我看到悬疑推理小说家理查德·诺斯·帕特森（Richard North Patterson）的订位，他是我们餐厅多年的朋友，每次从旧金山过来，一定到我们这里来吃饭。我想起他最新的小说是以手枪管制为主题的，又发现美国支持加强枪支管制的全国性组织“百万母亲大游行”发起人也要到同一家餐厅吃饭。我当然会把他们安排在相邻的位子，制造可能产生有利结果的机会。

谷歌或任何在线搜索引擎是人类发明的最佳搜索工具之一。我在订位单上，或许看到一个眼熟的人名，就可以用谷歌查询。这对于提高款待水平和绘制更详尽的地图来说是了不起的工具。

2004 年共和党全国代表大会举行期间，谷歌的确成为极其有用的利器。我们在十一号麦迪逊公园餐厅为大约 12 位媒体人准备深夜晚宴，出席的有国家广播公司（NBC）的汤姆·布罗考（Tom Brokaw）、《纽约时报》的阿普尔（R. W. Apple）、莫林·多德（Maureen Dowd）、托德·珀德姆登（Todd Purdumd）及其夫人、前总统克林顿的新闻秘书迪伊·迪伊·迈尔斯（Dee Dee

Myers)。经过一整晚马拉松式的会议，他们总算在 11 点 45 分全部落座，准备享用有五道主菜的晚餐。我于凌晨 1 点离开前，对他们说："如果各位待得够久，我们就得送上炒蛋当饭后点心了。"阿普尔是俄亥俄州阿克伦人，他说："我看得出你是中西部人，很可能参加过一堆初入社交界的派对。"我笑答："的确是。19 岁那年，在圣路易斯参加过几次初入社交界舞会后，我才学会在凌晨两点吃炒蛋。"他说："那我打赌你没吃过水仙蛋，那才真是好吃。"他说对了。

我离开时嘱咐员工："你们上网查一查，弄清楚什么叫水仙蛋，务必在凌晨两点放一碗这东西在他们桌上。"倘若你相信口碑是做生意之钥，那现在正好就有一群嘴巴很大、很有影响力的人在你的餐厅里。

员工搜索"水仙蛋"后发现，网上只有模糊的描述，但已足以让十一号麦迪逊公园的大厨凯利·赫弗南想到该怎么做，他照自己的想象，即兴地设计出水仙蛋食谱，并心血来潮加上南瓜花和奶酪。到午夜两点，水仙蛋盛放在铜碗里端到了阿普尔面前，时间正好是吃甜点前后，那群记者正在相互举杯（布罗考和阿普尔即将退休，两人都是最后一次采访政党大会）。

次日凯利告诉我，水仙蛋"把他们打败了"。他很喜欢这种做法：用慢火把蛋和奶酪煮熟，放进搅拌器，加一点溶化的奶油，再慢火加温，拌入一些南瓜花。他说他决定把这道菜放入早午餐的菜单里。ABCD 策略，即"时刻不忘搜集点滴信息"，再次增进了相识相熟的感觉，并挑战我们的员工，促使他们表现出超乎顾客预期的关注与创意，也带来多听、多运用想象力并付诸实施，以提高价值的机会。

我们照计划供应了美味的晚餐。当阿普尔提起“水仙蛋”时，仿佛丢给了我们一块石头，石头下长着各式各样的生物，而我们能够绑上正确的毛钩捕到鱼。两年后，我在一个晚宴上遇见汤姆·布罗考，他告诉在场其他 12 个人有关水仙蛋的故事。如果你问阿普尔和与他共餐的人，那天晚上的菜单最令他们印象深刻的是什么，我保证绝对是水仙蛋。

SETTING THE TABLE

第五章

谁规定不能这么做?

筹划和开创新事业一直是我人生的一大乐事。先有梦想，再到个人经验的深处去挖掘，然后把让我跃跃欲试的东西加以排列组合，创造出从未有过的新事业，这个过程对我来说其乐无穷。可是唯有符合特定的准则，我才会让自己投入有风险的新事业：

- 新事业的主题是我所热爱的（美国早期民俗古董、现代艺术、爵士、烤肉）。
- 我确知从新事业中可以获得挑战、成就感和乐趣。
- 新事业能够为我和同仁带来餐饮专业方面的成长机会。
- 新事业能为某种进餐情境增添新意，如豪华餐厅（感恩小馆）、博物馆餐厅（纽约现代美术馆内的现代咖啡厅、二号咖啡厅、五号平台咖啡厅）、印度菜餐厅（塔布拉）、烤肉餐厅（蓝烟），或者快餐店（奶昔小站）。
- 财务预测显示，投资新事业有可能赚到足够的利润与回报，所以值得我们冒这个险。

我的妻子奥黛丽生过四个孩子。她曾说，看着我筹办新餐厅，会令她想起怀孕及养育子女的历程。孩子和餐厅一样，在最初形成的那一刻充满欢愉，可是之后九个月的孕育期就开始觉得辛苦。等他们出生后头半年，父母没有什么时间睡觉，只觉得好像永远无法脱离苦海。而之所以愿意再经历一次，是因为我们有内置的记忆过滤器，能够忘记整个过程的辛苦。

我在构思每家新餐厅的时候，必定是以自己喜爱的主题为起点，然后瞄准最让我感兴趣的部分，再为之设想新情境。可能是设法把现有的东西（如奶冻）做得更好，或是将已经做得很棒的东西（特选名家奶酪或酒单）放在顾客觉得更愉悦的环境里。我的兴趣绝对不在开发新的菜品，而是创造新鲜的用餐体验；就像美术馆的策展人那样，努力为作品装上相得益彰的外框，寻找适当的墙壁悬挂，用适宜的灯光照射。我们挖空心思设计各家餐厅，厨师们则用心良苦地安排菜单上的食物，这两个元素可以为新餐馆的艺术气氛和手艺观感加分不少。

当直觉告诉我，某种用餐情境目前不存在，但是应该存在，我就会感到创业的冲劲来了。接着我会问自己一连串问题，好强迫自己检讨和挑战现状，然后加以改变。每个问题都以“谁规定……”这几个字起头，例如：谁规定不能在质朴的小酒馆里用最好的材料烹煮食物，再放在名贵餐具上，让客人有享受精致美食的体验？谁说不能就在公园大道旁供应慢火熏烤的猪肉，配上香槟或葡萄酒？谁说不能在没有人开车的纽约市，开一家卖汉堡包和奶昔的典型免下车快餐店？谁说现场演奏的爵士乐，唯有在烟味弥漫的夜总会里才好听？

每家新店都有不同的成型方式。有时是我先认识某位厨师，非常想与他合作，于是就得开始构思和寻找地点（感恩小馆）；有时是我觉得有个想法非实现不可，然后才去找地点和厨师（联合广场餐厅)；有时是我爱上某个地点，于是需要有厨师和构想（现代咖啡厅）。

> 情境是一切的根本。在我的创业过程中，最重要的指引是热情与机遇（有时加上意外的发现），它们引领我在适当时机、适当地点，为适当的构想创造出适当的情境，从而产生适当的价值。我从不依赖市场分析来创造新商业模式，也对此不感兴趣。我是我自己的测试市场，我的直觉远胜过分析力。如果感觉到有机会重新塑造自己极感兴趣的事物，那我就会尽全力去做。

立志为已经存在的东西增添新意，左右着我与同事们所做的每个决定。从选择地点，到员工制服，到几乎所有我们供应的菜品，都是如此。无论主题是清炖条纹鲈鱼、凉拌鲔鱼丁、火腿三明治，或者只是一杯热巧克力，我都会挑战店里的主厨，要他们告诉我，究竟怎么样做才会与众不同，或是做得比别人好。就像是多年前，我们觉得联合广场餐厅的菜单上需要有牛排，而纽约市已经有好几家世界级的一流牛排馆。所以我们想出独家的烟熏牛排做法：拿一大块肉，先用冷烟熏，再炙烤，然后洒上炒韭葱，配以世界级的土豆泥，再送上桌。原本沙朗牛排可能是“别家有，我们也要有”，所以在菜单上聊备一格。然而联合广场餐厅的牛排，却成为吸引顾客一再光顾的诱因。不过，重新建构顾客熟悉的东西时，成果一定要出众，又不可显得做作。

我向来会要求主厨说明，为何他认为某种菜品就是适合他的餐厅。我曾问塔布拉的主厨弗洛伊德·卡多兹（Floyd Cardoz）：“为什么以印度菜为灵感所设计的菜单上会出现原生番茄？”他答：“很简单。我用这种番茄，加上现磨姜末、大量印度葡萄甜醋来做番茄沙拉。”原生番茄沙拉成为塔布拉的特色菜，没有人可以说那是“拾人牙慧”。他不断寻找合宜的方式，创造符合印度风味的新菜品，由此证明，在实验新菜之际，仍可以坚守传统，并使用当季食材和传统烹饪法。他对牛油果沙拉酱做过同样的实验，在沙拉里加入烘过的印度香料，并用脆脆的新鲜莲藕片取代墨西哥玉米薄饼。

除非我们的厨师能做出格外好吃的凉拌鲔鱼（1990年代的纽约每家餐厅都有这道菜），否则我不希望它出现在我任何一家餐厅的菜单上。这个挑战使我们为十一号麦迪逊公园想出一道出色的招牌菜：半边生半边熟的凉拌鲔鱼。上菜时搭配牛油果切片和萝卜沙拉，色香味完全区别于我在纽约吃过的所有凉拌鲔鱼，好吃得令人上瘾。“如何与众不同？”是我们每天要自问自答的问题，而且对象不限于食物。不论从事哪种行业，与众不同可以为工作增添趣味，也让别人有理由跟我们做生意。否则谁真的非买我们的产品不可？真正增加或出售的价值又在哪里？

联合广场餐厅之所以变得如此五花八门，其中一个原因在于，将近十年时间，这里是我所有烹饪点子的唯一舞台，而我希望这些点子能够丰富顾客的用餐经验。每次旅行途中，我一定不放过品尝各色各样食物的机会，而联合广场餐厅是我唯一实验新发明的地方，我不放过每个可能实验新点子的机会。比如:

- 自编搜罗完整的国际葡萄酒酒单（而当时同业只专注于一两个国家的葡萄酒），开创编排酒单的新方式（按风味而非名称分类），供应应时的食物加葡萄酒给顾客。
- 编写半年发行一次的企业期刊，借此与顾客对话，促使他们继续光顾。
- 1980 年代后期开始，我们星期天晚上也营业。当时的精致餐厅还很少这么做。
- 1990 年代晚期，我决定在用餐区禁烟。多年来我允许客人在餐厅里的某些地方抽烟，可是烟会飘散，我受不了日复一日夹在吸烟和不吸烟者之间调停。1991 年起，联合广场餐厅一律不许抽烟，比纽约市通过餐厅局部禁烟规定早了四年，比 2002 年更严格的版本早了十年。

■

尽管联合广场餐厅一直经营得很好，我却有近九年时间坚决反对开第二家店。主要是因为我亲身经历过家父事业的起伏及两次破产，所以总认为扩展事业规模等于游走于失败的边缘。直至父亲过世，我才放开自己，把生意扩大。感觉上就好像是因为父亲已经看不到结果，所以我担心重蹈他覆辙的恐惧也减轻了。此外，多年来我为保护自己免于事业成长造成的灾难，设下三个我知道几乎做不到的先决条件：一是新餐厅的各方面条件得像联合广场餐厅那么好（我的想法是，联合广场餐厅的成功只是侥幸，我绝对不可能再这么幸运了）；二是新餐厅绝不可影响或削弱联合广场餐厅的优异水平（新店开张有可能损及老店，或许是管理层的心力和能力难以兼顾）；三是唯有确定与奥黛丽能有更多共处时间，我才会再开新店（这似乎不太可能，我已经每天工作多达 14 个小时）。

那时候我和奥黛丽已结婚，但膝下犹虚。奥黛丽成功地由舞台演员转型为《美食家》杂志的主要成员。由于我们是在餐饮界认识的，所以对于我的事业会对生活造成何种影响，我们两人早有心理准备。然而随着联合广场餐厅一年比一年更出名，我发现自己愈来愈拼命，工作时间愈来愈长。我们想生小孩，尤其当各自都失去一位尊亲之后，对孩子的渴望愈发强烈。我不断思索，扪心自问：再扩大生意，增加压力，对我和我的婚姻，甚至我的事业，是否为明智之举？贤惠的奥黛丽则让我自己做决定。

1990 年代初，我想了很多关于自己多么热爱餐饮的事。法国、意大利的米其林星级餐厅，特别是两星级餐厅，鼓舞了我。它们似乎能够同时做到食物精致与待客真诚热情。美国的烹饪质量不断提升也令我刮目相看。我喜欢美国精品餐馆供应的菜品和美酒，却不太欣赏其待客的殷勤度和用餐环境。

第五章
谁规定不能这么做?

1992 年蒙德里安餐厅结束营业时，我面临两难困境。《纽约时报》曾给蒙德里安三颗星的评价，我也很欣赏主厨汤姆·科利奇欧（Tom Colicchio）。汤姆问我想不想与他合伙开一家新餐馆，当时我没有开新餐厅的想法，却不知如何拒绝与这么有天赋、有热情的大厨合作。我知道他是不二人选，再加上奥黛丽的鼓励，于是我们开始着手规划新餐厅。

我们同意要将所有我俩最爱的豪华餐饮元素放在新的架构内呈现。我想到的是，法国和意大利乡下那些我喜爱的馆子，还有奥黛丽和我常去的分别在宾夕法尼业州巴克斯郡一带（奥黛丽在那里长大）及新英格兰地区的小酒馆。没有孩子之前，我们经常在周末前往缅因、佛蒙特、康涅狄格和宾夕法尼亚州的古董店和拍卖场寻宝，晚上就找家有点年代的小店吃晚餐，再到民宿住一晚。虽然老酒馆供应的食物不外乎覆盆子油醋沙拉、樱桃酱鸭肉、巧克力慕斯等，我却总觉得里头的温馨气氛十分吸引人。于是，研究“小酒馆”的概念，思考如何为它增添新意，逐渐成了固定的功课。

汤姆和我从问问题开始：“谁规定享受豪华美食，一定要在装潢保守、侍者穿着正式、气氛死寂僵化的地方?”“谁规定简朴的小馆不能成为享受绝佳现代美食的场所?”

联合广场餐厅已是人们心中的小区版优质餐厅，所以我想到，也许可以把感恩小馆做成小区版的雅致餐厅。前者的目标是把不难享受到的餐饮元素做得更好；后者则希望把不易享用到的高级饮食元素变得不再高不可攀。有人以为，感恩小馆的氛围必定单调沉闷，然而映入眼帘的却是活泼畅快的情景，餐饮也属上乘。这样的情境可以立刻使客人放松心情，也更易于让餐厅的表现超出顾客预期。

此次的合作对象是彼得·本特尔（Peter Bentel）和他才华横溢又认真专注的建筑师家族（就是通过负责兴建奥黛丽和我的公寓的那位承包商意外认识的）。本特尔家族以设计教堂和图书馆著称，这将是他们第一次设计餐厅。当我们走在人行道上四处寻找合适的房子时，唯一的条件就是尽可能离联合广场餐厅和果蔬市场近一点。

有一天，汤姆·科利奇欧要我赶快去看纽约不动产中介商介绍的一个地点。它位于东二十街上，原本是存放军服的仓库，房屋（巧合的是称为“N. S. 迈耶”）主人是产销军用勋章的厂商。庞大的店面共计 6 000 平方英尺，里面放着一台超大型输送带吊挂机，是一般干洗店用的那种。这里距联合广场餐厅四条街，距果蔬市场三条街。果蔬市场现在已有更多农民加入，每周营业四天。联合广场附近正逐渐形成餐厅聚落，所以现在是行动的好时机。这里地点完美，价钱合理，屋主同意给我们难以置信的好价钱，每平方英尺租金只要 20 美元。

有那么大的空间，一切都可以从头做起。我希望与本特尔设计公司合作，设计出可以弥补联合广场餐厅所有硬件缺陷的新餐馆。如果达成目标，衣帽间应有充裕空间容纳所有顾客的外套；

厨房也有足够空间为大量顾客烹煮餐点；另外会有私人用餐房间与宽敞漂亮的洗手间。办公室会很开阔，让主管们的工作效率大增；冷藏酒的地窖可以容纳 7 500 瓶酒；用餐区没有位置不好的桌位；酒保们在吧台后也有足够的空间，不会在调酒时经常撞到彼此。

我们最早与本特尔设计公司商量时，即决定餐厅内要用真正的古董，不用复制品。不放古董的地方，则请工匠按照其对古物如最早的酒馆烛台和水晶灯的理解进行创作。我告诉工匠们：“把你们的个性注入作品里，不过要确保其真实。”这样我们才能忠于原始的构想，而不是建成一个斧凿痕迹很重的老酒馆。

在彼得·埃尔马科拉（Peter Ermacora）、埃文·休斯（Evan Hughes）、多萝西（Dorothy）和利奥·拉布金（Leo Rabkin）等古董专家朋友们的协助下，我们从寻宝之旅中找到一些很棒的美国早期文物：镜子、肖像画、酒馆标识、拼布。在卡罗来纳州一座 18 世纪的砖窑里，我们发现了手工切割的砖块和一个放派的柜子；康涅狄格州某家杂货店的柜台，后来被放在厨房与用餐区中间；马萨诸塞州一位老师的书桌被我们当成侍者领班台……这些东西很难找，价格也很贵；感恩小馆的设计和装修费总共 300 多万美元，是创办联合广场餐厅费用的四倍多。不过所花的每分钱，都能丰富“小馆”这个名称的意义和价值。

最早建议我以感恩小馆为名的是作家兼电视制作人彼得·卡明斯基（Peter Kaminsky），他固定在联合广场餐厅的吧台吃午餐。那时他正在为《纽约客》(*New Yorker*)杂志写一篇关于餐厅开设过程的文章。

■

自开设联合广场餐厅以来的九年里纽约发生了许多变化。克林顿总统的“新经济”已经起飞,犯罪率开始下降,像联合广场餐厅这类休闲优质餐厅也逐渐趋于饱和。

感恩小馆一开张就生意兴隆,媒体对它特别青睐,订位需求之大令我们根本应付不过来。顾客的高度期待,也是我们难以企及的。好消息是每晚订位都客满;难过的是,我们距伟大的餐馆还有很长的路要走,许多顾客也毫无保留地这么对我们说。

1994—1995年,我觉得自己是个可怜的失败者。联合广场餐厅似乎每况愈下(它在《查氏餐厅评鉴》最受欢迎的餐厅排行榜上,由第二落到第三),感恩小馆好像更差。失望的客人纷纷来信抱怨,或者打电话抗议,令我苦恼不已,其中有不少人自称是常客。我整日疲于奔命,留给自己和家人的时间不增反减,此时我们已经有了一岁大的女儿海莉(Hallie)。奥黛丽从一开始就很喜欢感恩小馆,她无法完全了解我为何伤透脑筋。无论如何,我们美丽的小女儿,远比两家餐厅带给我的苦恼重要。

尽管奥黛丽始终对我信心十足,但我仍然担心自己即将步父亲的后尘:扩张规模,然后破产。我是不是快搞砸了?我环顾四周，寻思该用什么方法重新掌握两家餐厅的方向和主控权。1995年，经过激烈的内部辩论后，我与一位经营伙伴分道扬镳。他极有才华，作风却与我南辕北辙，经营方式也截然不同。他强调赚钱第一，令我觉得施展不开。我也明白，自己事必躬亲的管理作风并非特别有效。我开始产生挫折感。感恩小馆的表现不如预期好，更令人痛心的是，我意识到问题出在我的领导方式上。接着祸不单行，1995年夏天一个夜晚，奥黛丽怀双胞胎才22周，她却开始阵痛。我们从婴儿床上抱起两岁的海莉，赶出租车到上城的医院，尽管医护人员拼命设法阻止提前分娩，奥黛丽还是生下两个小婴儿，一男一女，体重不超过一磅，在八小时内都夭折了。

这个重大打击严重地挑战了我俩的婚姻与人生。若非我们打定主意要用尽一切方法疗伤，这次伤痛必然会使我们两个人的生活支离破碎。我开始密集参加男性团体的集体治疗，勇敢面对生命、死亡、坚忍、生存与爱的真谛，这使我和奥黛丽产生更强烈的急迫感，也对应该如何支配时间有了新看法。

至此我满怀斗志，把重心放在感恩小馆上，决定不计一切代价求胜。对于要聘用哪种主管人才，我现在可以讲得更确切。在说明对主管的期待方面，也表达得更清楚。于是，“有智慧的款待”这个概念就此诞生。在一次感恩小馆全体员工的会议上，在合伙人汤姆全力的赞同与支持下，我提炼出了我认为没有商量余地的经营原则：我最重视的莫过于主客间如何彼此表达款待之意

（谁规定顾客永远是第一位？），然后我们的核心价值依次是，把殷勤的款待带给顾客、小区、供货商，最后是投资人。我称这套优先级排序为“有智慧的款待”。从那一天起，我们所有的决定，都需以此为评价标准。我们会先以彼此，再以对顾客、小区、供货商和投资人的款待做得如何来界定成败。

员工纷纷表示支持这个理念，也变得更有自信。感恩小馆在盈利，最后也得到了好的评价。此时的《纽约时报》食评家露丝·雷契尔（Ruth Reichl）把我们小馆升到优等级：三颗星。她写道：“餐厅要经过一段时间才能上轨道，没有固定的时间表，每家各有其步调。新开的餐厅可能需要一两年或更久，各方面才会协调、顺利地运作。可是当那一刻终于来临时，大家都会知道，因为一走进门就感受得到整个室内都充满朝气。”

接着，我在联合广场餐厅也召开了相同的会议。员工团结在他们能够相信、遵循和支持的原则下。更重要的是，我学会相信自己的直觉，并且让他人清楚了解我的直觉。过去，直觉只会在我身后留下涟漪，现在则可以转化为刻意引起的波浪。我为自己的事业立下新规则，也终于准备大声向外界宣告这些规则。

SETTING THE TABLE

第六章

勇往直前

当我在感恩小馆兴建新设施，以避开联合广场餐厅所有的设计缺陷时，迈克尔·罗马诺主厨曾有些沮丧。虽然他也投资了感恩小馆，可是当他看到新餐厅的厨房里有着一切他没有的设备时，不免又妒又羡。虽然我俩都不十分确定，他是否真的想参与新店的工作，不过至少应该看看有没有这种可能性。至于我，在领导力方面的进步，使我得以为联合广场餐厅和感恩小馆打下更扎实的基础，也让我在思考进一步扩张时更有自信。1995 年，我打算再接再厉。联合广场公园一带，已经没有不错或我负担得起的地点了，因此我决定到麦迪逊广场公园附近看看，那里距离联合广场餐厅和感恩小馆很近，是块脏乱破落的绿地，却拥有极大的潜力。

我想也许可以试试让传统的小饭馆或简餐店改头换面，于是我请迈克尔和我一道踏上巴黎调研之旅，寻找灵感和新点子。结果，这趟调研之旅是乐中带苦。第一天我们在两家米其林三星级餐厅试吃，接下来的 48 小时内，我们又去另外六家典型的小饭馆和简餐店试吃，看看这个领域还有没有新鲜的想法。

我在纽约看中的地点，是位于麦迪逊广场公园西北角第五大道 225 号的美丽的老建筑物礼品大厦的底楼。由于店面相当小，要适当安排座位唯一可行的办法，便是把底楼向外延伸，在人行道上加盖封闭的空间或咖啡座。从这里可以眺望麦迪逊广场公园及熨斗大厦。这个公园在19、20世纪交替之际，曾是纽约精英荟萃之地，至今仍是曼哈顿最重要的汇集点，连接第五大道、麦迪逊大道、百老汇和二十三街。我先后拜访了三位纽约市官员，希望在人行道加盖能获得许可。我向他们保证，如果餐厅开得成功，我们一定设法让店门外破败的公园区，重新恢复旧观。

当时的公园景观甚差，脏乱又不安全，与1985年左右的联合广场公园差不多，周边几乎没有什么商业活动。二十三街上杂乱地开着快餐店、擦鞋铺和小吃店；但麦迪逊大道连续三个街口，加上二十六街和第五大道，几乎是一片荒芜。我对于再开第三家餐厅的热情越来越高，更期待能为麦迪逊广场公园的重新焕发生机出力。这是在崛起中的小区放手一搏的机会，租金也在可负担的范围内，大约只有当时联合广场四周或熨斗区同等地段的一半。在这个可能再度成为一个壮观公园的地点，开家能远望它的好餐厅，何乐而不为？我的确很想与迈克尔合开一家法式餐厅，但内心又有一个声音敦促我去做新小区的开路先锋。

1995年，我们开始与第五大道225号的日籍房东洽商，但数月后，几乎毫无进展。与此同时，有位不动产顾问联络我们，表示有人聘请她为麦迪逊大道十一号大都会人寿大厦的底楼寻找全国知名的餐饮业者进驻。大都会人寿公司正在整修这栋历史悠久的装饰艺术建筑物，准备使之变身为高级办公大楼，也与几家高水平的租客，如瑞士信贷第一波士顿银行及几家大广告公司签订了租约。直觉告诉我无论如何应该去看看。就算最后选择在第五大道 225 号开餐厅，终究也会有竞争对手租下麦迪逊大道十一号，至少我们应当知道那个潜在的对手拿到什么样的交易条件。与地产商见面，不但可以获得潜在竞争对手的信息，而且可以作为第五大道谈不成时的备选地点。

我的预感不久便被证明是先见之明。我们收到了令交易破裂的消息：联合爱迪生电力公司的一座巨型变压器，正好位于第五大道 225 号人行道下方，所以不可能兴建封闭式户外咖啡座。其实变压器上方的巨大铁栅栏清晰可见，然而我经验不足又无知，所以一直视而不见，也没想到该打听看看，害我浪费了半年时间去说服市政府官员。

幸好这些时间不算完全白费；研究麦迪逊广场公园以及推销开餐厅对公园的好处所花费的时间和精力，给我带来了丰富收获。在这个过程中，我对这一带产生了感情，认识了重要的政府官员，也让他们认识了我。我心意更加坚定，一定要在公园正对面开家餐厅，并投资于公园的未来。

我们立即开始与麦迪逊大道十一号的中介商认真洽谈。恢复公园旧观的主要概念是让美丽和生气重回小区，让小区居民有理由去利用公园。这个概念反映了我的一项经营理念：投资你所在的小区，因为上涨的潮水可以浮起所有的船只。

> 企业若能明白为小区创造财富可以发挥多大威力，那它创造财富的机会也会大大增加。
>
> 我还没看过，前院被辟为花园的房子的价值会降低。
>
> 反倒是一旦某家的主人开辟了花园，邻居很可能群起效仿。

1996年年中，我首次与大都会人寿高层开会讨论租约。我们有各种关于财务与房地的条件要谈，不过我要先把个人的大方向跟未来的房东说清楚。我在会议上说："在讨论租约的细节前，我一定要先确定，你们愿意与我合作一同重建麦迪逊广场公园，使它恢复昔日荣光。"大都会人寿的高级主管多姆·普瑞扎诺（Dom Prezzano）答道："我想你恐怕不知道，过去有多少人尝试过这么做，而且努力了有多久；如果你有力气带头，我们可以提供财力支持。"

很久以前，纽约市的社会精英和集中起来的资金便汇聚于这个公园四周，创建了早期具有代表性的摩天大楼，如麦迪逊广场花园（1890年）、熨斗大厦（1903年）和大都会人寿钟塔（1906年）。自从1930年代经济大萧条以后，麦迪逊广场花园即开始走下坡路。在奥黛丽催促了好几个月后，我终于读了畅销历史悬疑小说《沉默的天使》。卡勒伯·卡尔（Caleb Carr）笔下的麦迪逊广场花园周围地带当年风光一时，令我颇为着迷。同样吸引我注意力的是，卡尔写到世纪交替时纽约著名的餐厅老板查理·德孟尼克（Charlie Delmonic）。此人总是不断在被他看好将成为纽约精华区的地段，开设一家又一家餐厅。1876 年，他在第五大道与二十六街交会的街口开了一家德孟尼克餐厅，这给了我灵感，我也想在这里试试。

1970 年代起，地方商业领袖对纽约市政府承诺重建公园却屡屡食言感到失望。好像总是市政府有心，却难逃预算被削减的命运。到我开始问大家有关重整公园的问题时，商界和政界大多数人的反应不是表示怀疑，就是冷嘲热讽一番。

麦迪逊大道十一号可以被整理得很像样，但是其间有不少财务和建筑障碍。我们与大都会人寿谈了将近一年，才把障碍清除。这栋大楼被定为地标性建筑，所以我们必须遵守国家历史名胜名录的规定，维护和修复现存的、具有历史价值的设计元素。这是项庞大且耗财的工程，需要复原天花板上剥离或缺损的装饰板条，并且修复 35 英尺长的装饰艺术荧光照明设备，尽管我们绝对用不到它。我们甚至还得设计照明装置，环绕而非取代这里原本的吊灯和烛台，才算符合史迹保存的规定。这些工程至少比建餐厅的一般成本多出三成，多了这些支出，将延迟股东投资可能获得的回报，而且要让这家餐厅开得成，需要比一般的有限股东人数多出许多。更棘手的挑战是：大都会人寿大楼的一楼被一道墙一分为二。保护古迹建筑的规定禁止我们拆墙，因此势必得在被墙隔开的两边各开一家餐馆。

有人开始告诫我，在同时间、同地点开设两家餐馆是脑袋不清醒。我自己则充分认识到，需要更多人投资，更多人一起合作经营。单凭个人财力，我无法负担在此盖两间大餐厅；也没有那么多的聪明才智，可以不靠同伴帮忙独立作战。我开始认真思考，到哪里去找财力支持。同时，我又找来两位新同事协助经营管理：一位是从芝加哥莴苣美食餐厅集团过来的大卫·斯温汉默（David Swinghamer）；一位是从旧金山过来的理查德·科雷恩（Richard Coraine），他曾与名厨沃尔夫冈·帕克合作多年，后来自己开了霍桑巷餐馆。

■

看着这两个相连的空间，我突然想到，有30英尺高的窗户对着公园，面积比较大的长方形那间，正好适合开人声喧闹、来去匆匆的法式简餐店。这型餐馆是我与迈克尔·罗马诺在巴黎多次商量的结果。简餐店的标准菜品有：牡蛎、蜗牛、猪脚、洋葱汤，以及牛排加炸薯条；轻松活泼的服务方式没有什么特别讲究之处，在这类地方吃饭只为愉快有趣。可是我自问：是谁规定，只因为在这里吃饭以趣味为主，就不能供应精致的食物和有多样选择的法国葡萄美酒？我又自问：是谁规定，简餐店一定要有洋葱汤和黑胡椒牛排？该如何做，才能把简餐店的快活气氛和法式风味美食与纽约的都会风相结合，形成意想不到的组合？我不确定答案是什么，可是无论如何，这家餐厅开定了。

可是在我们从巴黎回来近一年后，迈克尔现在却改口说他不想开新餐厅，只想全心全意照应联合广场餐厅。所以我们一起为即将开业的餐厅请到布赖恩·古德（Brian Goode）当主厨，过去他在联合广场餐厅当过二厨，很有才华，不久前还在戏院区的新俄式餐厅火鸟任执行主厨。我们派布赖恩到巴黎学习一个月，给他一长串必须造访的餐厅名单，还有充裕的法郎以支付食宿费用。

我向老友罗伯特·查德登提到这家新店。他虽然懂法语，却对我说："店名不要用法语。美国人已经厌倦了法式餐厅，还是取英文名字吧。"

我说："那叫麦迪逊广场咖啡屋怎么样？"我想起十多年前与家父的一次交谈。

罗伯特回答道："你应该想出更好的名字，多一点创意嘛。"

"那叫麦迪逊公园咖啡屋？"

"不要。叫十一号麦迪逊公园。就叫这个。"

布赖恩从巴黎回来后没多久，在专心规划厨房的各项安排以及餐厅的兴建工程时，他忽然想到，这家店的成本愈来愈高，不知道赌上个人前途保不保险。他看不出这家餐厅将来怎样还清欠债，为投资人赚钱，心中不免焦虑。当工程出现延误时，他更加缺乏耐心，也愈来愈紧张。就在距十一号麦迪逊公园餐厅开业还有六周时，我们散伙了。我立刻向合伙人请教，汤姆·科利奇欧推荐凯利·赫弗南给我。凯利多年前在梦醉安餐厅做过汤姆的二厨，后来升到执行主厨，资历完整。汤姆告诉我，凯利是他合作过的最优秀的厨师，我也知道他们是毛钩钓鱼的同好。我对凯利的背景满意极了，他也愿意加入我们。两次面谈后我便决定用他，连试吃都免了。

■

关于史迹墙的另一面较小的空间，我尚未想出在那里做什么。有一天，我在迈克尔的办公室里与他闲聊，问他有没有什么想法。他耸耸肩，摸了摸左侧的鬓角，继续看他正在仔细浏览的烹饪书。我说："不论开什么，我一定让它成为利基市场内的佼佼者。"我开始翻阅 1997 年的《查氏餐馆评鉴》，研究分类评比部分。翻到印度这一类时，我看见当时评分最高的印度餐厅叫作"Dawat"，以 30 分为满分，其菜品方面的得分是 24 分。这引起了我的注意。我说："自从你到联合广场餐厅后，那里的菜品得分没有低于 26 分的，有几年你还得了 27 分。"

迈克尔认真地听着。他对印度的许多东西着迷：曾在印度钻研香料，同时修习瑜伽、冥想和印度灵修，还交过印度女友。他在联合广场餐厅用印度香料结合法式、意式烹饪技法及果蔬市场的食材做菜，也已经有好几年。1996 年，有近四分之一的菜是加入印度香料烹煮的。我对迈克尔说："坦白讲，我宁可把那些香料拿到新餐厅去用。它们的味道都很不错，可惜跟我们酒窖里大部分的酒都不合。不如拿你这些很受欢迎的印度菜为基础，开家全新的餐馆。我们来做一种新形态的印度餐厅怎么样？”他放下书，直视着我，笑得很开怀。

在那段时间前后，我带四岁的女儿海莉到大都会美术馆听儿童音乐会。古典单簧管演奏家理查德·斯托兹曼（Richard Stoltzman）先演奏了几首《彼得与狼》的知名片段，借此教导小朋友单簧管如何吹奏和发声。然后他说：“现在我要示范，单簧管跟别的乐器一起演奏，会发出什么声音。”几分钟后大幕拉起，有位年轻音乐家坐在舞台地板上，四周排满 12 个手鼓。他说这些塔布拉鼓是印度传统音乐的主要打击乐器。他向观众展示每个鼓的不同音调和音色。接着斯托兹曼又走出来，两人表演了爵士单簧管与印度鼓的合奏。当下我灵机一动，台上两位在音乐上的合作，不正是我为餐厅设想的烹饪模式吗？我打算在美式元素中添加印度风味，所以决定将餐厅命名为“塔布拉”。

■

一天，感恩小馆的厨师尼克·欧塔希（Nick Oltarsh）无意间听到我与迈克尔关于印度餐厅的谈话，便约好时间到办公室来见我。欧塔希说：“你们在谈论的餐厅，我知道有个人是大厨的最佳人选。他叫弗洛伊德·卡多兹，我们一起工作过。”他晓得迈克尔从未打算放弃联合广场餐厅而到塔布拉当每日值班主厨。“我成天听弗洛伊德说，总有一天他会向全世界证明，印度人也能当一流厨师。你和迈克尔谈的正是他的梦想。”

我们得知弗洛伊德是孟买人，会做祖母所有的拿手菜，又到瑞士学了正统法国厨艺，背景实在完美得令人难以置信。我们和弗洛伊德碰了面，他明确表示很想独当一面；他的梦想与我们对塔布拉的期待完全吻合。在精彩的试吃环节，他为我们做了 15 道菜，让在座的每个人都很开心。我们聘他为执行主厨，后来让他成为塔布拉餐厅的合伙人。

从确立基本概念那一刻起，我对塔布拉的愿景就更为明确。我自问：谁规定喜欢印度调味料和印度面包，就只能在纯粹传统印度餐厅吃得到？我要以弗洛伊德对故乡美食终生不渝的情感，带给塔布拉顾客独到的美式用餐体验。根据弗洛伊德的建议，我请本特尔设计公司在厨房里设计了一个有点像是实验室的调味间，可以拿一块鱼或肉，在里面实验各种新口味的组合。我们齐心协力，想出了把美式款待、法式烹调技巧以及专家级印度调味料，和谐地融合在一起的方法。1998 年 12 月，塔布拉餐厅开业后不久，便赢得了《纽约时报》三颗星的评价，报道中说：“这是经由印度香料万花筒所呈现出来的美国菜。其口感强烈前所未有、出人意料，不禁让人怦然心动。”

隔壁的十一号麦迪逊公园餐厅开张后生意还可以。大家都知道，再过四周，一家打破窠臼的餐厅塔布拉即将登场，所以很多人认为，比较正统的十一号麦迪逊公园餐厅是主戏揭幕前的热身秀。它必须靠建筑设计优美、待客周到、厨师阵容强劲取胜，在概念上其实没有什么突破。

早期那段日子，十一号麦迪逊公园餐厅的午餐生意比我们原本的乐观预期差许多。我们不把它解释为从零开始建立新事业自然会遭遇的挑战，却说服自己相信是因为顾客无暇离开办公室出来吃午餐。所以我们采取的解决办法是把设计精美的餐盒送到他们的办公室去。我们特别以瑞士信贷第一波士顿银行为目标，其世界总部就在麦迪逊大道十一号的楼上。我们提供三选一的精致三明治，搭配自家薯片、一瓶水、一片手工饼干。

我们犯了一个根本错误：在新创品牌的核心部分尚未站稳脚跟前就企图延伸。问题不在于顾客被工作缠身、无法出外用餐，而在于他们不清楚十一号麦迪逊公园餐厅代表的是什么样的用餐体验。它是简餐店还是豪华餐厅？价格实惠还是适于有特殊场合再去？卖的是法国菜吗？是吃三明治、薯片和曲奇饼的地方吗？除非我们先想好这些问题的答案，否则潜在顾客难免会因为困惑而迟迟不上门。

在产品上市前，应弄清楚自己卖的是什么、对象是谁。很少有企业可以（或应该）满足所有顾客的需求，合理地缩小产品范围，努力成为这个焦点范围内的佼佼者，有助于企业力争上游，也有助于让顾客知道该在何时、用何种方式购买你的产品。

另外，我们事前的功课也未做好：这家银行本来就有公司给予补贴的一流员工餐厅，只是包给外面的从业者经营；而制作午餐盒使主厨和管理团队变得不务正业。我们很快就放弃了卖盒餐的生意，最后留下 3 000 个未用的盒子。这次经验是品牌延伸不当、优先要务方向错误，以及对核心产品不够专注的重要实例。幸好我们及时回归，发力基本业务，使午餐生意在半年内倍增。我们请到一位极称职的领班，他是分辨顾客的高手，同时拟出选择够多的简餐菜单，以鼓励顾客常来。我们了解到大家吃午餐都赶时间，所以也在速度上加以改进。

混血餐厅的构思过程极具挑战性，实际完成后，刚开始可能会令员工和顾客感到困惑。我已学会泰然处之，即便需要多光顾几次才办得到，我也相信我们有能力吸引一群顾客，让他们想要发掘我们，并积极关心我们的发展。

■

开了塔布拉和十一号麦迪逊公园餐厅后，两年内我不曾考虑投资任何新餐厅。我的盘子已经满了，还溢了出来。当表哥詹姆斯·波斯基（James Polsky）问我有没有兴趣与他一同经营二十七号标准餐厅，以及前卫的地下爵士夜总会“爵士标准”时，我不得不拒绝。詹姆斯对爵士如数家珍，开这家夜总会是他毕生的梦想。夜总会颇受好评，也有一群固定客人，可是楼上的餐厅虽获《纽约时报》两颗星的好评，却出现亏损。曾有高姿态的餐厅老板提议买断东二十七街他那两层楼开放空间的租约，詹姆斯考虑过，但婉拒了。他担心新主人会立刻把那宝贵的爵士夜总会改成私人宴会场地。

尽管我的工作量尚未到顶，但已自知不合适再接下另一家餐厅。然而，各种构想不断浮现，其中之一是考虑开设网络公司，一家专为烤肉爱好者而设的网站，名为“cue.com”（或Q.com）。网友可以登入，屏幕上将出现动画版美国地图，对地图上某个点点一下，就会显示关于当地传统烤肉方式的信息，包括一两家值得一尝的烤肉店；通过网上订购，次日烤肉便送上门。我的概念是独家发掘好吃的烤肉，予以推广，然后大卖。现在回想起来，“cue.com”必定会像当年大多数网络公司一样很难成功，幸好我连一美元都不曾投入其中。

与此同时，我接受了罗科·兰德斯曼（Rocco Landesman）的邀约，他是百老汇的重要高层主管，也是来自圣路易斯的同乡和朋友。他可能知道，也可能不知道，我一生最爱烤肉，不过他发现了蛛丝马迹。罗科说：“我们认识一个很棒的烤肉师傅，是伊利诺伊州南部人。他叫迈克·米尔斯（Mike Mills）。哪天来吃个晚饭，尝尝他的肋排怎么样？”

我问他：“你不是想要开家烤肉餐厅吧？我发誓不再开新餐厅的。”我的内心在呐喊：要小心了！

罗科答道：“我们就选一个晚上，电视转播红雀队比赛时，弄些啤酒，再请迈克送些烤肉来。我还想让你认识几个人，他们是真的很想把他的烤肉引进纽约。即使你不能做，也该见见这些人，也许你可以介绍他们认识能做的餐馆老板。”这激起了我的竞争意识。

即使我那时已拥有四家餐厅，也明知最不该做的事就是再开第五家，但是这个邀约很难拒绝。这些人都是朋友，又事涉圣路易斯红雀队，更何况我对烤肉没有招架之力。这个构想实在很吸引我。

重点不在于你知道什么，而在于你会听谁的意见。有时候，非常偶然，别人向我提出的想法或邀约，我相当清楚自己99.9%不感兴趣。可是直觉告诉我，还是值得研究一下，看看真的去做会有什么结果。我愿意对新点子敞开怀抱，特别是由我信任的好人所提出的。当自己认识与信任的人提出建言时，我会更关注自己的本能和直觉有什么反应。

我对参加那次肋排试吃没抱什么特别的期待，只想见识一下鲜美的烤肉，看红雀队赢一场球赛。

那些边缘呈粉红色、用干抹香料烤出来的肋排实在太好吃，多汁且一撕即下的烟熏猪肉也毫不逊色。烤豆共有四种豆子，我吃得不亦乐乎。而这些东西是经过冷冻、运输、解冻、再加热的。若是新鲜的该有多好？我忽然开始问自己一些基本问题，比如：像纽约这种城市，各式各样的餐厅都很多，有不少还是首屈一指的，可是好的烤肉为什么就没有那么多？我用来说服自己的理由是，真正的火炉烤肉因为烟尘太大，有环保上的限制。那如果这层障碍能够克服呢？当时纽约生意最好的烤肉餐厅是离时代广场不远的弗吉尔正宗烤肉，我知道这家店多年来一直在使用某种吸烟装置。我也记得皇后区口味地道的皮尔森餐厅，原本开在长岛市，后来因为邻居抗议烟尘太大，不得不把烤炉迁至一家吵闹拥挤的运动酒吧后面。不过曼哈顿仍缺少地道的烤肉餐厅，而迈克·米尔斯显然是烤肉大师。

经过连开十一号麦迪逊公园餐厅和塔布拉餐厅的挑战后，这一次做“合营店”或许会容易一些。我开始慢慢但肯定地说服自己开展这个计划。我先到伊利诺伊州墨菲斯伯勒拜访迈克，再到他另两家餐厅的所在地拉斯维加斯去看他，这几次访谈使我信心倍增。在合伙人的参与下，经过长谈和多次热烈讨论，我对这个人做出如下评价：他在烧烤方面的天分毋庸置疑，而我俩之间的信任感也不断增强。一天我灵机一动，想到烤肉店最适合开在表哥二十七号标准餐厅那边，爵士夜总会是享用美味烤肉的理想环境。从堪萨斯市开始，烤肉和爵士早就是手牵手的伙伴，何不在纽约也如法炮制？

合伙人一一认可了我的构想；在他们的一致支持下，我们和表哥詹姆斯谈妥租约。他仍以店东身份留下来，协助维持爵士标准夜总会出色的音乐水平，我们则开设蓝烟餐厅，并负责餐厅和夜总会的营运。

■

首度见识专业烤肉师傅及烤肉迷的世界，令我大开眼界。烤肉爱好者跟美式足球超级杯球迷或印第五百赛车的车迷一样，为了参与重要赛事，不惜长途跋涉。在两年密集的研究期间，蓝烟小组的成员们集体行走 60 000 英里：穿越密苏里州、田纳西州、密西西比州、南北卡罗来纳州、纽约州北部、得克萨斯州、伊利诺伊州南部、芝加哥市南区、波士顿市及加利福尼亚州奥克兰市，去研究和了解各地烤肉的差异。我还与迈克·米尔斯及后来成为我们即将创办餐厅投资人的汤姆·维托尔（Tom Viertel）一起参加了 2001 年的孟菲斯五月节的“猪料理超级杯”大赛，担任肋排类的评审。迈克魅力十足的热情感染了我，当我问他要怎么做才能使端上桌的烤肉达到他三度赢得孟菲斯五月节大赛冠军那种水平时，他答道：“你必须拿捏恰到好处的时间，用恰当的方法，把肉从烤炉中取出来。就在肉烤得软烂之际，即熏过六七个小时后，再用酱汁涂抹。若时间算得准确，就会看见一缕蓝烟自肋排升起。”一缕蓝烟，我们的新餐厅便是由此命名的。

我们邀请迈克担任烤肉总顾问（我称他为烤肉教主），以给他干股作为酬劳，并请他把不只是从巡回赛中，还有从经营两家餐厅所学得的经验倾囊相授，教给我们及主厨。

我们选肯尼·卡拉汉（Kenny Callaghan）为蓝烟的烤肉师傅及执行主厨，他在联合广场餐厅当了八年的二厨，工作十分卖力。肯尼的烹饪背景跟烤肉没什么联系，不过他对烹饪一丝不苟的作风，确实是蓝烟餐厅的不二人选。最出色的烤肉师傅，都得有重复同一种工作却乐此不疲的精神，每天还不忘对昨日的工作做细微的改进。烤肉需要创意的程度不及需要毅力和执行力那么多。肯尼不随随便便的个性、直来直往的烹饪风格，以及不断追求改进的作风，使他成为理想人选。我们又选了联合广场餐厅另一位资深员工马克·梅纳德-帕里斯（Mark Maynard-Parisi）出任蓝烟的开业总经理。我一向极为重视从内部培养领导人才，一来是基于团队士气考虑，二来是确保新餐厅刚起步时尽可能保有原本的特质。让这些付出努力使我们经营有成的员工肩负开展新店的责任，给他们发展机会也是我们扩张的初衷。

迈克对肯尼·贾拉汉和迈克尔·罗马诺（我们的新烹饪高手）进行了正宗烤肉技巧的密集实训，除了在他的餐厅烤炉旁上课外，还安排他们参加伊利诺伊州著名的苹果城烤肉赛。

把所有的元素都弄齐做对，是个挑战很大的学习过程：挑选质量最优的肉贩；找到好的山胡桃木与苹果木供应来源；设计和改进正统烤肉的配菜食谱，像是玉米面包、凉拌卷心菜、烤豆、羽衣甘蓝、奶酪通心粉。另外也有教训需要吸取：在人口稠密、大厦林立的城市，烤肉时上升的烟可能飘进他人的卧房或办公室。如果通风系统有问题，弄得怨声载道，那不管我们花了多少钱盖餐厅，都有可能被勒令停业。要在这种城市推出烤肉，实在叫人心里七上八下。迈克习惯用“Ole Hickory”牌传统熏烤炉及标准矮烟囱来烤肉。这是他教我们使用的设备，新餐厅买的也正是这种设备。但是为了获得安装烤炉的许可，我们的熏烤炉必须衔接沿那栋办公大楼后墙而上的烟囱，共有十五层楼那么高。我们花了近八个月时间，仍无法解决肉烤得太干和没有烟熏的问题。后来终于明白，那摩天楼般的烟囱会产生强大的上升气流，就如同在烤肉上方装了一台强力吹风机，让肉无法缓缓地浸在烟雾中数小时。起先我们尝试用低科技解决法，使肉保持湿润，比如在熏烤过程中，在熏烤炉里放一大碗水。结果肉确实比较湿润，可是烟熏依然不够。最后我们给烟囱动手术，在烟囱的一定高度装一个阻隔器，这下烟囱总算是真正合用了。不久，店里烤出来的肋排首次让我展露笑容。

或许因为只是合营店，所以蓝烟在某些方面是最难设计的餐厅。美国各地有很多受人喜爱的小烤肉店，都不是开在大马路旁。大家喜欢光顾这种店，有部分人是为了可以远离都市到乡下去，或是可以探访都市内较偏僻之处，寻访世外桃源的熏猪肉。仿佛因为要花精力四处寻访，店家所在的地点又很特别，所以烤肉吃起来就更美味。这也是棒球场的热狗比较好吃，托斯卡尼的酒特别好喝的原因。情境决定一切。

曼哈顿东二十区的公园大道绝不是所谓的僻静小道。我们再次请本特尔设计公司出马，找出可靠的解决办法。设计时应考虑的问题很基本，也很要紧。举例来说，怎样融合传统烤肉元素与曼哈顿餐厅的精髓？我们早已决定舍弃一些老套的摆设，像是保龄球赛奖杯、垒球比赛照片，或者微笑小猪的漫画。可是不这么做很难，因为典型的陈设有助于让顾客了解这家餐厅的诉求究竟是什么，一般人下馆子会希望感受不同的情境。

最后我们决定，店里需要有烤肉餐厅常见的棚子，也许是一张野餐桌，像得克萨斯州山区盛行的那种；也许是台面，旁边配有不舒服的硬板凳，常见于北卡罗来纳州的烤肉店。我们需要感觉上与纽约相称的烤肉棚，选用舒适的皮垫作为椅垫，又找到精致的薄板来做桌面。

烤肉店必备的菜单黑板也不可少，我们把它挂在酒吧墙上，并用红白双色塑料字作标示。我们并未刻意用可口可乐赞助的标志，或故意拼错菜单上猪肉三明治及肋条的菜名，以示足够地道。店里不能有丝毫主题公园的意味，倒是纳入一项如假包换的纽约元素：令人目不暇接、种类繁多的酒单。精酿啤酒、波本威士忌酒、正宗鸡尾酒和以杯计的世界级葡萄酒，全非一般吃烤肉时搭配的饮料。考虑周到的设计和充满爱心的烹调，对赋予餐厅灵魂和独特性起了很大的作用，内部设计必须与所在的大楼、附近的景观和整个都市保持协调，一旦走主题公园式的路线，便失去特色。我们打定主意，要让蓝烟成为身份独特的餐厅。

■

伟大的 M. F. K. 费希尔（Mary Frances Kennedy Fisher）在其回忆录《我的老饕生涯》（*The Gastronomical Me*）中写道："我觉得人类对食物、安全和爱的三种基本需求，仿佛完全混杂在一起，无法清楚地分割。所以当我写到渴望时，其实往往是在谈爱及对爱的渴望，谈温暖和对温暖的爱恋……获得满足后的温暖感、富足感和真实感……这一切都是一体的。"

在圣路易斯成长的经验，给了我开另一家店的灵感：奶昔小站，是 2004 年为麦迪逊广场公园开设的汉堡包、热狗、奶冻摊。凡是在 1950 年代、1960 年代汽车文化中长大的美国人，都有在卖这类食物的摊子或小屋聚会的体验。

在我的记忆里，十几岁时每逢周末晚上，十有八九会到这种饮食摊报到。大学时代和毕业后，有两年暑假住在芝加哥，我常忍不住要去吃有九种传统配料、放在罂粟籽面包上的芝加哥热狗。我开始怀念小时候常去的免下车快餐店、汽车饭馆及汉堡奶昔摊。而当今盛行的快餐，包括窗明几净的用餐环境或工厂生产线做出来的食物，我认为完全无法取代传统快餐。我们采取投资新餐馆的一贯作风，在设计奶昔小站时，同样是将传统的最佳元素植入现有的情境，但保持本色不变，再尽量做到优质。就单一元素而言，奶昔小站并无特殊创新之处，因此成败关键仍然在于如何融合所有元素，创造与众不同的感觉。

奶昔小站起先其实只是一辆寒酸的热狗车。2001年夏天，刚成立的建设新麦迪逊公园运动组织，说服塔吉特百货赞助为这个公园举办的一系列集体艺术展，策展单位是公共艺术基金，还联合了纽约市文化局。泰国雕塑家纳文·罗旺柴库尔（Navin Rawanchaikul）为这次展览创作了五颜六色的作品《我爱出租车》，其是许多放在高柱上的卡通式出租车雕像。这位艺术家还配合他的作品，设计了实用的热狗餐车，因为他相信世上最民主的两样东西就是出租车和热狗。在他看来，地球上的每个人都搭过或开过出租车，都吃过热狗。

《我爱出租车》这件作品放置于公园南端，离十一号麦迪逊公园餐厅不远，所以有人来询问时，我们便自告奋勇决定经营那台热狗餐车，以赋予整件作品生命。我们自问的第一个问题就是：能否为热狗餐车注入新意？

这个项目虽小（表面上似乎如此），我却相当认真看待它。我很想借此机会测试“有智慧的款待”这个理念。我问自己：“谁规定不能对热狗餐车这样普通的餐摊强调优异和精心款待的作风？热狗餐车能否变得不止是热狗餐车？”

我与经营团队决定推出芝加哥式热狗（购自芝加哥小贩“维也纳牛肉”的热狗在水里与大蒜、香菜、月桂叶同煮）。热狗做好，配以罂粟籽面包（专程从芝加哥运来），再加上不可少的配料：芹菜籽盐、洋葱、青椒、番茄、芥末、酸泡菜、腌辣椒、小黄瓜、开味小菜。菜单上所注售卖东西有限，不过我们还供应袋装自制甜菜薯片、现榨马鞭草柠檬汁、巧克力松露饼干和冰红茶。我们把值守十一号麦迪逊公园餐厅冬季衣帽间的人员派到热狗餐车工作，使他们夏天也能有活干。凯利·赫弗南担任总管主厨，餐车经营则交给十一号麦迪逊公园餐厅的一位主管，当作以低风险方式练习经营小企业。点心师傅妮可·卡普兰（Nicole Kaplan）除了制作让人一吃就上瘾的巧克力饼干外，还提供麦片做的精致点心。

结果这个摊子确实有风险，2001 年 9 月底，我们亏损了近 5 000 美元。虽然顾客需求旺盛，餐车前总是大排长龙，但为了达成我对优异与款待的要求，雇了太多人，运作方式也非常没有效率。

2002 年，附近居民大声疾呼要我们回去，我们也从善如流。这一次，我们在运作和生产方面学聪明了一点，收支几乎持平。2003 年才是跨越获利点的一年，每天上午十一点半开始，最高峰有 70 多人排队买芝加哥热狗。我们简直忙不过来。餐车后需要三张桌子，才够员工放热狗和各式各样的配料。之后一整天，原材料源源不绝从十一号麦迪逊公园餐厅的厨房送来，有些日子离打烊时间还早，热狗却已经卖完了。没多久，《新闻周刊》、《新闻日报》、《克莱恩纽约商务周刊》、有线电视新闻网（CNN），以及国家广播公司（NBC）、哥伦比亚广播公司（CBS）、美国广播公司（ABC）三大无线电视网的全国夜间新闻节目，全都报道了我们那小小的餐车。亚历克斯·威彻尔（Alex Witchel）为《纽约时报》撰写的报道，使排队的队伍拉得更长，因为她说我们的餐车“等同于热狗爱好者的精致餐厅”。餐厅评论家威廉·格兰姆斯（William Grimes）和埃里克·阿西莫夫（Eric Asimov）也写了评论，对我们的产品各有偏好之处。

我们尽可能做到最高的款待水平。由于没有订位单，工作人员无从知晓顾客的姓名，所以我们把重点放在靠脸来辨认再度光顾的客人，并记住他们常点的东西。九种配料当中，人人都有特别的喜好。我们相信，在满足客人希望被认出来的需求方面，热狗摊的暑期工读生不会比三星级餐厅接待员差多少。我们鼓励年轻活泼的员工别怕“略施小惠”和创造“款待传奇故事”：给排队的顾客免费试吃或加送饼干；看到常客坐在公园椅子上，就做好他通常会点的东西，等他准备过来排队时主动递给他。尽管一个热狗才 2.5 美元，但这些客人的满意度和忠诚度的重要性不亚于感恩小馆和塔布拉的老顾客。

应用有智慧的款待理念，为我们带来了可观的回报。员工喜爱工作；客人吃我们的热狗上瘾；公园人气高；芝加哥的热狗原料公司对意外在纽约做到生意倍感惊喜；到那年夏天结束时，我们捐出 7 500 美元给新成立的麦迪逊广场公园保护协会。

当时纽约市公园与休闲娱乐管理处正征求在麦迪逊广场设置

和经营永久性快餐店的提案。我们对此很有兴趣，决定扩大热狗餐车规模，实现开设免下车快餐店和为公园谋公益的梦想。我们与麦迪逊广场公园保护协会联合提出经营企划案，双方有一个默契：快餐店将用慈善募款募得的经费来兴建（这样安排使经营权归我们，保护协会和市政府则是房东），我们付营业额的一定比例给保护协会和公园管理处作为房租。

在筹划新快餐店时，我们考虑到很多食物以外的因素；一般人外出用餐不只是为了吃，也会为社群经验而选择餐厅。星巴克就运用喝好咖啡（和排队买好咖啡）的概念，设法营造出与其他同好一起享用咖啡的体验，这才是真正的卖点。星巴克也懂得把其蓝图复制于成千上万的地点，同时又传递了一种每家分店自成一个社群的感觉。能够领会卖优质咖啡不如创造社群感来得重要，这是极高明的创业理念。咖啡固然有其销路（也易于喝出习惯），但是与一群自己选定的同好共饮，使之成为日常习惯，也是一种卖点。企业若不了解促进社群形成是它存在的理由，那注定不会有好表现。

对于如何为麦迪逊广场保护协会的使命贡献力量，我的想法主要受到过去经验的影响。我曾积极参与联合广场伙伴联盟理事会的活动，负责联合广场的安全、发展、活动安排及整体福祉。我知道单单把公园复原是不够的，还必须维持美观和安全，给市民诸多来游园的理由，否则只等于给公园做了一次临时拉皮手术。

市政府的投标过程竞争激烈，最后是我们中标，原因在于奶昔小站的整体提案十分出色，加上市政府对我们的经营能力有信心；当然快餐店本身的设计与财务规划也功不可没，即由市政府和保护协会一起分享按营收比例计算的租金。要建立这样的模式是种挑战，可是这个安排颇具说服力，所以终被采纳。

奶昔小站的设计无疑是它经营成功的一大关键。我们幸运地选择了著名建筑师詹姆斯·瓦恩斯（James Wines）来设计小小的快餐店，且要与公园里的路径和树叶融为一体。在我眼里，这栋小屋本身便是一件艺术品，布满常春藤的外观，使它看起来像是从地里长出来的。也有很多设计元素取自周围地标性建筑，例如三角形斜坡式屋顶是为了向邻近的熨斗大厦致敬。我们使用大众熟悉的元素，又针对它所在的环境加以设计，使奶昔小站与邻近地区打成一片，不会给人以突兀感。

一赢得标案，我们便开始研究全美各地的汉堡奶昔饮食店。我们以十一号麦迪逊公园餐厅的私下用餐室作为奶昔小站的实验室，努力寻找现绞牛肉最恰当的比例组合。经过试吃多种组合，终于选出自认最完美的沙朗牛肉绞肉比例。这种比例的肥瘦搭配可以产生多汁、牛肉味重的口感。我们讨论奶昔小站的汉堡包分量应该是多少，最后决定是半盎司；又讨论该选哪种面包（结果是选软质、土豆面包）、番茄、莴苣、酱料。我们非常谨慎地选择每一种原料，并强调保持正宗原味。

2004 年 7 月，奶昔小站开张后立刻大卖，然而超出预期的成功往往形成新的挑战，这次也不例外。从一开始，队伍就排得很长（有回曾多达 90 人），由于每个客人都是首次光顾，单是解释菜单就耗去太多时间。我们匀给热狗的空间太多，所以严重低估了汉堡包和奶冻所需的空间，我们势必得改变小小厨房的空间配置。在开张后的第一个夏天，员工一天工作九小时，每小时得拼命努力地做出 500 多样东西往外卖窗口送，包括很多很多的热狗、薯条、冰激凌汽水、蛋卷冰激凌、咖啡、柠檬汁、圣代、汉堡包、冰茶、啤酒和葡萄酒。没错，我们还卖啤酒和葡萄酒，我们是绝不放弃可以为顾客增加选项的机会的。

开业数周后，适逢雕塑家马克·迪·苏沃尔（Mark Di Suvero）为公园创作的新作品完成，揭幕夜的庆祝活动就在奶昔小站举行。出席的有市长迈克尔·布隆伯格（Michael Bloomberg）等重要人物。市长吃本店香草奶昔的照片发表在次日的网络上，也上了报纸。不久，《纽约》杂志就称奶昔小站为“汉堡包天堂”，并说我们的招牌汉堡包是“纽约市第一汉堡包”。

奶昔小站不只生意鼎盛，也开启了一个很棒的商业模式。由于每笔交易有一定比例会付给保护协会和市政府，所以每位客人享用的每一份餐点都对维持公园的生命力有所帮助。盈利事业能成功，对小区有所贡献，奶昔小站就是个绝佳的例子。最重要的是，这种模式有如一块磁铁，吸引着不同类型、各行各业、不分男女老幼的游客来到公园。这些人因此成为公园的利害关系人，让公园保持美丽、安全、欢乐的概率也随之增加。

我从不期待奶昔小站的成功会变成别人口中的这样一句话："我没吃过比这更好吃的汉堡包。"我从蓝烟餐厅所学到的心得就是，在休闲情境下吃的任何食物，几乎不可能有所谓最好吃可言；当食用的情境带给人充满感情的记忆，这时候食物要与那美好的感觉竞争便十分困难。如果我们非常幸运，能够在这一行待得够久，并持续做得很好，那么今日的年轻人将来就有可能在某个汉堡包店前，对自己的孩子说："我小时候吃过的最好吃的汉堡包，就是奶昔小站的汉堡包。"

SETTING THE TABLE

第七章

51% 用人法

顾客不只是因为我们供应的食物而称赞我们，这总是令我很开心。多年来我们最常获得也是我最引以为傲的赞誉便是：“我很喜欢你们这家餐厅，菜做得很棒。不过我真正欣赏的是你们用的人很出色。”

企业唯一的成长之道是忠于自己的灵魂，而永葆成功的关键，在于吸引、雇用和留住优秀人才。这点说简单也简单，说困难也很困难。许多产业，包括我们这一行，延揽优秀人才的竞争十分激烈，其间所涉及的利害关系很大。赋予餐厅生命的人员，对餐厅成败的影响之大，远超过所用的食材、用餐区的装潢、酒窖里的藏酒，甚至餐厅的位置。有鉴于款待等同于一种对话，我向来把最多的钱用在尽可能请到最好的人才上，这样才能抓住顾客。

幸好自 1990 年代初，有一波高智慧、高创意人才进入餐旅相关行业的热潮。这当中有不少人基于种种因素，被吸引到我们各家餐厅来：有人为了展现爱心，有人为增进本身烹饪技巧，有人因为热爱品酒，或是为实现创业理想。当然也有人是为了工作时间有弹性，又能赚到生活费，但其实志不在此。

餐旅业工作突然变得热门的另一个原因是，报纸、杂志、电视、网络和烹饪书的推波助澜，使厨师、餐厅声名大噪。当《欲望城市》电视剧把麦迪逊大道十一号公园作为取景地后，顾客蜂拥而至（甚至有巴士观光行程），只为体验热门电视剧的场景。年轻人的履历表上若能加上一条曾为明星餐厅或名厨工作过的资历，便可在餐饮业立足，至少在应聘工作时容易获得初次面试的机会（也让应届毕业生的家长对孩子在餐厅工作感到放心），餐饮业终于跻身为正当、有出息的事业选项和创业目标。我相信，以有智慧的款待理念来经营餐厅，有助于吸引人才到我们这里来追求事业前途。

2004 年，我们准备在纽约现代美术馆开一家餐馆、两家咖啡厅以及一个员工餐厅，同时进入备用设备饮食业。届时组织规模将扩大一倍，员工将超过 1 000 人，因此培养更多杰出的领导人才极为重要。我们四处发掘优秀员工，这些人愿意教导后进、懂得权衡轻重、态度积极进取；最要紧的是，能够以高标准要求属下，同时又能维系属下的个人尊严。我一再发现，杰出的领导人都非常懂得如何吸引其他杰出人才。为达成提供热忱服务、维持高水平等企业目标，我们刻意寻找情绪和专业技巧均高超的员工。理论上，如果理想人选的适应能力测试（我们从未搞过这个测试）得分是 100 分，那专业潜力所占的比例应是 49%，而款待客人所需的天生情绪技巧应占 51%。

我在 1980 年代末到芝加哥拜访富有活力的餐厅老板瑞奇·梅尔曼（Rich Melman）时首次得知这个“51%”的概念。瑞奇是位滔滔不绝、倾囊相授的良师，我很愿意也很荣幸能向他学习。我觉得这个“51%”的概念非常有道理，也是我事业的一块基石。给员工评绩效时，我们会同时考虑专业工作表现（49%）及情绪工作表现（51%），评量他们在本身职责和人际交往上的表现。就某些方面而言，这也是我根据从小到大培养的直觉刻意设计出来的经营策略。我的朋友当中，不乏优秀的运动员和聪明的学生，可是我认为人的良善本质永远比技能更重要。

假设每个企业就像一盏灯泡，而每盏灯泡的主要目标就是吸引最多的飞蛾。如果我们发现飞蛾扑向灯泡，有 49% 是因为光的质量（亮度代表灯泡的专业程度），51% 是被灯泡散发的温暖所吸引（热度与灯泡的感觉有关），那应该如何应对。我注意到有好多企业在专业表现上光芒四射，可是所散发的热度却犹如冷光的荧光灯。这就是为何有些无懈可击的四星级餐厅吸引到的忠实粉丝的人数却远不及有灵魂的二星、三星级餐厅多的原因。我希望，做生意能做到飞蛾多得难以招架的地步；员工都得像一连串闪耀的 100 瓦灯泡，生产出 51% 感觉加 49% 专业表现的产品。

我坚信企业的高层主管或老板，应该任用 51% 类型的人，因为训练这些人技术方面的能力容易得多。现在雇用 51% 类型的员工，可以为日后节省训练时间和费用。况且，这种人也最适合招募同样情绪技巧高超的人。令人愉快的人喜欢与同样的人一起共事。

只要经过相当时间，要训练出高超的技术并不困难。我们可以教导员工怎么上面包或橄榄，如何递菜单或接受客人点饮料、描述特餐的内容、推荐酒单上的酒、说明有哪些可以选择的奶酪，训练他们记得桌号和座位以免再去问“是谁要的鸡?”也不是什么特别难的事。厨师则需要主厨明确告诉他，嫩煎海鲈煎至恰到好处时，外观应该是什么样子；调味至最佳状态时，应该是什么味道；经适当文火慢煎后会呈现什么样的质地。这些都是可以训练的，我们也会那么做，然而训练情绪技巧却难如登天。

经过时间累积，我们确定雇用的人都必须具备联合广场餐厅主厨迈克尔·罗马诺所称的“卓越反思能力”的情绪技巧：

当有人丢东西过来，一般人的自然反应就是赶快避开。同样地，卓越反思能力也是种自然反应，看到不妥当的事物会自动把它弄对，看到可以改进的事情就把它做得更好。卓越反思能力根植于直觉和教养中，在刻意、留心和练习下愈磨愈利，随时随地在意把对的事情做好。这种能力是教不来的，有就是有，没有就是没有。所以我们需要训练如何聘用有这种能力的人。

我不相信有所谓 110% 的员工。我们希望培养 100% 的员工，技能方面的最佳比例应为：服务精神占 51%，技术精良占 49%。

我认为，具有 51% 服务精神的员工应具备以下五种核心情绪技巧。分别是：

一、乐观温暖（真诚善良、体贴周到）。

二、智慧（不只要聪明，更要有无尽的好奇心，能够为学习而学习）。

三、敬业精神（天生具有尽可能把事情做到最好的倾向）。

四、同理心（能够体会、关切和联结他人的感受和自身行为给他人的感觉，即能感同身受）。

五、了解自身与人格健全（明白什么能够激励自己；天生重责任，能够在诚实和绝佳判断力的指引下做正确的事）。

我希望我的团队成员是自然而然散发出温暖、友谊、欢乐与仁慈的人。与这种人共事会让人打心底感到愉快，情绪随之高昂，眼中闪耀光芒，脸上也显现出“诚于中，形于外”的光彩。我想雇用在工作时间以外也愿意与他相处的人。许多人把起床后大部分的时间花在工作上，如果这是个人的选择，那单从有利于个人的立场看，也值得让自己置身于令人敬畏的伙伴当中，以便随时能够向他们学习，从他们带来的挑战中成长。

在找寻这类人才时，我们所抱的心态是心胸开放、好奇心强、乐于学习。我们的经营模式有一个特征：持续不断地改进。加入团队的人，必须天生热爱学习，向往成长；会去思考如何在每天发掘精益求精的机会。我们每天都为追求优异而努力，这需要好奇心强的人，这种人会对同行所做的事感兴趣。服务生想学做菜，我十分肯定；厨师想了解葡萄酒知识，我很欣赏；接待员和订位员在电话中或店门口招呼客人时，想了解关于顾客的更多点滴，我也会予以肯定。

若要员工对公司的优异表现有所贡献，敬业精神是不可或缺的情绪技巧。我们的员工应该自信、事业心强，并有把工作做好的技能。要教人如何把餐桌摆得漂亮不难，可是该怎么用心关注餐桌的美观是教不出来的天赋。每当我走进一家自己的餐厅，看到大家正在做营业前的准备工作时，我最乐于见到的景象就是看着侍者从餐桌上拿起酒杯，对着灯光察看有没有污渍。倒不是因为我有吹毛求疵的怪癖，而是乐于见到侍者对微小细节甚至客人不会注意到的细节的在意。仔细观察，不适任的员工其问题症结多半出在“不为”而非“不能”的态度上。

高度同理心是有智慧的款待的关键因素。同理心不止是指理解他人所经历的状况，还包括必须知晓、注意、关心自身的行为如何影响他人。例如我们需要的侍者应有能力在接待客人时，能够凭直觉感受他们的需要和用餐计划。例如，他们是来庆祝的还是来谈生意的？是特为品尝菜品而来，抑或只是吃个便餐与同事联络感情？他们希望特别受到关注，还是不想被打扰？

顾客自身也许以为外出用餐不过就是打牙祭，我却始终认为，顾客更基本的需求是享受被人照顾的感觉。要让顾客明白我们在替他着想的最直接有效的做法，就是派出最具同理心感染力的队伍上场。如果绝大多数成员缺乏同理心，那没有任何企业能做到真正的款待。反之，若团队里每个成员都能为别人付出，那么彼此培养出来的互信和尊重，就能创造热切关心顾客并不断强化关心的环境。

了解自身与人格健全相辅相成。人格健全才会去认识自身，才会去要求自己对于做正确的事负责。我希望能和收放自如的人一起工作。认识自身就是了解自己的情绪（以及这种情绪是如何影响自己和他人的），这有点类似个人天气预报：现在的情绪“天气”是干燥还是潮湿？下雨还是刮风？温暖晴朗还是凉爽多云？员工个别和集体的心情都会影响顾客的情绪。每到用餐时间，食客往往以百人计，厨房、用餐区和客人间都跳着复杂快速的舞步，此时，每个员工能够认清自己的个人“天气预报”并对此负责，便显得极为重要。

没有人可以永远保持快乐和情绪高昂，但是专业素养要求团队的成员应当认识自身情绪并加以控制。若员工有个人困扰，一早起来就感到愤怒、紧张、沮丧或焦虑，那么他必须体认并处理好这类情绪。把那些负面情绪投射到工作环境或同事身上，对大家都没有好处，我们称此为臭鼬效应。臭鼬觉得受到威胁时，会向猎食者喷出臭味，让方圆两英里内的人都闻到那个味道，以为臭鼬是冲着他们来的。与臭鼬一起工作效果不会好，接受臭鼬服务也不会是愉快的体验。对于有赖于团队和谐的行业而言，臭鼬的气味有如毒药。

“有智慧的款待”这个理念似乎暗指员工应该把个人需要摆在一旁，无私地去照顾他人。而让它发挥功效的秘诀在于雇用天生喜欢照顾他人的员工，我把这类人称为“款待家”。这种个性在强调款待特质的服务业中更显重要，因此吸引具备此种特质的人对于我们的成功十分重要。这种人极少有精力枯竭的问题，反而愈有机会照顾别人，愈觉得身心舒畅。

无论我们雇人时多么认真仔细、用心良苦，仍然会犯下不少错误，多半是因为误判了员工的情绪性格。技术上的优缺点通常比较容易看出来，只要看一个人煎鱼60秒钟，就能判断此人够不够格做厨师。只要看侍者一眼，马上就能判定他能不能得体地为客人点餐。情绪技巧则较难评估，通常需要认真相处，而且是在工作环境中相处，才能判断某人是否适合某个工作。要点在于，一开始就确定理想的员工应该具备哪些情绪技巧。单是做到这点，即使没有其他作为，找对人的概率仍然很高。

■

多年来我们采用一种“跟做”制度，用来测试和磨炼试用者的技术能力，亦即49%的这个部分，另外也同时评估其情绪技巧，即51%的部分。“跟做”包含训练与试做，过程要求严格，有时会不太好过。我们的试用期一般是持续到首次观察试用者在用餐区或厨房的实际环境里表现如何，并整体评估此人是否适合我们的团队。整个过程我们都会开诚布公，同时告诉试用者，希望他也试试看我们是不是适合他的雇主。我们鼓励这些年轻人自问："这是我真心想要度过三分之一人生的地方吗？""这地方能够给我挑战，让我获得成就感吗？"

技术上的训练不难，而情绪方面就几乎没办法教。分辨哪个人具有款待的天分是很微妙的技巧，只可意会，不可言传。我知道自己有这种本领，可以一眼看出对面坐的人适不适合我们的餐厅，然而如何把这主观的感觉变成客观的技巧，把隐含的感觉变成明确的表述？有个有效的方法，可以把我的直觉反应说给负责招募员工的主管，就是教导他们聆听自己的直觉感受。我请这些主管（他们的直觉和判断力值得信任，否则不会成为主管）在雇人时，思考以下三个基本假想情境。

情境一：想想在你很熟的人当中（配偶、好友、父母、手足），有谁具有看人奇准的天分。对我来说，那个人是我妻子奥黛丽。她对判读性格和品德非常在行，看上一眼，就能八九不离十地判断此人是否表里如一。所以第一个检验办法是：试想你邀请打算雇用的员工到家里来与你的性格裁判共进晚餐，在两小时用餐期间，三个人谈了很多。当此人离开，门关上后，你的性格裁判第一句话会说什么？是"你在搞什么名堂"还是"马上录取这个人"？在性格裁判心中没有灰色地带。

情境二：想象你生意上的死对头，如果你是洋基队，那死对头便是红袜队。假使有一天，你告诉某人，你愿意雇用他，他却当天就回电表示："谢谢你的厚爱，不过红袜队刚刚给了我极好的条件，我打算去他们那边。"当下你的反应会是"可恶，我们搞砸了”还是“还好，我们逃过一劫”？问问你自己。

有时在用人过程中，我会做过头，对不怎么适合我们团队的人没能做到快刀斩乱麻；对于我们积极争取的人最后选择去别家工作，却感到如释重负。这种情况不在少数，连我自己都颇感讶异。我不免要问自己，当初的面试过程怎么会这么离谱？

我明白自己在雇人方面有盲点，其中之一就是我天生喜欢让人感觉自在。这股力量十分强烈，使我在不适合这么做的场合，像是面试应聘者时，很难刹得住车。我的职责不是安抚对方，而是评估他适不适合我们的团队，这就需要了解自我。一定要有工具来检验天生直觉，否则很容易被误导而犯下危险错误。

情境三：企业老板或主管多半有一群核心顾客，或是意见特别被看重的人。在我们这行，这类人最有可能的是餐厅评论家。他若是为主要报纸杂志写评论，那也许就有上百万的读者会看到他的意见。至于我个人，则可能是母亲、姐姐或弟弟，这么多年来，他们始终很了解我（我也很了解他们）。我重视的人也可能是餐厅常客，他总是一五一十地告诉我对每种餐点的评价，同时忠诚到不论上一餐吃得好不好，都会再度光顾。现在假设这位意见特别受重视的人一声不响就来用餐，刚好店里只剩一张桌子还空着，而负责服务这桌的正是你考虑要用的人。这时，你的反应会是“太好了”还是“糟糕”？

如果在这三种情境下，你对想雇用的对象均是肯定的感觉，那就错不了；只要有一种感觉不对，就该收手。我很少在两三位主管面试过应聘者之前，直接与其面谈，我希望能在大家都同意的情况下雇用新人。我请主管们查证应聘者的相关工作推荐函，并请他们在面试时记下个人意见，再针对五种情绪技巧，以 5 分量表逐一评定应聘者的能力，再请他们考虑上述三种假设情境下自己的反应，听听内在声音怎么说。

最后，我会请主管们在考察可能人选时衡量另一个关键因素，即他们认为此人是否有能力在其职类中成为团队中的前三名。如果此人永远难以变成前三名的厨师、侍者、侍者领班或主管，那为什么还要用他？他又如何能协助我们改进，并在同业中争取第一？超强或超弱的人很容易看出来，企业应该不惜代价避开平庸之辈，这种人对组织的危害最为长久。超强者可以为公司赢得掌声；超弱者或是自行离去，或是被解雇。庸才就像地毯上怎么也去不掉的污渍，得过且过。他自己觉得自在，所以绝对不会离开；他令人泄气，因为他从不做足以让自己高升或者可能被解雇的事。由于你不会或不能赶走他，所以等于共谋似地向员工和顾客传达一个危险的信号：凡事普普通通就可以了。

餐饮界有好多职缺待补，要执行我们自定义的限制，尤其在劳动市场人力不足的情况下，可能会令人倍感挫折。当主厨手下缺人已经缺了三星期，好不容易找到烹饪技术很好的人，可是他不属于那 51% 的类型，我们应该放弃不用吗？绝对是的。对于情绪修养尚不能达到一定标准的人，高超的本领并不能让我对他另眼相看。我们每家餐厅都有独特的菜品和装潢，但殷勤的款待是所有餐厅共有的明显特征。新员工一进来，我会立刻告诉他们，查验薪水时，若有加薪或分红，51% 取决于他们在工作所需的情绪技巧上表现如何，49% 则与专业表现有关。这对我们是最完美的平衡，它是我们公司的“通则”。

■

在经营联合广场餐厅的早期，我就凭直觉知道自己要找什么样的员工。我有个简单的准则：因为我知道自己会在餐饮这行待很久，所以希望与有趣、聪明、好学的人共事，更别说他们要追求卓越并渴望团队获胜了。我自信得笨到以为不必面试就能从满屋子的应聘者中发掘到可用之才。1985 年，我为联合广场餐厅组织第一个团队时，还做了件如今听起来很疯狂的事：我决定不雇用纽约本地人，因为担心本地人会把纽约作风带到我的餐厅来。当时在我印象里，纽约是个犯罪率很高的恐怖城市，居民说话刻薄、态度不友善又难搞。如今我明白，这个策略实在非常无知狭隘。不过，出发点只是基于想找亲切乐观的人，辅佐我开办让人感觉耳目一新的餐厅。

对纽约的偏见很早就已化为乌有，我们最优秀的侍者和厨师当中不乏纽约本地人。

我的雇人原则自 1994 年感恩小馆开业后不久就有了很大转变。继 1991—1992 年的不景气后，新出现的牛市导致纽约市各地如雨后春笋般地出现了许多餐厅。突然间，不仅要与同业较劲谁能供应最佳食物，还要与其争相雇用最佳员工。纽约各家餐厅真正的战争不在餐桌上，而是在《纽约时报》星期天版的分类广告里。餐饮业跟别的行业一样，先要找到优秀的员工，才有更多机会赢得最多客人。

我们之所以能维持优势地位，全靠能够吸引到一流人才。只要能做到这点，招募人才的良性循环就会持续下去。维持巅峰水平的表现，有助于吸引更多优秀人才，而这些人才又将有助于维系我们的优异表现。能够赢得重要媒体如《纽约时报》和《查氏餐馆评鉴》的高排名，不但使餐厅生意更上层楼，也使我们组成的工作团队愈来愈强，得以保持表现优异的能力，并增进公司的公共形象。

我一直对自满十分警惕，时时提醒主管们要抱着唯恐落于人后的心态去招募新员工。如果发现有人很适合我们的团队，即使专门为他设个职位也在所不惜。除了采取运动员式的雇佣策略外，擅长留住最优秀的员工也十分关键。企业主管很容易因为不尊重和未善待员工、不教授他们新技巧、不给他们明确的挑战，而白白浪费掉优秀团队的竞争优势。我经常到旗下各家餐厅巡视，部分就是为了深入团队，去看、去听、去感受实际情况。我观察他们如何工作，为他们打分数，希望看到 49% 的技术功底和 51% 的情绪功底。

对自己、工作和整体人生抱有相当的幽默感，有助于增进因取得卓越成绩而拥有的好心情。多年前，我们的社会开始弥漫一种心态，就是餐厅（或任何行业）想要被认真看待，就得正经八百。可是许多豪华餐厅，总让人感觉少了点什么。表面上看起来十分优雅：顾客前倾身体、轻声细语地交谈；明明都是美国人，身穿正式礼服的侍者却用法语称呼女性为夫人（madame）、称呼男性为先生（monsieur）。上菜、上饮品的程序无懈可击，清理桌面的动作也无可挑剔，然而却没有乐趣、没有真诚、没有灵魂。餐厅的执行过程完美，但带给顾客的体验并不完美。

我鼓励员工表现人性的一面，从所犯的错误中吸取教训，保持愉悦，放松心情，这对我们刻意想做到的款待极有帮助。不过，最佳的 51∶49 组合仍是不可或缺的。重点在于要雇到天生乐观、真诚，又有能力做出卓越成绩的有事业心的人。我们清楚地告诉员工，会给他们一群乐观进取的好同事，大家一起工作，彼此可以感受到互相尊重和互相信任，公司则要求大家共同达成远大目标。

我不介意员工利用餐厅的名声追求自己事业的发展。像是主厨变成名人，其对提升餐厅知名度的帮助不亚于对提升其个人知名度的帮助，这种风气显然不会消退，对餐饮业而言亦非坏事。但是个人的胜利必须归属于全体，否则弊大于利。

能够建立团队的领导者，确实会获得不少令人跃跃欲试的事业机会。我们每一位主厨均曾获邀做烹饪示范、上电视、为慈善公益活动做菜、接受媒体采访，有几位还写过食谱书。到 2006 年 5 月 8 日为止，团队成员共获得 16 项詹姆斯 · 比尔德基金会的美食大奖，这是餐饮业的“奥斯卡金像奖”。唯一令我担忧的就是，员工不论基于什么缘故，获得何种认可，就觉得自己享有特权或特别机遇，以致忘记我们做的是服务业，我们的工作只为带给他人快乐。

偶尔有员工会把博得某位常客的好感（有时是为了谋取职位）看得比整体利益重要。同样地，曾经推出系列招牌名菜的明星大厨很可能完全不适合我们。对他来说，提升自己的品牌恐怕比推广我们的品牌更重要。

在一个团队当中，若有人自觉高人一等，整体力量便会削弱，或是因为效忠对象相冲突而分散了力量。我发现，组织中最可能有大发展的是乐于团体协作的人。对要取得成功必须靠别人襄助的组织来说这是颠扑不破的真理。

除此之外，守时也是没有商量余地的。可是好像很多人都习惯用坏掉的闹钟；上班永远迟到，而且总找得到情有可原的借口。即使别人通勤都能设法及时到班，他们却总是会因困在“迟到的”公交车或地铁上而延误。惯性迟到（不论是比约定时间晚出现，或是不尽快回电话、回电子邮件）是种傲慢的表现，反映出“我重要到必须让别人等我”的心态，也会给其他同事造成负担与困扰。要不就是得替迟到的同事代班，要不就是担心不知发生了什么事。我们想要找的是内在时钟不会出问题，以及当地铁或公交车出故障时懂得应变的人。

从当主管的第一天（那是 1980 年我为约翰·安德森竞选活动工作时）开始，我始终把为我工作的人当志愿者看待。我总是告诉新员工：“我知道你们到这里工作，最基本的目的是赚房租。你们需要工作，而我需要有人准确无误地帮客人点菜和做出美味的食物。”

然后我会再提醒他们：“你们可以在任何地方做同样的工作，可是你们选择了我们，自愿加入我们的团队，我们有义务提供不止是薪水的东西作为回报，希望能让各位觉得进这家公司是明智的选择。”我们的员工有机会在劳资双方彼此尊重、信任的公司工作，与优秀的同事共事并向他们学习，也会知道自己的贡献对每天的营业都很重要。

我保持每四周与新雇员开一次会的惯例，这使我想到酒庄酿制无年份或多年份香槟的做法。所有著名酒庄都致力于生产口感几乎一成不变的优质无年份香槟，它们完全清楚那是什么样的口感，以及应该如何酿制。它们知道，每年种出来的葡萄都不一样，每个葡萄园生产的葡萄酸度、酒精含量或果实各有千秋，因此它们会保留过去酿的酒，以便日后可以把不同年份的酒混在一起，让所有元素达到完美的平衡，呈现出与过去一致的风味。这是酒庄的风格。

我们建立团队的方式就像在制作无年份的香槟。多年来有许多员工曾经受雇于各家餐厅，然而如专业品酒师一般的客人应该体会得出，我们始终保有一贯的感觉和体验，此种一贯性正来自我们始终用心选择，组合餐饮界最有心、最具才华的人才。这是我们的风格。

SETTING THE TABLE

第八章

传达信息，广纳建言

任何新公司的创办人都有机会向外界表达公司最初的理念。招牌挂上门的那一刻，不仅代表开始对外营业，也代表即将收到外界的各种反馈和监督意见。成功的企业固然忠于其核心理念，但也知道如何察纳建设性意见，并有所回应和调整。在餐厅这一行，意见多来自食评家和新闻记者。

媒体喜欢采访餐厅，而且贪婪的胃口有增无减，我想这是因为民众对外出就餐的信息需求旺盛，永远不嫌多。在营运顺遂时，媒体对生意来说也许是极大的助力，但当我们犯错、被认为低于某人的标准或只是不再受青睐的时候，媒体的负面报道就有可能妨碍生意。

媒体就好比鲨鱼，必须不断游动，否则就会死掉。根据这个认知小心行事，就可以从中受益。只要骑术高超，鲨鱼可以变成我的交通工具，把我安全带到目的地。在我个人骑鲨鱼的经历中，曾被甩下来过，也曾被刺痛，甚至被咬伤过，所幸至今尚未被吞噬，每次总能抵达目的地，有时甚至骑得很愉快。

我像许多企业的老板及首席执行官一样，负责向大众说明公司的核心原则与价值观。我总是试图利用媒体的专访解说经营理念，此时便是骑鲨鱼之旅的开始。这是高风险的游戏：玩得好，随之而来的将是座无虚席，营收亮眼，并吸引新员工；若犯错，惩罚可能会相当严厉，受害的可能是生意、员工士气或辛苦赢得的声誉。除了截稿前一刻的突发新闻外，大多数记者的报道即使是基于最新的访问内容，仍会引用前人写过的东西，而且不管正确与否。每个人都希望被重复提及的是好的一面，对负面消息则要努力使它默默被淡忘，至少不要拖太久。

2004 年夏天，共和党举行全国代表大会时，几乎每家餐厅的生意都大受影响。时间刚好在劳动节之前，纽约市民仿佛全跑光了。许多家庭出城度假，只为避开从各地涌入的开会人潮，或是担心共和党大会又使纽约成为恐怖袭击的目标。市长迈克尔·布隆伯格曾乐观地夸下海口，说这次大会对生意来说是天赐良机，也许长期而言不无可能，但那一周的生意却十分惨淡。

当时的联合广场餐厅总经理兰迪·加鲁提（Randy Garutti）在接受《纽约邮报》记者采访时，坦言店里生意跌了 25%，这是事实。可是该报错误引用兰迪的话，把我们生意减少的比例写成 75%。这则新闻继而出现在别的报道里，从福克斯新闻到大卫·莱特曼（David Letterman）陆续加以引述，联合广场餐厅无意间竟变成政党开大会时生意受损的典型代表。此事谈不上是致命伤，但的确被“鲨鱼”咬得刺痛。

所幸食评家给我们各家餐厅的实际评语绝大多数都相当正面。我对每则评论的主要考量有以下两点：一是对餐厅生意有何影响？二是对辛勤工作的员工士气及个人观感有何影响？谢天谢地，到目前为止，不曾有任何评论让我们难以为继。不过，尤其是在新餐厅刚开业时，当食评家写的东西在我看来是狠狠的重击时，我个人和整个团队均感觉被打得遍体鳞伤。

记者喜欢抢第一个到场，这在纽约是惯例也是权利。纽约的外出就餐者中，也有一大群人喜欢在餐厅刚开张就抢先光顾，只为了吹嘘自己去过最热门的新地方："我去过、吃过，我抢了第一。"讲究的食客明白，无论多好的工作人员，都需要经过相当时间才培养得出合作无间的默契。新餐厅也许需要好几个月才能弄清楚哪些菜卖得好，哪些菜不受欢迎。要把菜单仔细修正到最理想的状态，耗个一年是很平常的。其实，新餐厅一般需要两三年才谈得上发挥出了终极潜能，因为餐厅需要这么久的时间才能展现出自己的灵魂。开业的前三个月我多半战战兢兢，前半年也没有任何乐趣可言，往往要过了整整一年，我才会真正为新开的餐厅感到骄傲。

可是等我有信心时，与我们没有缘分的食评家和客人，也就是无论我们最后做了多大的改进，始终不会喜欢这家餐厅的人，已经准备向下一家新开的餐厅进发了。

的确，新餐厅一旦开始向顾客收钱，就会成为食评家很好的猎物。民众和餐厅本身很容易被最早的评论所欺骗，因为第一眼的印象很少能正确地预示这家餐厅未来的发展。

难道我主张食评家和食客应对新餐厅敬而远之？当然不是。知道新餐厅刚开业时的口味和运作情况固然很好，可是它未来的发展前景也很值得去了解。如果我买下一箱新推出的葡萄酒，即使明知道年份还不够，通常也会马上打开一瓶来喝，作为日后追踪其变化的对照。对新餐厅也不妨这么做，前提是你相信这家餐厅会继续成长发展。开餐厅确实有点像酿葡萄酒，刚装瓶时，新酒味道往往不顺口，但是系出名门的酒几乎必然会随着时间而愈陈愈香。我是享乐主义者，会在葡萄酒到达最佳状态、各种成分交融出和谐甜美的口感时去享用它。同理，餐厅我也会选最佳时机再上门。

即便我们的产品——食物、员工和餐厅设计，刚开始时尚有瑕疵，又变化很快，但我们仍然会不断寻觅看起来与这些产品天然契合的顾客。我们可以在信任、尊重和愉快的基础上征询他们的意见，由此展开有意义的对话，尤其在开业初期，一般大众反馈会很多，有时简直是太多，这时就更需要这类顾客。例如，1998 年塔布拉开业时，最早的客人经常提出的批评是：“印度菜在强调感官体验的精致环境里一定不会成功。”我们听进去了，但是这个意见并不是特别有用。另一种批评是“塔布拉好是好，就是太吵了”，这个意见比较有建设性。其实开业前我们就有预感，噪声可能是个问题。我曾坚持地板用纹理丰富美丽的紫檀木来铺；天花板因为要保存具历史价值的装饰，所以不能碰，也不能用吸音砖。塔布拉环境嘈杂，许多客人对此有怨言，于是我们对若干细节进行改善，使噪声大幅降低。我们挂起厚绒布窗帘，在桌面下绑布球，吸收自地面反射的噪声，椅背也装上套子。在此次经验中学到的是，为减少噪声所做的每件小事，都有很大帮助。

塔布拉及其楼下较平价的名为面包吧的咖啡厅，开业的前两年曾出现另一个特殊问题。早年，顾客大多从未体验过印度香料搭配本地时令食材，再加上嬉皮鸡尾酒、超时髦的音乐和现代艺术。露丝·雷契尔女士在《纽约时报》的食评里给它打了三颗星，也引起不少好奇心，塔布拉第一年总是高朋满座。第二年，生意略为下滑；第三年表现平平（受“9·11”事件的伤害尤其大）。这是我们各家餐厅中，首次没有实现同比增长的情况。

然而开塔布拉的初衷不是为了昙花一现，所以我采取不一样的做法：邀请一些忠实顾客，与我和主厨、总经理、营运经理进行焦点小组讨论。我们不断听到两种好像相冲突的意见：“如果塔布拉的印度风再强烈一点，我会更常来”以及“如果塔布拉少一点印度味，我会更常来”。于是我们想出解决办法：楼下的面包吧以重口味的印度食物为主，楼上塔布拉的主要用餐区则提供口味较淡、较细致的菜品，以投两类顾客所好。这些改变应该归功于顾客宝贵的建议。《纽约时报》食评家埃里克·阿西莫夫几乎立即注意到我们的新模式，他在《25美元以下》专栏里大为赞赏新近印度化的面包吧，塔布拉立即恢复生气，回到了过去的生意水平。

十一号麦迪逊公园餐厅开业后不久，我们做了另一种调整，部分也归功于顾客的意见反馈。十一号麦迪逊公园餐厅在外观上和感觉上比较像富丽堂皇的餐厅，不像我们原先定位的轻松大众化餐馆，因此顾客的感受不是我们超越了他们对大众化餐馆的要求，而是达不到他们对高级餐厅的期待。这里的食物确实好过一般平价餐馆，但是其装潢如此高雅考究，客人会期待更精致的饮食。这似乎是双重的挑战。我们既要设法把气氛弄随和一点，让客人觉得在这里吃饭很愉快，又要大幅提升用餐体验。

十一号麦迪逊公园餐厅刚开业时，曾获得一些良好（但非优等）的评价，令我大失所望。（其实公平地说，它得过《每日新闻》四颗星评价，曾获詹姆斯·比尔德基金会“美国最佳新开餐厅奖”提名，也挤进梦寐以求的《时尚先生》杂志“年度美国最佳新餐厅排行榜”。）我们认为部分症结在于在此用餐不够轻松愉快。这家餐厅设在壮观的历史建筑物里，是装饰艺术风格，屋顶挑高，大理石随处可见，令人叹为观止。无论我们怎么添加配饰，让它看起来像平价餐馆，其优雅的内核是无法改变的。理查德·科雷恩要我认真考虑一个直截了当的解决办法：让更多大型餐会在此举行。刚开业时，我们把桌次限定在 6 ～ 8 桌，以为这样对厨房有利，客人较少，菜就可以做得更好。

我们几乎试尽各种将餐桌合并的摆放方式，以便接纳 8 桌、12 桌，甚至 18 桌的宴会。接着是增加酒单的选择空间，在一律是法国酒的酒单上，纳入加利福尼亚州的葡萄酒。如今，活泼欢乐的迷你派对，每晚在用餐区四处进行着。我们请了一位活力十足的侍者领班德雷克·沃特金斯（Derek Watkins），他好像记得住每一位客人，理查德形容他仿佛是前门的“亲善代表”。后来又增聘了斯蒂芬·贝克塔（Stephen Beckta），他也是一流的外场经理，能够像能言善道的马戏团主持人那般让整个屋内热闹起来；菜单也重新审视改良。半年内，十一号麦迪逊公园餐厅就登上了《葡萄酒观察家》杂志封面，成为纽约最适合葡萄酒爱好者的新餐厅之一。不久又以其服务获得“詹姆斯·比尔德优秀奖”，此后几乎年年名列《查氏餐馆评鉴》前20名最受欢迎餐厅。2006年，我们大胆任用瑞士出身的主厨丹尼尔·胡姆（Daniel Humm），他年纪虽轻但极有天分，以其十分细致的烹调风格，把十一号麦迪逊公园餐厅最后一丁点儿平价餐馆的感觉一扫而空。这里的设计使顾客和我们都相信，它原本就适合开豪华餐厅。

尽管对顾客洋洋洒洒的意见我们几乎一个都不敢轻忽，但是蓝烟烤肉店开业初期遇到的问题，却不是那么容易解决的。

一则我们完全没想到，几乎从开业第一天起，就有大批食客蜂拥而至来尝鲜。我们始终难以相信，有那么多温文尔雅的纽约客愿意松开领带，用手去抓骨头来啃。顾客想来预订位子，电话却打不进来。由于准备不足，订位常有重复或超订。2002年春天的一天，在美国书商协会年会期间，我们不小心在同一个包厢接受了两组订位，可是那里只容得下一组人。这两个宴会的主人可不是随随便便的人，一位是重要的主编兼发行人，又是我的朋友；另一位也是著名发行人，要介绍美国最畅销的烤肉书作家史蒂文·雷契伦（Steven Raichlen）的新书。我们必须吞下这个错误的苦果，我到现在想起来都还会后怕。每一组都坚持只在订好的包厢用餐，最后是我亲自出马，说服其中一组换到空间更大的后方用餐区去。接下来，我还要向四十来位固定预约后方用餐区的顾客解释。那真是尴尬、混乱、代价不小的一天。

这次错误和许多其他失误，部分应归咎于我们刻意雇用比平常开业团队要求的更年轻、更缺乏经验的员工。我原本的用意是，让蓝烟成为我们公司的人才培养场，录用技巧尚未纯熟，不足以到联合广场餐厅、塔布拉、感恩小馆或十一号麦迪逊公园餐厅去工作，但是具有 51% 潜力的新手。我的根据是，在烤肉店应该用不到高级的餐厅服务技巧；新手如果在蓝烟培养了足够的能力，值得晋升到另外那几家餐厅去，我们就会安排。我们也会以相同方式栽培新手主管。

事实证明这个构想是严重错估形势。我得到的教训是，无论依照什么概念开餐厅，顾客对我们的品牌均有三项固定的期待：出色的烹饪、得体的服务、殷勤的款待。无论是哪种价位或菜品，烤肉还是黑松露，顾客都期待食物好吃和服务周到，而我们却没有做到。我把蓝烟当人力培养场的构想，也得罪了某些优秀的员工，他们的资历也许足以在更精致的餐厅任职，只因比较喜欢蓝烟轻松愉快的气氛，而选择在这里工作。

我们对顾客建设性的意见马上给予回应，做出了关键性的调整，逐步解决了一些令人却步的问题。首先，我们移走蓝烟四分之一的位子，这要花不少钱，希望通过这样的调整更合理地安排订位。其次，把几位极有才干的主管从别的餐厅调过来，主管人力增加了一半。

为应付迟来的订位和顾及临时起意要来吃烤肉的客人，每晚保留多达一半的位子给未订位的客人。这个策略具有双重作用。一是我们能够对每晚生意会忙到什么程度有决定权，因为保证有座位的客人坐定后，我们仍可自主决定另一半的座位要不要收客人。再者，我们明白爱吃烤肉者不习惯四周前就预作规划，所以本店能够满足心血来潮想吃烤肉的客人的需求。

鼓励客人随兴上门，为蓝烟带来一群全新的顾客：爱好烤肉，想进来吃几大块肋排，饮几大杯啤酒，与朋友消磨时光，听听楼下很棒的现场演奏音乐或楼上点唱机播放的曲子。他们不是讲究的美食主义者，不会在网络上四处搜寻食评，也不会想要知道各美食博客的热门话题是什么。我们取消必须事先预约的要求，移除蓝烟餐厅特殊场景的印记，结果是几乎立即鼓舞和吸引到数以百计的新顾客，把吧台区挤得水泄不通，要足足等上一小时才有桌子空出来，但顾客却乐在其中。当然最重要的调整，仍是致力于供应最优质的烤肉。

■

我们不断设法提升每家餐厅在民众心目中的分量。保持我们餐厅建立起来的良好口碑非常关键，因为纽约市有成千上万家餐饮店可供选择，我的餐厅仅仅只是其中之一。现代人每天被灌输的信息比老祖宗一辈子得到的信息还要多，因此我们传达的信息必须有用又不易忘记，才有机会在人们心中争得一席之地。而且信息呈现的方式务必与企业的整体观点相符合，否则造成混淆事小，造成伤害才最糟糕。

有一个成功的点子，是《今日秀》节目为主厨凯利·赫弗南所做的一段报道视频。凯利不但是活跃的毛钩钓客，还是研究一切靠鳃呼吸生物的专家。那段很不错的报道拍了如下场景：他在船上钓到鱼，经处理后，再回到摄影棚内烹煮。由此所传达的信息是，十一号麦迪逊公园餐厅的主厨，不但对鱼真是了如指掌，而且关心环保，人又和善。这不但为餐厅带来生意，凯利本人也获得很好的反响。

这类节目很适合我们，如果是上《谁是接班人》，无论效果多好，都不会有如此加分作用。《谁是接班人》制作人有一天打电话来，请我参加一项竞赛。据我了解，节目摄制方式是请两位餐馆老板参赛，各自必须在一周之内完成构思、兴建到开设一家新餐厅，然后《查氏餐馆评鉴》会派出大队人马，投票决定谁做得比较好。当时《谁是接班人》的收视率很高，但是我知道那不适合我们。别人说我脑筋有问题，能在人人都看的节目上露脸，对公司有百利而无一害。但我考虑的是，这种高曝光的机会反而会树立我们不务正业的错误形象，传达与我们是一家以发展有灵魂的常青餐厅为己任的严肃企业相矛盾的信息。

我会仔细挑选在媒体亮相的场合。1990 年答应朱利亚·蔡尔德（Julia Child）造访我家厨房，在《早安美国》播出。我后来也同意上《人物与城乡》、CBS 的《周日早上》等节目，以及为《纽约时报》做专访、为美国运通做全国性广告（后面会写到详情）。我也同意玛莎·斯图尔特（Martha Stewart）在蓝烟的厨房里跟烤肉师傅学烤肉，以及非正式地在奶昔小站当实习生。我曾拒绝上全国脱口秀节目；拒绝替某香水和某系列男装做全国性广告；拒绝《纽约时报》想报道我为何认为联合广场餐厅应获得米其林一颗星；也拒上《谁是接班人》节目。

我首次同意高调地出现在媒体活动上，是 1992 年美国运通邀请我上广播电台做宣传，后来又参与其全国电视宣传活动。广告在联合广场餐厅拍摄，我同意参与演出的条件是这些广告必须将重点放在美国运通是如何努力帮助人们对抗饥饿上。广告播出后，大幅提升了联合广场餐厅的地位和知名度，也撒下 2 000 万美元的“饥饿攻坚”计划这个延续数年的计划的种子，它由美国运通和“分享力量”组织发起，后者是由比利·肖尔（Billy Shore）创设的杰出团体，旨在消除饥饿和贫穷。我在事业上最引以为傲的成就几乎就属这一件，理由并非因为我上了全国电视和各报星期日特刊，那种名气稍纵即逝，真正有意义的是对现实中儿童的影响。这全归功于美国运通资助“分享力量”组织的各种计划，也因为那些广告一播出便获得消费者的正面响应。

不过这个故事也有负面效应。1992 年美国运通的广告大获成功后，我到华盛顿特区马克·米勒（Mark Miller）开的当红新餐厅红衣圣人参加由“分享力量”组织的理事会议。就在我们暂停会议准备用午餐时，接待员示意我到餐厅拥挤的接待柜台去接电话。电话那一头是联合广场餐厅的一位经理，他告诉我一群男女同性恋运动人士正高举“纽约抵制科罗拉多”的大旗，在我们餐厅外抗议示威。他们在联合广场餐厅前门排成封锁线，阻挡人员进出，目的是抗议我答应到科罗拉多州，在即将举行的《美食与美酒》杂志美食与美酒经典展主持一场意大利葡萄酒的研讨会。这项活动每年在科罗拉多州阿斯本市举行，我从 1987 年起就一直担任演讲嘉宾。接完电话我呆住了。

我能够理解这群人为何对科罗拉多州火大，因为一项即将投票表决的州宪法修正案，将限缩同性恋者的公民权。我不解的是，他们怎么会将我作为抗议对象。他们唯一得知我要参加葡萄酒研讨会的途径，就是看到美国运通的《美食与美酒》杂志利用我最近在广告中的曝光机会，宣传我会在阿斯本担任演讲者。我读过那个修正案，恰好也支持示威者的立场，没想到自己居然成为被抗议的对象。联合广场餐厅前有抗议封锁线？我百思不得其解。抗议者的想法似乎是：“如果可以向丹尼·迈耶施压，让他退出阿斯本的活动，就更容易说服选民支持我们。”可是我的葡萄酒研讨会跟这个争议性修正案并无关联。我知道不论我决定参加还是不参加，对科罗拉多州民众决定怎么投票都不会有影响。

有好几天我被此事弄得心神不宁，而且情况一分一秒都在恶化中。荒唐、愤怒的传真排山倒海而来，指控我有同性恋恐惧症，还威胁要对我的生意不利。有些传真说，倘若那个修正案跟犹太议题有关，我早就会拒绝去阿斯本了。联合广场餐厅办公区的地上堆满乱七八糟的热敏传真纸，简直就像《摩西五经》自己从传真机上跑了出来。我无计可施，便和美国运通及《美食与美酒》的朋友联络，大家都同意，虽然我有心履行讲演的承诺，可最好还是待在家里。

我读过政治学，也参过政，了解运动活跃人士需要施力点：一个好的靶子。然而这次抗议，已经使美国运通（和我）原本为“消除饥饿”所进行的正面媒体宣传遭到扭曲，让我非常担心在媒体曝光可能带来的负面效应。

十二年后又发生了类似的事。2004 年夏末，在密苏里州参加共和党大会的代表团租下蓝烟要开派对。我们接下了这单生意，一是因为那周纽约各餐厅没有什么生意，而办这个派对利润很高；二来因为我老家在圣路易斯，这层“密苏里关系”当然没有话说。就在大会召开前几天，密苏里州通过了新的州宪修正案，禁止同性结婚。消息传出时，密苏里州代表团已经选了在蓝烟开派对，男女同性恋运动人士便提早到达蓝烟烤肉店正门，给与会人士准备了特别的“欢迎式仪”。抗议者向代表们搭乘的巴士投掷鸡蛋等，在代表们进入餐厅时又对他们大吼大叫。我在餐厅里面等待，准备迎接基特·邦德（Kit Bond）参议员等共和党客人，所以未看到这一幕。我四下打过招呼后就离开了派对，刚走出大门，抗议者便高喊：“可耻！可耻！可耻！”

我大吃一惊，看着他们问道：“在说我？”

“就是你！”有人对着我大喊。接着他们又高喊：“你！你！你！”

一名记者从人群中跳出来，请我对密苏里州的修正案表达立场。我直言不讳地说：“我反对。这没什么可报道的。”

更近的是 2005 年，禁止鹅肝酱运动人士开始每隔几晚便在联合广场餐厅和现代咖啡厅外的人行道上抗议，散发有恐怖插图的传单。美国供应鹅肝酱的餐厅岂在少数，我们只是其中几家，却再次成为抗议者的目标，这是我当初踏进餐饮业时万万想不到的。那是成功带来的古怪的一方面，也是拥有社会知名度后的风险和讽刺之处。不过成为抗议目标也有好处：这确实打开了让我们去了解争议性议题的大门。每想到此，不免想起 1985 年当我说要赌上政治学的学位去开餐厅时，曾引来多少讪笑！

■

这样的经验让我日后开新餐厅时总会尽可能地低调。在我事业生涯中，有两次是我自己和餐厅经由媒体炒作成为媒体关注的焦点。第一次是 1994 年 7 月 21 日，感恩小馆开业那天。

引发疯狂反应的是《纽约》杂志刊载的由彼得·卡明斯基（Peter Kaminsky）撰写的史无前例的封面故事。正好那期的发行日是感恩小馆开业当天。杂志封面其实很简单—— 一张感恩小馆火柴盒的照片，下面有四颗金星，标题是:“下一家明星餐厅?”

我们事先对这个封面毫不知情，不过许多纽约客认为这有公然自我推销嫌疑，我们仿佛在自吹自擂，给自己四颗星，还自称是下一家明星餐厅。于是“射击”练习开始了，几乎纽约所有食评家均将感恩小馆视为靶子。多数企业老板，尤其是在纽约这种媒体之都的餐厅老板，为了赢得出现在《纽约》杂志封面可能产生的宣传效果，可能连杀人都肯干，这种广告买也买不到。但是无论感恩小馆这篇报道能够激起什么反应，拿它开铡似乎更令人感兴趣。

这个封面故事刊出前一周，我发现自己处境尴尬，居然是我第一个告诉该杂志食评作家盖尔·格林（Gael Greene）会有一篇感恩小馆的特写报道。当时她打电话来问我开业日，以便在杂志封底她负责的“Cue”餐厅简介版写一篇宣传短文。这让我难以决定：是要告诉蒙在鼓里的她已经有人要写大篇幅报道（那时我还不知道会上封面），让她因没人通知她而生气，抑或继续瞒着她，等出刊后再等着她向我兴师问罪？等我和盘托出实情，她脱口而出：“什么?”接着大骂主编未把这个消息告知她。我不怪她气成那样，可是心中明白麻烦来了。感恩小馆尚未送出第一道餐点，就在纽约影响力数一数二的食评家面前惹了麻烦。

可想而知，盖尔女士在她的评论中攻击感恩小馆，针对的不只是餐厅本身给她的感受，还包括自己所属杂志的欺瞒行为。主编不尊重她，未事先把封面故事通知她，当然会加深她对感恩小馆的不满。

至于后续的影响与随之而来的其他食评家的评论，均曾提及感恩小馆出现在《纽约》杂志封面这件事。这些食评家似乎在说：想要拿四颗星，先待我来发表一下意见！感恩小馆的生意在这段风风雨雨时期依然繁忙，可惜那些评论分散了我们的心力，感恩小馆未能致力于各种改进，以迈向出类拔萃的餐厅。那篇报道大幅拉高人们对这家新餐厅的期待，使我们几乎注定达不到那些标准。

不过，八年后，蓝烟烤肉店收到的评论，让感恩小馆这次封面事件都相形失色。蓝烟一开始便受到炮火连天的批评，考验着顾客忠诚度及员工士气的极限。

自我创业以来，这是首次觉得那些批评已经到了人身攻击且有恶意的地步。2002 年 3 月的一个周三，我乘飞机飞往芝加哥，准备一大早与家人聚会。祖父健康状况恶化，有些关于他慈善活动的重要事情得讨论。我事先知道《纽约邮报》那天要刊登对蓝烟的评论，所以上飞机前就拿了那份报纸。翻到美食版，看到大标题写着“蓝烟搞砸了”，我脸色发白。食评人说：“我懂得烤肉，这家店根本不地道。”那篇批评文字没有什么值得借鉴之处，只让人感觉很糟。再拿起当天的《每日新闻》，上面有篇文章说互联网已成为匿名发表对餐厅感想的热门场所。文中提到，有个网站上已出现 60 多篇关于蓝烟的帖子，其中许多是攻击性文章。一连串负面并怀有敌意的评论接续出现，造成一种印象，好像蓝烟的存在本身就是罪大恶极，它恐怕是难以存活。许多媒体文字的弦外之音是：丹尼·迈耶算老几，居然敢开烤肉餐厅？他懂什么烤肉？看，出问题了吧？嘿嘿！蓝烟一定是他的滑铁卢！我不清楚有没有别家烤肉餐厅曾受到比蓝烟更严格的评判，在美国大多数地方，烤肉店开张是没有多少人理会的。

我努力想从大家的意见里找出有正面意义的部分。我知道当时烤出的肋排的确比不上我们想出如何调整烟囱以后那么好，可是批评者开刀的对象不止是肋排、猪肉和鸡胸肉，他们似乎在质疑我的公信力，以及我在纽约市开烤肉店的正当性。《纽约邮报》的某位撰稿人写道，蓝烟的开幕夜是他参加过的“最糟糕”的开幕活动。一周后，他在评论中给蓝烟零颗星，其八卦专栏再补上一拳，指出《今日秀》节目的阿尔·洛克（Al Roker）在惨遭批评的蓝烟开了新书发布会。我觉得很痛心，读到的全是刀割般的评论，然而不知怎么地，蓝烟却每晚都客满。也许人们不看那些评论，或者根本不在意食评家怎么说，也可能他们极欲亲自前来看看热闹。

下一个发动攻击的是《纽约》杂志。我的第四个孩子佩顿（Peyton）开始上托儿所时，学校问奥黛丽愿不愿意帮忙接待佩顿班上其他新生的家长。恰巧有位新生的家长是《纽约》杂志首席食评家亚当·普莱特（Adam Platt）。在新生及家长见面会上，老师介绍普莱特先生和奥黛丽认识，我那天有事无法出席。次日奥黛丽纠结是否该告诉我亚当对她说的话：“星期一会刊出评论蓝烟的文章，不知道你先生会不会喜欢。不过我很欣赏他其他的餐厅。”

整个周末我辗转反侧，焦急等候那篇破坏性评论。周一早晨，亚当先生在评论中指出，他觉得蓝烟的火炉烤肉味道普通，又说虽然我们供应的鲑鱼很好吃，可是与他同行的一个朋友是烤肉老饕，其连尝都不肯尝一口，并对亚当说：“地道的烤肉菜单上是不会出现鲑鱼的。”

蓝烟早期顾客的反应类似塔布拉早期的顾客：一半的人觉得要是我们的烤肉更正宗，会比较常来；另一半的人则是更愿意光顾不太像烤肉店的蓝烟。《纽约》杂志再度出击，仍在为其餐厅简介版撰稿的盖尔·格林女士说蓝烟的肋排“软趴趴的”，又说我一辈子不曾站在火炉前。我再也咽不下这口气，一定要有所回应。我写信给尼巴加蒙营的主人萨莉（Sally）与纳迪·斯坦（Nardie Stein），问他们能否找出当年的照片，里面有我十四岁时赢得户外厨艺大赛冠军的场景。他们有保存档案的习惯，居然找到了那张照片，并寄了复本给盖尔·格林女士，还附上一封客气的信，说明我过去是技艺高超的户外厨师。

为开办蓝烟做调研时，我曾走访北卡罗来纳、得克萨斯、田纳西、亚拉巴马、伊利诺伊、密西西比和密苏里州，这趟行程学到的重要功课就是大家都喜欢去发掘远离干道的烤肉店。喜欢烤肉和可以在不知名的路上探险，这两者是有相关性的。我渐渐明白，在曼哈顿区内开烤肉餐厅，剥夺了因寻觅或巧遇偏僻但好吃的店所带来的兴奋感。同样一家餐厅，即使有蓝烟初期的一切缺陷，若是由暴发户式的餐饮老板开在布鲁克林或布朗斯克的偏僻角落，那它的出现，不，应该说是被媒体发现后，消息应会传遍全市："纽约总算有像样的烤肉店了！"

蓝烟仿佛使每个人摇身一变都成为烤肉专家。许多自称美食家的人，突然纷纷把独门烟熏技巧、家传酱汁秘方或各地特有的做法往我这边送，也有人送肋排来请我试用。有些出于一番好心、想要帮我的客人，也送来各式凉拌卷心菜、烤肉酱、奶酪饼干和土豆沙拉。鉴于烤肉基本上是美式产物，有一致的标准做法，所以大家都自认有资格评判烤肉的好坏。像在塔布拉就不会有人问："奶奶做的印度烤饼夹烤羊肉、芥末土豆泥三明治，洒上现榨莱姆汁和辣番茄酱，味道不是比这好多了吗？"

有好几个月蓝烟始终是众矢之的。《纽约客》杂志极少刊登负面餐厅评论，此时却在《二人餐桌》专栏写道："蓝烟应该开在迪士尼乐园的商店街。"此文发表后，我打电话给《纽约时报》的埃里克·阿西莫夫。他在蓝烟开张一周后，针对我们 15 层楼高的新奇烟囱写过一篇长长的特稿，那篇文章在我们刚起步时曾引起过度的兴趣和激情（以及随后的反感）。我一开口就问他："你不会评论我们吧？"埃里克在每周的评论专栏《25 美元以下》中从不给星级；威廉·格兰姆斯的每周特别专栏就不一样了。

埃里克答道："不会。其实我想写，可是蓝烟那么有名，所以比夫·格兰姆斯也会很想写。"

我又问："那你说，蓝烟是不是真像他们写的那么差？"

"这个嘛，有些地方你需要加强，不过你目前的方向是对的。"他前半句很肯定，后半句回答得很含糊，没有细说。

看过那些评论还会上门来的客人，就只剩下亲自发掘这里出了什么差错的怪异乐趣了。后来发生一件奇事：居然有同行为我们讲话。"无数餐饮集团"（旗下有 Montrachet 和 Tribeca Grill）的特蕾西（Tracy）和德鲁·尼波伦（Drew Nieporent）挺身在"都市搜寻"网站上为我们辩护，写下："我们和他们是竞争对手，可有些话我们不吐不快：蓝烟现在和未来都必定是上好的餐厅。外行人是看不懂门道的。"我们对如此忠诚与友好的表态感到吃惊，但很欢迎。

事后不久，埃里克·阿西莫夫打电话给我："有两件事会吓你一跳。我现在真的在写蓝烟的主评论稿，明天就会登在有评星的专栏，不是《25 美元以下》专栏。"常驻食评家威廉·格兰姆斯临时请假，报社请他暂时代笔。

结果，阿西莫夫给蓝烟评了一颗星。他的评论代表了一个重要的转折点，原因有二：一是文章不像之前众多批评那么尖酸和愤怒；二是立论公允、不偏颇、具有建设性。他写道，蓝烟走过的历程，说明在曼哈顿开烤肉餐厅是极为不易的事，甚至有人可能说那是疯狂之举。他提到，蓝烟一开始走得跌跌撞撞，如今已有显著改进，所以这家餐厅和它引进正宗火炉烤肉到纽约的用心值得支持。他文末的"加油，加油！"这几个字特别令人振奋。

除了这篇评论，埃里克还现身本地有线电视新闻台纽约一台，在电视上说出了他的观点："这是《纽约时报》有史以来第一次给烤肉餐厅一星评价。"

在任何领域只要有成功的表现，都会导致下一回合受到高度期待和注目。已经是赢家却马失前蹄，不会像还在力争上游者跌倒般易于被原谅。冠军的标记同时也代表着欢迎大家来挑刺，必须奋斗不懈，拿出超出预期的表现、出类拔萃的成品，原谅是没有必要的。

■

把《纽约时报》过去十年每周品评的餐厅（每年 52 家）一一找出来，或是把《查氏餐馆评鉴》每年的新开餐厅前五名汇集起来，算算如今还有几家仍在营业，一定很有意思。我推测，为当初轰轰烈烈开业、后来却难以为继的餐厅所白费的油墨量必定很惊人。媒体对餐厅的评论，往往流于只有一天寿命的速写，几乎没有人从展望未来的角度去探讨。

我注意到有一群食评人，只要免费招待一餐就可以影响他，让他把评论结果写为正面。某重要报纸的记者在蓝烟开业期间曾写下严厉的批评，他的判断或许没错，可是我们如果手段高明一点，说不定就能让他不要把这些负面意见公之于世。

他来吃饭的那一晚，同行的是一位人脉很广的宣传专家，此人的客户涵盖一长串纽约A级餐厅。我们看到那个记者的评论后，曾请教这位宣传高手："我们那天招待你们时一定表现奇差。究竟是怎么回事？"

对方毫不拐弯抹角地答复：是我们还向他们收钱坏的事，尤其他们确实看到餐厅里到处都有顾客拿着免费券。没错，那天是刚开店不久，我们没有举行开业派对，而是改为邀请朋友来此用餐，由我们请客。目睹这一切，加上在忍受龟速般的服务后还要付钱，难免激怒那位记者。这一次我显然做错了。

在塔布拉开业时，曾给它无星级评分的某食评人，现在又将评鉴蓝烟。他目前替纽约另一家颇具影响力的刊物写稿。我通过餐厅业界的人脉网络，知道他欢迎"免费招待"，用餐是否免费甚至会影响到他评论的语气。某晚，蓝烟的主管发现了此人的踪影，连忙告诉我。在此之前，我从未免费招待过食评人，也知道大多数报纸杂志为避免利益冲突，禁止撰稿人接受免费礼品或招待。可是眼看蓝烟惨遭修理好一段时间，我决定做个实验，反正至今我们得到的评价都很糟，若实验失败也没有什么损失。况且食评人不是政府官员，我推断请他们吃饭不算犯法。那位主管遵照我的指示，亲自过去对食评家说："我们老板丹尼对您今晚赏光感到非常荣幸，您首次大驾光临，他很想免费招待您以示欢迎。"就这么一次便让他给出闪闪发光的两星级评价，那是蓝烟早期最好的评论之一。这个策略的效果实在太好，后来我又试过一次，对象是一位自由食评人，替下城某杂志撰稿，结果又是星光闪闪的一篇。两餐换来两篇好评。17 年来，我从未借着请客重振声誉，如今在这样的情况下做这样的事，足证被痛批的伤口结疤后依然痛楚。

■

有些评论餐厅的文章叫人费解。2005 年 2 月下旬，现代咖啡厅才开业不久，《纽约时报》刊出一篇出其不意的文章，不是评鉴新开业的现代咖啡厅，而是重评已营业六年的十一号麦迪逊公园餐厅。其实我期待《纽约时报》重新来评鉴它已有一段时日，露丝·雷契尔女士在开业三个月后曾给过很好的两星评价（对此消息当时主厨与其他员工均难过得甚至流泪，他们原本希望拿到三星评价），经过六年的不断发展改进，我觉得我们应该可以获得三星评价。

这篇评论由《纽约时报》食评主笔弗兰克·布鲁尼（Frank Bruni）执笔，前半段读来像甜言蜜语，一开始就说："在这座善变的城市里，若说有人打破了高档餐厅守则，那此人非丹尼·迈耶莫属。"他说，我们滋养和照顾客人的做法独到，使客人都成为"痴迷的死忠者"，也使我们得以"不自觉地做到细腻，不刻意地达成精进"。他还注意到订位员电话里的声音带着笑意，还有大门接待员及侍者微笑的面容。我很喜欢这篇文章，至少在没看下半段前是如此。

突然他的语气一转，从甜言蜜语转为明褒暗贬，再转为直言斥责。我们的烤龙虾配柠檬香茅浓汤固然“令人难忘”，可是以仙粉黛葡萄酒浸泡过的牛颊肉，味道就像“放了一天的炖牛肉块”，鸡肉“火候太过”，牛杂羊杂的“口感干涩”。唯有糕点师傅妮可·卡普兰的甜点“纯享乐”逃过一劫。仔细批评完我们的菜品后，布鲁尼的话锋再一转。前面他称赞我们的服务，此时却反讽地说，我们的态度只是虚有其表。他写道：“虽然用餐区来来往往都是面带微笑的服务人员，不过那种情形不像在跳芭蕾，反倒像在做军事演练，非常呆板。”

文章最后一句刺痛了十一号麦迪逊公园餐厅的员工和我。我们仍保有两颗星，但此文不只是一篇评论，感觉像在全盘否定我们待客的真心诚意。

我想不通布鲁尼责备十一号麦迪逊公园餐厅的动机是什么。他总结这篇评论为：与其说是“抱怨”，不如说是“对所有待客之道的反思，丹尼·迈耶先生的手法也不例外”。我对他的言论感到极端痛苦，想到千千万万的读者也会读到，更是让我心痛不已。说真的，他有那么一个又大又响的“麦克风”，我多希望他是我们的死忠顾客。

弗兰克·布鲁尼对我们的死忠顾客倒没有看走眼；事实上他刺激了他们采取行动。如果这次我们得到的是三颗星，当然就等于开顺风车，会有更多新客人上门；可是如果不是如此的评价，也难以使人想到我们那一大群死忠客人对这篇评论的反应却是空前的强烈和仗义执言。我们收到许多封信和电子邮件，有人还专程过来致意，他们认为布鲁尼的评语很离谱，而且跟自己的亲身体验相反。次日早晨，在儿子的学校，有个妈妈拦住我，义愤填膺地说："我们反而更想去光顾你的餐厅。"

我觉得应该跟员工谈谈。我随即提醒他们，我举双手欢迎建设性的批评，也会据以反省，若十一号麦迪逊公园餐厅的牛颊肉太干涩或服务太慢，我们有责任解决这个问题。我又发了一封很长的电子邮件给各店主厨及总经理，请他们再转给各自的团队，希望每个员工都知道我的确切感受。我写道："布鲁尼先生选择用十一号麦迪逊公园餐厅作为分析我们各家餐厅的工具，委实令人不安。他评断我们的服务欠缺诚意或是动作呆板，布鲁尼先生看似要说明我们客人最珍惜的体验，结果却是反打我们一拳。我们的团队根本不可能厉害到用虚情假意的笑容和机器人式的服务便能赢得成千上万纽约人的心。"

最后我引用已故外公过去一再提醒我的话："对你的生意，别人会有许多夸赞，也会有很多不堪的话。你只要记得：我永远没有别人说的那么好，也没有他们说的那么坏。只要专心致志，坚定立场，努力追求新目标，并且始终保持正直就可以了。"

我希望我们的餐厅，会以开张以来一贯的做法，永远朝这些方向前进。

SETTING THE TABLE

第九章

一贯、温和地施压

有效领导的三大要素：一是为企业设定明确的愿景，好让员工知道你要带他们往哪里去；二是要求员工负起达成一贯优异标准的责任；三是让员工明确了解企业的优先要务以及不容妥协的价值观。不过，做一个真正的领袖，最要紧的当属你在工作上怎么要求员工，在经营事业上就怎么要求自己。

我27岁首次领导自己创办的公司，我花费极大的心力来培养必要的情绪和技术能力。随着联合广场餐厅日渐成长，我发觉自己也需要培养新技能，才能跟得上餐厅和员工的步调。

未满30岁前，好友帕特·塞塔有天突然造访，他坐在餐桌前听我抱怨管理员工是多么令人头痛的苦差事，对无法让全体员工一致理解我要求的高标准感到烦恼。侍者和主管们（至少有一半比我年长）不断试探我，想要逼我退让，令我不堪其扰。

帕特用改不掉的纽约腔安慰我说："为这种事生气是白费力气，老弟。"接着他举了一个例子，这个例子深深影响了我对管理的看法。多年来，随着公司不断成长，那简单的一课在这方面曾助我经受住重重挑战。

帕特指着隔壁摆着餐具的桌子说："首先我要你把桌上的东西收走，只留下盐罐。快去！收掉盘子、银制餐具、餐巾，胡椒罐也不要。留下的盐罐就摆在桌子中央。"我照他的吩咐做了，然后他问我："盐罐现在在哪里？"

"就在你要我放的地方，桌子中央。"

"你确定那个地方对吗？"我仔细一看，盐罐确实比中心点偏了约四分之一英寸。他说："把它放在你真正想放的地方。"我轻轻推动盐罐到看似不偏不倚的中心点。我一收手，帕特就把盐罐推离中心点 3 英寸。

"现在再把它放回你想要放的地方。"我把盐罐摆回中央。这次他推得更远，有 6 英寸，又问："现在你想放哪里？"

我再推回去，于是他说明用意。"老弟，听好。员工和客人会一直把你的盐罐移开中心点，那是他们一定会做的事，也是人生一定会发生的事，就像是物理定律！这点你必须认清，否则每次有人移动盐罐，你就要发火。你该做的不是生气，而是认清这是无法避免的。你该做的是把盐罐再摆回原位，让他们确实了解你的主张；让他们知道在你心目中，卓越代表什么。如果你愿意让他们来决定中心点在哪里，那就把这家店的钥匙交给他们，把这劳什子餐厅拱手让人吧！"

无论你的中心点在哪里，自己都要心中有数，将其表达出来坚持并且深信不疑。

与你共事的人会知道什么是你所重视的，也会尊重和领会你坚定不移的价值观。

你对管理经营的内在信念，将指引你渡过难关。

对创新的解决问题方法抱持开放态度固然很好，当你必须牺牲个人核心价值时，便是该停下来的时候了。

帕特举这个例子是在告诉我，餐桌的中心点代表我对卓越的核心标准，桌上其余的位置多多少少都代表马马虎虎，甚至是失败。他那有力的一课也教我要保存精力，不要为了人生的必然现象而恼怒："不愉快的事总会发生的，老弟！"

理解了"盐罐理论"后，我发展出了自己的管理模式，我称之为"一贯、温和地施压"，并将其推广给他人。每当人生的盐罐被移走时，我就用这种方式把它摆回中心点。

我和公司其他主管的职责，就是教导替我们工作的人区分中心点与非中心点，并随时不忘把东西摆在正确位置。我明确告知主管们：对于桌面上每样东西的位置，我毫不妥协退让。我预期外来力量会一直图谋改变桌上的摆设，而我一定会让一切归位。各位也应该这么做！这是"一贯"的部分；我绝不会以否定各位尊严的方式，把盐罐再放回中央，这是"温和"的部分。然而标准就是标准，卓越的表现是我们的最高标准，所以我会不断观察每张桌面，把所有动过的盐罐摆回去。这便是压力。

一贯、温和地施压，是我个人偏爱的领导、指引和辅导技巧。任何企业的老板都有责任明确指出公司的核心价值，在改进企业表现、精益求精的过程中，核心价值如同引导我们前进的河堤。没有河堤会形成缺口和浊流，造成航行艰难，我要的是流速快而清澈的溪流。河堤不见得会妨碍创造力，我会在河堤两边留下充裕空间，以便表达个人意见和发挥自我风格。

所有企业都需要核心策略，才能做到我所谓的“持续改进中”。对我们而言，那就是一贯、温和地施压。唯有一贯、温和、压力三部分同时运作，才可推动公司向前迈进。少掉任何一个，都会使管理效果大打折扣。领导者必须辨别哪些是他天生的强项，以及必要时必须补足哪些先天不足之处。例如，多年来，我从经验中得知，一贯及温和是我天生具有的直觉，所以我必须关注自我训练，对压力泰然处之。

■

总结起来，最成功的企业并非能够消除最多的问题，而是最善于发挥想象力，找出解决问题的方法；要形成经得起考验的解决方法，需要先给团队成员发声的机会，并且让他们负起决策责任。这种海纳百川式领导法绝对是种艺术，会比独断式领导多费很多时间，并需要对话、妥协和愿意分享权力。达成解决问题的共识有两个关键，即辅导与沟通。辅导是有尊严地纠正，帮助员工锤炼技能，示范如何把工作做好，以及真心希望让员工将潜能发挥到极致。

沟通是一切商业优势与弱点的根源。无论餐厅、律师事务所、大学或大企业，每当出了问题，员工便怨声载道，十次中有九次的怨言都很合理：“我们需要加强沟通。”我承认自己有好多年搞不太清楚这句话的意思。叫我站在一群人面前讲话不成问题，所以我以为自己颇善于沟通，后来才领悟到沟通的情境与内容同样重要，这就是为什么上菜前要先把餐桌摆好。明白谁需要知道什么，应该在什么时候、基于什么理由知道这些，然后用完全可理解的方式呈现这些信息，才是高明领导的必要条件。

> 此外，事先未获得预警，会使员工对某个突如其来的决定感到愤怒和受伤。员工若抱怨沟通不良，其实是在说："你没有预先告知我会做这样的决定。等我知道时，那个决定已经影响到我，而我却一点心理准备也没有。"员工通常会愿意顺势而为，前提是事先让他们知道，你何时会丢多大的石头过来，以及你当初决定丢石头的用意何在。要进行改革时，唯有令员工相信，这对他们是好的，而不是要拿他们开刀，才能成功。其间没有什么模糊的空间，良好的沟通永远是优质款待的要素。

2004 年秋，我应邀上电视节目《今日秀》，与科罗拉多州专门研究香肠的美食家泰瑞·米勒（Terry Miller）一起探讨热狗配葡萄酒的话题。每当我要上电视时，按我的性格是不太会发众多电子邮件事先通知。我经常甚至都不告诉我母亲，她也因此感到失望。不过那天我没有事先预告，相当于是丢了石头，未对即将产生的大浪效应预先发出警示。为时七分钟的节目片段播出后，当天奶昔小站的生意暴增，员工却对遭到什么袭击、原因为何，以及该如何准备应战毫无概念。结果原本应是公关胜利的美事，却变成一场灾难。厨师的速度跟不上客人对腊肠突如其来的需求，客人订好餐后要等很久，而且东西很快就卖完了。凡是靠创意源源不绝而兴盛的公司，都需要相对流畅的沟通。一流创意是“专为人们”而生，劣等构想则是为“交差了事”而做。我的员工若事先知道老板要上《今日秀》节目，可能就会多找一个厨师来，多备些产品，我们就可以多卖很多腊肠，多享受很多乐趣。

■

每半个月我会对全体新主管进行培训，他们多半才刚接下重任不久。培训时，我会强调他们的新工作跟以前多么不同。以往担任“一线”员工（厨师、侍者、接待员）时，他们优先考虑的是如何为客人完成双赢的交易。做主管后，他们的主要职责是协助团队里的下属取得成功。我敦促他们善用本身职位，对团队产生最大的正面影响。称职的主管通过实际作为和所体现的精神，可以制造乘数效应，大大增益公司的优异表现；不称职的主管则会导致恰好相反的后果。

首次做主管的人刚走马上任，通常会出现以下三种情况：

- 嘴上仿佛装了隐形麦克风。现在所说的每句话，听到的人都比过去多 20 倍。
- 其他员工则像有望远镜一样，时时刻刻瞄准新主管，保证主管的所作所为都有更多人盯着看。

- 新主管会收到“一把火”的礼物。它代表一种权力，必须恰当、一贯而负责任地加以运用。

隐形麦克风的比喻是要让主管明白，我们多么重视从他们口中说出的话，因此务必让人人都听得到。望远镜的比喻是要表达我们预期每个员工以及顾客，都能在主管身上看到反映餐厅价值观和目标的具体表现。麦克风与望远镜带给主管重责大任，他们的一言一行不可轻怠，人人听得到、看得见，也会仔细审视。假设公司是部复印机，主管便是我们想要复印的文件。对于要把哪些文件放进复印机里，我们是非常慎重的。

至于那“一把火”则是管理层施加一贯、温和压力的最重要元素。早年我刚入行时，做老板的经验不足，所以对我而言，讨人欢心远比受到尊敬更重要。我放弃自己的那把火，结果牺牲的是整体的优异表现。主管的最严重错误就是疏于设定高标准并要求下属负起该负的责任，这将使员工失去学习和精进的机会。员工并不想听到:“我不让你学习、不让你进步，这样日子会更好过。”

我深信已故的罗伯特·格林利夫（Robert Greenleaf）提倡的“仆人领导”哲学。他认为，组织效能最高的时候就是当领导人鼓励合作、信任、前瞻、倾听与授权的时候。在任何阶层式组织里，最高层主管显然掌握最大的权力（在我的企业里，这个人就是我）。一旦把传统组织结构倒过来，成为一个V字，老板在最底层时，就会取得好的成效。我的工作变成服务和支持比我高一层的人，使那些人得以服务和支持更高一层的人，以此类推。如此到最后一层的厨师、侍者、订位员、衣帽员和洗碗工，便能居于为顾客服务的最佳位置。将不容妥协的标准与建立信心的保证有机地结合在一起，可以传达明确一致的信号给团队："我信任各位，希望你们获胜的意愿跟我希望自己获胜的意愿一样强烈。"唯有不断鼓舞成员求取进步，并相信他们办得到，组织才能永葆活力。

大多数管理问题，起因都是不负责、不恰当、不一贯地放这把火。学习需要时间，但在主管们了解有哪些放火法可用和必须使用之前，他们自己无法充分发挥潜能，也不能协助员工挖掘最大潜能。主管的火可以像火炬，是一道有指引和教导作用、能带领部属前进的光芒。主管可以用这把火提供温暖及同理心，让员工放心，也可以将其用得像营火一样，用来与员工建立情感，启发他们，协助他们成长。这把火也可以用来振奋士气，带动进取心，建立团队精神，使大家团结一致，追求共同目标。主管必须是魔法师，"放火"的方式应是激励动机的源泉，促使下属仿效而有所成长。主管亦需学习运用发自肺腑之火，增强自己对本行业的热情。领导者如果欠缺热情，谁会愿意追随呢？

在训练及培养主管的同时，清楚明确地把完整一贯的管理模式告诉他们，是公司成败的关键。快速成长中的公司尤其要注意这点。我愈来愈相信，任何团队都渴望有掌握权力的人持续指引他们努力的方向，评断他们做得好坏，教导他们如何把工作做得更好。唯一的要求是，全体都要遵循相同的规则。

■

2004年，我们为在纽约现代美术馆开设多家餐厅做准备。当时馆内每天要供应2 000人的饮食，我却在此时发现有个错误一直未加以改正，这将使我们在未来面临很大的问题。不论我们雇用多好的一线员工，把他们训练得多称职，可是在培训具备开办和营运高容量、高水平餐厅必要技能的主管方面，我们却做得马马虎虎。公司现有的主管资源并不充裕，调他们到现代美术馆，必然会挖走现有餐厅需要的人才。这件事令我十分头痛，备感自责。我问自己：怎么会一直未注意到这个问题？公司几乎是一夜之间由650名员工增至超过1 000人，这使我们必须更专注于加强营运及财会系统、人力资源和技术。于是我们迫切需要优先培养、教育和辅导主管，而我们在这方面的基础建设几乎为零。好像我们对主管的培养工作，全建立在一个缥缈的假设上：只要是以主管职位聘用的人，就已经万事齐备，不但了解我们的制度，而且能够清楚说明和传达公司的价值观和做事方法。我的观念不但错误，这种“加水就能喝”的概括性假设对主管和他们领导的员工也极不公平。这是一个转折点。

■

过去20年，餐饮业最大的变化便是“精致美食”餐厅集团陆续出现。以前要不就是单独一家精致餐厅，要不就是分店很多的连锁餐厅。那时普遍认为，一个人只顾得了一家讲究的美食餐厅，因为老板一定要时刻待在店里招呼每位客人、盯着每个员工，并亲自检查从厨房里端出的每道菜。

这一切在1990年代都发生了改变，餐厅终于被视为正经的行业，因此渐渐吸引更多在厨艺及款待技巧之外，还拥有高学历及精明生意头脑的人，进入这一行。为了让出色的员工有成长的机会，以免他们不断流失到可提供更高职位的餐厅去，我发现自己要继续开店，到最后开了六家餐厅。当然，如果我出现在其中某一家，在其他各家就看不到我了。

虽然我极力否认，但是我首次意识到自己不再是纯餐厅老板，而是一家持续成长的餐饮公司的首席执行官。这是一颗要吞下的巨大药丸。我的热情和专业身份，一直是基于在大门和用餐区迎接客人，并且和员工密切合作所得到的单纯乐趣。如今我的责任增加许多，而我应对这个事实的方法便是假装公司其实并未壮大。无视现实，使我个人和公司均处于不利地位。

每当我们开新店时，我依旧刻意把重心放在整个筹备过程，努力使这家餐厅尽可能快速达到最佳状态，同时也要担任首席执行官去做规划大方向的事，像是拟定和提出未来五年、十年的策略计划，那实在十分费神。无论如何，我改写工作内容的同时也为自己创造了新挑战。担任餐饮公司首席执行官的工作，并未减弱我时时刻刻想要待在自己店里的渴望。唯一能够有效经营的方式，便是做一个不与员工、顾客和产品脱节的密切接触领导者。我一天待在办公室里的时间不超过25%；直到2003年，仍在感恩小馆地下室的办公室里经营五家餐厅、一家爵士夜总会和一个热狗餐车，完全没有任何正式的企业架构。那时候的我总认为，由看似聪明的组织（有总主厨和糕点主厨，有酒类采购专员，有一切企业该有的东西限制着主管不得逾越）所开的必定是烂餐厅。每当我看到“企业”二字被用在餐厅上，脑海里便浮现出千篇一律的餐厅形象——没有灵魂的复制品。

我向来致力于开设独树一帜的餐厅，经过时间洗礼后，每家均拥有小型店家的特色感。可是问题愈来愈严重，使我认清必须想出办法，一面保有灵魂，一面走向更复杂的组织架构。我们没有公关、营销、IT、人力资源或其他基础架构。我希望把公司变成智能的餐饮集团，由一个聪明的组织来运作，可是我认为这不太可能。当年我确实相信，需要有“笨的”组织，才能维持聪明的餐厅，所以才建立了目前这种组织结构。

我钦佩纽约和美国各地一些很不错的餐饮企业，可是那些大集团好像更擅长建立制度、连锁店和概念，却不怎么愿意花时间去开发我所感兴趣的具有人性化、开创性和有灵魂的餐厅。

可想而知，由于我对扩大规模抱有矛盾心理，势不可挡的成长最终暴露出我的胆小和惰性。保持原状已经行不通，也很危险。我必须找到方法，既要有聪明的餐馆，也要有聪明的组织。2003年，距我在纽约开设第一家餐厅近20年后，我总算承认自己需要转换个人事业，成为联合广场餐饮集团（Union Square Hospitality Group，USHG）的首席执行官。

起初我只是用“USHG”来统称我所创办的所有餐厅。每家餐厅都是独立的公司，其中有些另有外人投资，今后仍将保持这种形态。USHG 应逐渐成为一家独立的管理公司，为旗下各餐厅提供一贯的指引和支持，其成败与我个人和其他人有重大利害关系。我的目标是找一群人来辅助我，使我能够兼顾多家餐厅，这些人必须在某项专长上比我更能干。我要让一个有能力的团队，替我担任“老板代表”，并根据我的经营风格来发挥他们的长才。经营联合广场餐厅前十年，我单独负责所有现在需要整个团队来做的事情：

（1）人力资源：务必使我们获得最优秀（且适当）的人才，训练他们成功，并确保公司有健康的文化和环境，使人才得以茁壮成长。

（2）营运：务必使人与事的运作尽量达到高水平，发挥最大的潜能。

（3）财务会计：务必持续提供及时、正确的信息以反映公司过去的表现，并协助我们在重视计划、预算和分析的文化之下，根据这些信息对未来做出正确的决定。

（4）公共关系和营销：务必把公司与员工的事迹传达出去，让人们不时提起我们的餐厅，不论他是记者、可能上门的顾客还是员工；与其他理念相近的公司建立关系，我们可以和它们结为

“一加一等于三”的生意伙伴。

（5）信息技术（IT）：务必使我们拥有效能最高的软硬件，以便于公司对内对外沟通、评估公司的表现。

（6）事业开发：务必使现有事业不要有闲置资金，针对有潜力的新事业构想进行分析和洽谈，以维持员工与公司的活力，不断向前迈进。

（7）小区投资：务必使公司及员工努力去发掘和运用众多的机会，积极协助我们所在的小区实现最大的潜能。

我终于体会到，公司及餐厅的运作状态，不一定就是“一方聪明，一方愚笨”。我们必须让两边都聪明。我像所有的事业主、创业者或企业高层主管一样，必须思考如何制定赢的制度；向他人阐明，我做的每件事以及我期待他们做的每件事；同时再三问自己一个重要问题——只要我愿意放手，这些事当中，有多少是别人可以做得一样好或更好的？突然间我不得不逼自己成长。如果能够多一年时间做准备，再来当首席执行官，就太理想了，但是我没有给自己这么多时间。当时是组织变迁与重新进行自我定位导致我仓皇失措的时刻，那种感觉犹如为一辆正在高速行驶的列车换车轮。这段高度挑战时期，让我学到了领导企业的关键教训。我经常想放弃，也常幻想回到 1985 年自己在联合广场餐厅的前门，欢迎来吃午餐的客人。可是我选择了正确的道路，也知道不可能回头。

至今我们旗下的餐厅均各自为政，所以各方面的做法几乎都不一致。心怀不满的员工只有一个正规的渠道可以表达怨言，就是直接向总经理或主厨反映。然而若遇到跟总经理或主厨有关的问题时，他们该怎么办？这类问题仍会引起我们的注意，不过有时是通过不太健康的途径，比如匿名信、网帖甚至是法律诉讼。我们陆续失去一些不错的人才，也发现由被动反应造成的人事问题愈来愈多。

我成为首席执行官后，马上将保罗·博尔斯－比文（Paul Bolles-Beaven）从联合广场餐厅的经营合伙人升为 USHG 的集团人事经理。我想借助他在与人共事方面杰出的聪明才智、判断力和敏感度，让他把这种能力充分施展于整个组织。他主持圆桌讨论和各种讨论会，让员工有安心发表意见的机会。起先我们从这个过程中发现了若干令人不快的事实，所幸现在的开放作风带来一丝新鲜空气，也让我们可以得知并处理早就存在的问题。员工之间因此开始有更多交流，不必再长期隐忍愤怒与挫折感。现在他们可以通过更健康的方式，对同事或管理层引起的问题表达自己的感受。

唯有员工相信，领导层心胸开阔，平易近人，欢迎各种意见，公司才能拥有最佳的生产力。对开放政策光说不练的主管，等于是关起了大门，不愿为自身的错误负责，也多半不会积极设法让下属感觉意见受到重视。我们一贯、温和地向领导者施压，要求他们时刻留意员工的期待和挫折感。我们要求领导者不止是敞开大门，更要走出门去，主动请员工进来。

我认为，招募聘雇人才是决定事业成败的关键要素。而用人方面最关键的便是主管，因为负责招人和建立企业基调的是他们。无论做老板的喜不喜欢，主管的表现，就代表了你期待员工达到的优越及款待水平的高度。我们通常有近 15%的人员是主管。我认为，有什么样的管理团队便有什么样的员工，所以要求人力部门拟出九项决定用来考虑是否雇用某位主管：

（1）具感染力的态度。

此人是否具有我希望传播给全公司的那种态度？我是否想要员工受到这种态度的熏陶？若答案是肯定的，继续下一步。

（2）自知之明。

我浏览履历表时，常告诉来应聘主管职位的人，工作经历就像是写了多年的自传：“你曾经做过不少很有意思的决定。我很好奇，为什么你会觉得到我们这里来工作是你人生记录中理所当然的‘下一章’？”我也想知道，应聘者为何觉得，之前的这一章已经写完：“为什么现在这样的转折，令你感到百分之百合理？”应聘者也许会直接表达想要转到更好的地方发展，也许会表示对原主管的不满。如果他所说的细节不关我的事，那从中可以看出此人是否审慎。有时应聘者表示，在目前的雇主那里事业发展遇到瓶颈，因此决心下一个抉择要做对。对于积极进取和好奇心够强，会去了解我们餐厅的人，我也很有兴趣。最令我印象深刻的是，把对自己和对我们的认识应用于追求自己想要的事业前途。

（3）宽以待人。

有智慧的款待这种经营理念，要有乐观、开放、怀抱希望的掌舵者才可充分发挥。若领导者生性多疑，又自以为懂得一切，这种理念就难以贯彻。自满的主管认为，一切已有定论，与他共事的人也一样。宽以待人的心态，却是对别人做最好的假设。有什么样的心态，就会得到什么样的结果。如果你假定下属犯错，确实是无心之过且出发点是好的，那你就能看到他改正错误后更大的进步。反之，如果对下属做最坏的假设，那得到的就是最坏的结果。我们的主管必须对共事的员工和服务的客人，抱持宽以待人的假设。这可以让员工有机会诚实面对自己的错误，并且为自己的行为负责。

我期待主管们对待顾客也抱持同样心态。我去过好多家餐厅，顾客若是比预约时间迟到 20 分钟就会挨骂，而顾客也许有很正当的理由赶不过来。对于愿意到你店里来消费的人不客气，什么理由都很难说得过去。此时宽以待人的假设也许是："很高兴你赶到了！这一路过来一定很辛苦。"当你把和每个顾客的关系建立在乐观及信任之上，就能从中获得最多的好处。款待是希望、信心、周到、乐观、慷慨和心胸开放。

当然也有别种经营组织的方式，不少人靠负面管理也做得非常成功。不过多疑者在我们的组织里不易出头，因为他们的价值观违背我们做每个决策所依据的商业和个人原则，也与我为人处世的方式相左。我的做法当然不是唯一正确的，只不过是对我个人来说唯一正确的做法。

（4）眼光看得远。

如果经营理念是把员工放首位，顾客其次，小区第三，供货商第四，投资人第五，那代表你是持长远观点。我们开办餐厅是为长久经营，所以做决策也都从长久着眼。每当我面对涉及金钱投资的决定，在分析可能的回收时，都会问这个问题：这笔投资可不可以给今天或明天带来收入，还是永远赚不到钱？只有第三种情况——永远没有回收，对我不具一丝吸引力。举个例子，假定你光顾我们某家餐馆，侍者不小心把你点的葡萄酒酒瓶上的软木塞弄坏了。侍者觉得不好意思，你也心生疑问：那瓶酒是不是有问题？这时候我希望侍者坦白道歉："对不起，我把酒瓶塞弄坏了。我认为瓶里的酒应该没有问题，可是无论如何，如果这酒不对，请告诉我，我们很乐意再换一瓶。"假设酒瓶内的酒是好的，那我们可以赚到今天的营收。如果那酒有问题，我们依然有机会赚得明天的营收，因为我们与顾客建立了善意的联系。

这么做也可以让顾客无所顾忌地证明自己是对的（即酒瓶里的酒果真"不行"），使他没有必要挑战我们。

善意宽大的假设，几乎不会产生负面后果。根据经验，瓶塞坏掉的酒瓶，有九成里面的酒还是好的。若顾客不肯接受，但我相信这酒仍然可以喝，那大可以放在酒吧上，一杯杯零卖。若酒是坏的，那当初大大方方地为客人换掉，就更是明智之举。这就是眼光放得远，把争取顾客长久的忠诚度视为最有价值的投资。

（5）富足感。

每家公司最困难的业务之一，就是如何度量和预测现金流量，也就是付清所有开销后所剩的可支配资金。在捉襟见肘的日子里（像经济极不景气或“9·11”事件后那段时间），称职的经理人和老板，需要培养能从石头里榨出橄榄油的能耐。在我们的企业文化中，如此严苛的做法，可以考验我们经营方式所秉持的乐观原则。我们从经验中学到，有时灌输一股慷慨、自信的富足感，仍有可能重新激活和激励一家公司的营收。

2001 年 9 月 11 日刚过，我们每家餐厅的营业额急剧下降，顾客预约人数也大幅下滑。世贸中心攻击事件发生后有两个月左右，市中心区所有餐厅和商业活动均遭殃。我们各家餐厅中以塔布拉受损最大，恢复旧观也最困难。原因之一是，塔布拉（和十一号麦迪逊公园餐厅相同）设在投资银行瑞士信贷的一楼，这家银行本身的生意在“9·11”事件后大受影响，银行人员也减少了宴请客户的频率。此外，塔布拉令人联想到印度文化，使它不幸成为“9·11”事件后最早遭致另眼看待的对象。有些美国民众因无知和恐惧，对恐怖分子的形象产生无中生有的想象，凡是长得符合那种想象的人就会受到歧视，有这种员工的公司也是如此。纽约的孟加拉国和印度裔计程车司机便是受害者，塔布拉也不例外。

我们想尽办法不裁员，可是为了平衡收支，不得不缩短许多员工原定的工时。我们分析菜单，自问是否真正需要使用像龙虾这种昂贵的食材？如果 10 道主菜可以使每晚浪费掉的食物减少，因而省下成本，那是否真的需要准备 12 道主菜？

我们再分析菜单，看看能否以取消菜品以达到少用一名厨师的目的。菜品减少，需要的人手也变少。后来我转念一想，像这样东省西省以求脱困，或许能保住餐厅，但是以消极防御来解决客人和营收太少的根本问题，不合乎我的本性。我讨厌这样做生意。

于是我做了一个可以让餐厅长期受益的决定：与其给塔布拉一种不足和不确定感，不如为它注入富足感。为来客少、营收少而拼命节流，并没有取得明显效果。我是真心相信，富足感能够使生意变好。虽然不符合预算原则，但是我们开始参与慈善募款活动，比以前加倍慷慨地提供塔布拉的晚餐券，作为慈善义卖品。这是非常有效的营销法，诉求对象是关心我们的慈善目的以及可能对塔布拉感兴趣的客人。倘若偶尔光顾塔布拉的顾客参加某个慈善募款活动，发现我们是赞助厂商，也许会对这家餐厅产生一份亲切感。我们付出愈多，收获愈多。在可负担的范围内，应该尽量让员工和客人看到你对改进依然十分重视。这是从正面、有希望的角度出发，而不是从恐惧以致最后结果真的很糟的角度出发。“勉强支撑”的心态会使匮乏挥之不去；投入金钱、想象力和辛勤努力创造富足心态，结果就会带来富足。

不久以前，我们捐出旗下六家餐厅各四张晚餐券在慈善餐会上拍卖，共卖得 12 000 美元。我们为自己重视的议题出了力，为理念相同的来宾制造了与我们产生联系的机会，也成功地向我们理想中的顾客做了广告。

自 1992 年起，富足哲学应用得最有效的，是在纽约市一年一度的餐厅周活动。全纽约市有 150 多家餐厅参与了这个活动，以 20 美元左右的价格提供三道菜的午餐。每逢餐厅周，顾客蜂拥而至，因此多数餐厅都高朋满座。这绝对是物超所值，大家也觉得跟很多其他市民一起凑热闹很不错。可惜有些餐厅，虽提供平价餐点，但是选择非常有限，以控制成本，好赚取些许微利，我们却逆势而为。我认为要给顾客优惠，就要给得大方。我们在餐厅周的做法是准备很多开味菜、主菜和甜点供顾客选择，而且食物及服务质量的价值超出 20 美元不少。重点在于让客人有富足感和价值感。

在餐厅服务方面，我们考虑得更长远。当价钱已经算低的账单送来时，每位用餐客人还会收到一张感谢卡和一张优惠券，欢迎他们再度光临（例如 2005 年，每位客人得到的优惠午餐券是 20.05 美元）。此时客人会想：今天的 20 美元午餐已经很不错了，居然又送一张 20.05 美元的餐券！客人确实会再来。

这种做法被无数次证明有效，我们付出愈多，回报也愈多，慷慨显然符合我们自身利益。送餐券可以得到两样好处：一是获得接触新客人的渠道并保持联系，因为他们要先留下姓名和联系信息，才能使用餐券；二是他们再度光临时，我们又获得了一次争取常客的难得机会。这种客人可能同时带朋友来。每年大约有八成的餐券会在餐厅周下一季的午餐时间被消费，使我们每家餐厅的午餐生意年年有增长。

我一直对主管和员工强调，保持长期成功的一个关键在于将重复上门的顾客最后培养成常客。餐厅周给了我们做这种努力的良机。

有些主管问我，如此大方是否值得。我提醒他们，每年餐厅周结束后，我们各家餐厅都是生意更好、更赚钱。不管付出得有多慷慨，我们至今尚未因此而关门！

（6）信任。

主管如果不信任员工，就很难鼓舞他们卖力工作。同理，员工也很难信赖或追随不信任他们的主管。如果员工主要的心力放在避免被否定上，就难以长期维持最佳表现。没错，做主管的必须有一点点健康的怀疑精神，才可以辨别哪些员工徇私，哪些出于私利而自己玩弄制度。可是抱有不信任和恐惧心态，造成员工人人自危，却一无是处。

大多数人为了取悦于人而努力的动机远大于为了避开麻烦而努力的动机。不信任往往滋生更多不信任，最后导致不诚实。主管若不信任你，等于不自觉地设下棋局或陷阱，员工受到挑战，必须想出打败体制的办法。如果自爱和诚实无法让上司满意，工作表现良好无助于升迁，那不如玩点“以其人之道，还治其人之身”的把戏，也用不信任扳回一城。信任和不信任也会是“求仁得仁”的心态。

有些老板和主管以不断责难的威胁来控制下属，更糟的是完全不给任何反馈。得不到反馈使员工神经紧张、失衡，感觉被分化、腹背受敌。许多没有安全感的主管就是要让属下这么难过。那不是监督，是一种策略，或一种面对冲突的不安全感。无论哪种情况，都只会产生反效果，不能维持健康的工作环境。

我们的主管需要知道，基于恐惧和基于信任的控制是天差地别的。分析此种差异将促使在智慧的款待模式下判定优异和失败所需要的管理技巧得到进一步提高。

恐惧 vs. 信任

恐惧	**信任**
（主管与员工是对立的）	（我们是一个团队，休戚与共）
专制	合作
支配	授权
短暂	持久
自私	给予
匮乏	富足
封闭	开放
指示	倾听
自满	学习
悲观	乐观
守门人	代理人

在基于恐惧的分化式体系中，员工失去享受持续成就感的发自内心的喜悦，那是为努力而努力所得到的满足感；也丧失作为团体的一员一起取得杰出成就的乐趣。恐惧式管理助长腐蚀性、欠缺智慧的企业文化，造成主管浪费大量精力去防员工，员工也防主管。若员工感到困惑或害怕，组织将因此付出高昂的代价。在这种氛围下，前途看好的领导者往往尚未崭露头角便先离职；好的员工也知道在此难有长进而离职，留下的则是情绪需求可由独裁专权的主管加以满足的员工。这些不见得是最聪明、快乐、健康的员工，企业也就不会聪明、快乐、健康。

对我们而言，外面有够多的采取恐惧管理的老板是好消息，这样我们就容易请到训练有素、事业心强的主管。采取恐惧管理的老板，经常都擅长教授技术。为铁腕上司做事，你永远不必担心搞不清楚他对你的要求。当这种老板把技术优异的人才赶出门，其中有些有天分的人才就可以在欢迎他、鼓励他的公司，找到另一片天地。欢迎他们经常来到我们这里。

（7）肯定的耐心与严厉的爱心。

严厉的爱心，换个说法就是坦白的、为人着想的真诚。意思是：我非常关心你，所以虽然忠言逆耳，我仍要实话实说。出于严厉的爱心的耐心，等于向员工传达一个明确的信号：我是站在你们这一边的。我们也特别重视公开、明显地表达肯定，主管们有责任称赞员工良好的表现。我曾在肯尼思·布兰查德（Kenneth Blanchard）的《一分钟经理人》中读到："发现下属把事情做对的行为，是主管的责任。”我赞同这个观念，而且会更进一步鼓励主管，当他们发现属下能够把某件事持续做得很好，或做得很出色时，请第一个告诉我，好让我知道，也让我可以与员工联络感情，把上司对他们的赞美和陈述他们表现杰出的细节加以转告。这会使员工觉得，上司和我在注意他、赏识他。当一个人的努力被上司的上司察觉到，那将特别让他受用，也会成为他一股强大的动力。

（8）没有被威胁感。

没有人愿意追随偏执狂的领导者，这种主管无时无刻不疑神疑鬼，生怕有人把他的火弄熄。我宁愿追随有安全感的领导者，他会把自己的火控制得恰到好处，教导我、为我照亮方向，让我了解状况，使我觉得温暖、积极、敬畏和受到启发。在这种情况下，我很乐意追随我的领导，偶尔甚至去启发他。

领导者如果老是让员工没有安全感，那员工必然难以有最好的表现。凡是防卫心重的上司，就会有一群渴望换领导的下属。好的领导会坦白认错，坚持吸取教训，感谢旁人指正，然后继续前进。

（9）品格。

为了使主管变成优秀的领导者，我们必须辨别和评估与五种核心情绪技巧有关的重要品格特征：乐观温暖、智慧、敬业精神、同理心、了解自我和人格健全，也正是它们构成了51%者。领导者的品格特征则有：诚实、纪律、始终如一、清楚的沟通、勇气、智慧、热情、灵活、爱（与被爱）的能力、谦虚、（自己拥有并能令团队成员产生）信心，对工作及优异标准有热忱、正面的自我形象。以上各项所代表的意义会因人而有略微不同的解读，不过整体而言，无论哪种行业，这些都是高效能领导者的理想性格。除非你能吸引关键多数的人追随你，否则做不了出色的领导者。

总的来说，主管最重要的核心情绪技巧是人格健全和了解自我。主管要够了解自己，才知道什么能打动他；认清自己的长短处和盲点。要置身于会仿效他行事正直，又能与他取长补短、相辅相成的人当中，这一点极为重要。如何与优秀的顾问为伍，又有能干的耳目为辅佐，绝对是一门艺术。企业老板就是依赖这类领导者，通过向他们提供及时、正确、平衡的信息展现他自己的意愿，并经由他们一贯、温和地向员工施压，使他自己得以笃定地推动公司前进。

领导力不能只以成果来衡量，还应考虑你所仰赖的人在完成任务的过程中有什么感受。在我们公司升到高层职位，后来却难以为继的人，经常有无法体会别人心情的问题。倒不是因为他们不关心别人，他们只是缺乏天生的强烈同理心。我们尽我们所能去辅导这些主管，告诉他们哪里不对。有人过得了这一关，也有不少人过不去。

随着领导者层级愈升愈高，上面的空气也愈来愈稀薄。一个人在组织里的权力愈大，其管理技巧就愈需要更多情绪和智慧。

基于某种理由，有些人在权威和权力增加后，会强求属下要尊敬他。当初也正是因为具有那种博得尊敬的天赋能力，他们才能获得升职。强求尊敬会制造紧张关系，使领导工作困难倍增，被领导者也很不自在。

大多数人首次或二次获得升职，通常是因为技术高超。但是在权力的阶梯上爬得愈高，技术能力的重要性就会降低，情绪技巧则相对变得更重要。员工都是看风向的专家，直觉上就会把“望远镜”对准权力最大的主管。如果看出主管的品格特征和理想有弱点，就会努力设法弄熄主管的权力之火，这种事经常发生。我们有时解聘主管，不是我片面决定开除他，而是员工集体认定此人有品格上的缺陷。

主管对属下有某种权力，这明显打破了双方关系的平衡。主管务必一贯、公平地行使权力，其目的是让餐厅好、让我们的经营方式好。员工则完全有权力要求管理层做到更高的标准，尤其在以同样品格理想要求自己与要求别人的公司，更是如此。

这可以形成一个良性循环。获得升职的人，应该不只是因为他有雄心，更是因为他充分体现了公司的品格特征。由于主管们愿意尽一切力量延续这些品格理想，所以我们全体都在智慧型款待文化的基础下互助互惠，像一个款待体制般运作着。

SETTING THE TABLE

第十章

迈向成功之路

1994 年 9 月，我来到得克萨斯州达拉斯，为《联合广场餐厅美食食谱》展开宣传之旅。圣沙巴葡萄园主人马克·莱蒙博士（Dr. Mark Lemmon）在乌龟溪酒店为我举行晚宴，我正巧坐在百货公司大亨斯坦利·马库斯（Stanley Marcus）的旁边，他的家族于 1907 年在达拉斯创立内曼·马库斯精品百货公司。马库斯那时已年近九十，超过半个世纪以来，他发挥了在营销和零售方面的天才，为内曼·马库斯百货拓展连锁店，将公司的服务声誉发扬光大。无巧不成书的是，他也很想见我。多年来他常到联合广场餐厅用餐，我们却从不曾有机会面对面接触。

那原本应该是美好的一晚，我置身宴会中，旁边坐着一位传奇人物，可是我却心事重重。感恩小馆刚于 7 月底开业，部分是由于媒体的高度关注，它正被新闻界修理得很惨。再加上联合广场餐厅的业绩不甚稳定，这让我心绪不宁。我向斯坦利和盘托出，并表示感恩小馆才开业不久，我那么快就跑到外地来，心中不免内疚。

我说："开这家新餐厅，可能是我犯过的最大的错误。"斯坦利放下手上的酒杯，看着我说："好吧，你犯了错，但有一个重要的忠告你必须知道：成功之道在于能妥善处理错误。"

他的话整夜萦绕在我心头，我一遍遍地思考。那一晚是我经商方式的转折点。问题不在于我天真地相信完美，商场上不可能做到尽善尽美。完美的概念如果用在公司政策上，可能非常危险；愚昧地追求十全十美，会扼杀你的团队去冒明智的风险的意愿。如果员工怕犯错而不敢放手去做，我怎能期盼他们创造款待的传奇故事呢？他的哲学可归为一句：成功的关键不在于消除问题，而在于发挥创意，解决问题，并从中获利的艺术。最优秀的企业便是最有能力解决难题的公司。

的确，做生意就是在解决问题。人非圣贤，孰能无过。若想在餐饮业或任何行业里成功，就一定得欣然接受：错误是难免的。我们务必接受并拥抱层出不穷的难题，并视之为学习、成长和获利的良机。棒球界的最佳打击手，可能每上场十次失误七次，但仍然有三成的终生打击率，足以进入棒球名人堂。

我们也必须防患于未然，因为你永远无法未卜先知：下一个投出来的球是上飘内角球或下坠外角球，是快速球、指叉球，还是蝴蝶球？对我们而言，参与球赛的诀窍在于预期错误，驾驭错误，以建设性方式加以对应，获得更优越的位置。

我喜欢将员工视为冲浪者，而非服务人员。冲浪是种费力的运动，没有人非自愿尝试，也不会有人强迫你成为冲浪手。倘若你选择冲浪，就没有理由浪费力气，妄想去制服汹涌的海浪。海浪就像错误，你知道过了这一波，必定会有下一波再来，所以回到冲浪板上，为下一波浪涛做准备，才是上策。玩冲浪板的架势，能比隔壁的家伙好多少，在于你如何提高技巧和表现自己。

一家公司处理失误、驾驭汹涌波涛的风格，决定了它的心胸、灵魂和天赋，否则，做生意就称不上是一种艺术。幸而我们公司的冲浪手众多，因为在餐饮业，下一波浪头必定会打过来。

我们各家餐厅经历过种种错误、灾难和逆境。有一次用餐区的大型干花摆饰着火，火焰蹿起 10 英尺高；我们经历过断电和水灾；曾为饭吃到一半突然晕倒的客人叫来救护车；我们见过老鼠跑到客人的白色餐巾上，在客人沙拉里发现过甲虫。在尚未禁烟的年代，有一回联合广场餐厅楼上包厢弹出的雪茄烟灰飞入一位客人的意大利饭菜中。也曾有醉汉在前厅的窗户外，当着客人面脱下裤子。如果侍者不小心把汤洒在客人外套上，或把橄榄油溅到客人挂在椅背上的名牌围巾上，我们会负责送去紧急干洗。最严重的错误是，失误发生后，没有马上设法处置，使情况有所改善。我们称此为“画上完美的句号”。无论发生什么失误，它就是已经发生了。受波及的一方自然想要告诉任何愿闻其详的人，这是可想而知的。已经发生的固然无法抹去，但是我们有能力画上完美的句号，让结局如我们所愿。如果我们能写下精彩的一笔，就能反败为胜。当客人向别人提起我们的错误时，只会着重于描述我们如何应付得宜。于是，危机变为转机。而要把最后的句号画得完美，必定要发挥想象力，并且把握得体、慷慨及诚恳原则。有时，即使不是我们而是客人的错，我们也要写出完美的结局。比方有人在吧台弄翻了酒杯，我们会再为他斟满，就是这么简单。有一次，一个小孩在餐桌上打翻了汽水，我们替他全家六个人将所点饮料都斟满，而不管分别是何种饮料。如果客人吃了点的餐却不满意，我们就不收钱。

我发现，承认错误并诚心致歉的话，客人通常都愿意再给你一次机会，让你赢回他们的肯定。

有效处理失误的五A守则

- 察觉（Awareness）：很多错误未能解决，是因为从来没有人发觉；如果不知道，就无从着手处理。
- 承认（Acknowledgement）："我们的侍者不小心出了意外，将尽快为您重新准备一份。"
- 致歉（Apology）："对于发生这种失误，我们非常抱歉。"托词不是解决问题的办法，找借口（"我们人手不足"）既不恰当，也没有用。
- 行动（Action）："请先享用这一道，我们很快就会重新上你所点的餐。"提出补救办法并切实做到。
- 额外招待（Additional generosity）：如果错误是服务太慢，我会要求员工加送点什么（一道免费甜点或甜酒），感谢顾客的不计较。对于一些更严重的错误，则可免费送一道菜或一整餐。

大部分的失误，都很容易解决。但是不管碰到哪一类抱怨，我们都有双重任务：首先是从错误中学习，从学习中获益；其次是设法画上完美的句号，在客人心目中，取得比未犯错前更有利的地位。

处理错误要花多长时间非常重要。问题发生时，负责经理必须在 24 小时内尽力与客人取得联系。同时我们会马上分析检讨自身的作为，以判断问题所在（当棒球投手投出弧线球，却被击出全垒打，第二天他一定会拿比赛录像带来看，以避免再犯同样的错误）。已经犯下的差错，是怎么努力也抹除不了的，与其等客人第二次、第三次寄投诉信，还把复本寄送纽约商会、《纽约时报》食评主笔和《查氏餐馆评鉴》杂志投诉你的过错和疏忽，不如主动应对：

（1）得体地响应，而且要实时。反正最后一定要解决，愈早处理，付出的代价愈小。

（2）宁可过度慷慨。道歉，并提供价值超过原错误的补偿。

（3）总要画下完美句号。好事不出门，坏事传千里。应该善用这股力量，把结局写得如你所愿，以便化阻力为助力。充分运用想象力和创意，设想如何回应。

（4）从错误中学习。将每个新错误作为教育你的员工的工具。除非错误出自品格问题，否则对犯错的人来说正好是改进的机会，这将有助于你的团队。

（5）就算犯错也要犯新错误，而不要犯同样的错误。

当确实听到旗下某餐厅出状况时，我总是在联系客人之前先听听员工的说法，因为有智慧的款待文化，首先要做的就是与员工站在一起。如果投诉是关于侍者服务态度不好，那我们会找出事实真相，然后帮助这名员工从中学习（有时我们发现，是客人本身态度不好。即使这样，我们仍然有机会学习，如何更妥善地应对客人难搞的情绪）。如果侍者重复犯同样的错误，像是接二连三洒了东西，或屡屡遭客人投诉“态度不好”，那就得检讨此人的整体能力是否可以改进或达到公司的要求。

■

有时即使责任不在我们，仍要为客人多费点心。一天在塔布拉，有位女子进来用午餐，却发现钱包落在了出租车上。一位暑期来打工的康奈尔大学学生正在柜台当班，他尽量安抚这位紧张得发抖的客人，并保证我们会让她赊账，要她别担心，好好享用午餐。他做得很好，但我觉得还可以更好。我找到塔布拉的总经理兰迪·加鲁提处理此事，我说：“这个客人会向全世界的人讲，她去塔布拉吃饭时在出租车上丢了钱包。我们可以想办法，把这变成让她津津乐道的奇闻。”

我没有给任何具体指示，但兰迪知道我说这些话用意何在。他跟客人谈，发现她的手机也落在出租车上，于是立刻要属下试打她的电话。另外，这位女子已入座，她朋友也到了，两人点了餐。经过半小时不断重拨，总算有个男人接了电话。原来他就是出租车司机，现在已开到布朗克斯区。他确认钱包就在他车上。

在女客人不知情的状况下，我们派一位员工到上城，找到那名司机，拿回钱包和手机。午餐账单还没送上桌，她就已经拿回两样失物。女客人非常惊讶，显然也十分高兴，我们把一场噩梦变成一段款待的佳话。我们付的来回出租车费共31美元，但女子给予塔布拉的正面评价口碑，势必超值百倍。

几年前的一天晚上，在十一号麦迪逊公园餐厅，有对夫妇来庆祝结婚周年。领班侍者向他们祝贺，并招待两人各一杯香槟。他们很高兴，这时先生问道："你们很懂酒吗？"

领班答："我很了解我们餐厅供应的酒，需要我推荐搭配晚餐的好酒吗？"

先生说："不是，我有个技术性问题想问问。我家有一瓶上好的香槟，预备晚餐后拿来庆祝喝的。不过酒是温的，所以来这里之前我把那瓶酒放进了冷冻室，这样酒瓶会爆掉吗？"

领班说："是的，酒瓶会爆掉。"先生紧张地站起来对太太说："我的天，老婆，我得回家，在爆掉前把它拿出来。"

领班看到一个画下完美句号的契机，他说："两位是来庆祝结婚周年纪念的，我们希望你们能够在此度过一个愉快的夜晚。如果您方便把地址给我，我很乐意去您家把香槟拿出来。"

先生说："好，就这么办。"他打电话通知门房。我们的领班便乘出租车过去，把香槟从冷冻室拿出来放到冷藏室，又在酒瓶旁边放了一些我们餐厅的巧克力和一小罐鱼子酱，附上字卡："十一号麦迪逊公园餐厅祝两位结婚周年快乐！"这对夫妇后来变成本店的忠实顾客。

我们处理错误时，目标一定是改变事情发展的方向以求正面的结果，并给人留下值得怀念的正面体验。

我们最希望从每次纠正错误中赢得顾客好感，从而建立良好的关系。一个炎热的夏日，刚巧在午餐时间之前，十一号麦迪逊公园餐厅的空调坏了，可是有100多人订位。周遭的气温超过30摄氏度，而且随着正午的到来还在不断升高。对我们的主管来说，这又是一次画下完美句号的机会。

他首先跑出去买了两个电扇，给两个汗流浃背的订位员用，他们正挤在又小又热的办公室里接听电话。这个主管凭直觉知道，让在第一线接触客人的员工感到舒适很要紧，他们处理的是两三周前打来订位的电话。然后他到附近的卖场，买下店里所有的电池型迷你风扇。

每位客人走进桑拿房（即十一号麦迪逊公园餐厅）时，除了听到对空调故障的诚挚道歉，还获赠一台迷你风扇。结果餐厅的气氛很欢乐，没有火药味。纽约人通常对危机或逆境很宽容，那天的客人似乎很喜欢每张桌上摆台小风扇的新奇点子。

我的职业生涯中遇到最大的挑战，也是因为那天热浪来袭。时间为2002年4月，蓝烟才开业几周。虽是春天，气温却异常高，有30多摄氏度，但蓝烟却局部停电。我正好离开纽约出差，途中接到消息说餐厅出现了电力故障。蓝烟和爵士标准夜总会都订位满座，半小时内即将开门迎宾。

这两个地方我们共接受了500个订位，现在却无法提供服务。我打电话告诉高层主管，指示他们尽量联络（或留言给）已订位的客人。我们必须通知他们，当晚因停电无法营业，但很愿意以他们方便的时间重新订位。

我们决定，当晚还是出现的客人（结果有将近 200 人来）除了收到我们的道歉外，还可获得蓝烟外卖福袋，内装烤肉酱和 50 美元的餐券。我们也请他们任选当晚想吃的餐馆并代为订位，结果送了 75 位到十一号麦迪逊公园餐厅，招待免费用餐。

最后电工和工程师勉强拼凑出一套系统，刚好可送出足够的冷风到用餐区，好让两打忠实顾客入座。即使厨房不能正常通风，工作人员仍专业地让这群食客吃好，在又热又闷和油烟弥漫的压力下，展现出令人印象深刻的优雅从容。

■

经营一家以殷勤款待和绝佳服务闻名的餐厅公司，或是为它工作，有时是一把双刃剑。我敢打赌，我们接到的投诉信不会少于其他餐厅，原因正是我们把优异的标准定得非常高。绝大多数投诉的共同特征是：不论出了什么问题，由于客人心里已预设高度期待，我们却未如预期，结果必然是大失所望。他们来投诉是对的。

1995 年感恩小馆刚开业不久。一天午餐时段，有一桌坐了六人，请客的女主人告诉侍者，她不喜欢所点的鲑鱼，想要换成别的餐点。一个当班的经理知道后，要侍者不要删去账单上的鲑鱼这一项，因为餐食本身并无差错，而且她已吃了大半盘。身为那天商业聚餐的主人，她为避免场面难看，没有当场挑剔账单，离开时她还接到一个打包的袋子，里面装着剩下的没吃完的鱼。显然这是故意的。后来客人写信给我："我不敢相信有这么侮辱和整人的，我从来没想到你的餐厅会是这样的。"她被人算计了，我知道后倍感羞愧。

这事件导致我事业上的一大重要转折。以前款待只不过是个人直觉，我还说不清楚款待或非款待各代表什么意义。这种情况下，我又如何可能明确交代给员工呢？这时我刚开始同时经营两家餐厅。联合广场餐厅开张前九年里，我永远待在现场，亲自监督和处理事情，并以实际行动为员工示范，却很少口头告诉他们该怎么做或为什么要这样做。我从来不必明文规范，什么样的错误或危机，应当如何处理。

在紧接此事之后那一周的管理会议上，我想到团队中有许多人也会采取跟这个经理一样的处理方式。食物没有问题，她又已经吃了大半，为什么要从账单上剔除？这与我所相信的"给的愈多、得到的就愈多"的想法相悖，他们在乎的是如何保住自己的获利。这种模式适用于某些人，在各行各业均不乏拥护者，但我完全不能接受。我不认为过分慷慨就一定优于拼命自保以获取最大收益，可是我决定在我的餐厅要以慷慨为行事原则，至今这对我们的成功一直很有帮助。

> 你有长期待在这一行的打算吗？如果着眼于长久的成功，那多一点短期投资绝对值得。我坚信付出多少就能回收多少；想要多收获，请先多付出。秉持慷慨精神，以宽厚之心解决问题，是为生意赢得持续人气最有效的利器，这很少有例外。

身为公司领导者，我知道自己有个极为重要的角色，就是及早制定不容妥协的标准。这样的话如果员工觉得不自在，即可走人。这次鲑鱼打包事件，比任何一次失误所造成的影响都更令我体会到，必须将我的核心价值观和愿景清楚地表达出来。

多年来，我们的训练已改良了很多，也把规则对员工讲得很清楚：如果客人不满意所点的餐食，就一定不列入账单。侍者有责任不等客人说出来，就意会到客人的不悦。

幸好款待的疏漏并非每天发生，尽管如此，我们仍有很多其他的事例可供学习。在塔布拉早期，主厨弗洛伊德·卡多兹坚持认为他和下属无法为超过八人的大桌做出好菜。他受训于严格的老式法国派厨房管理，又在很高级的 Lespinasse 餐厅做了七年二厨。

我了解卡多兹的担忧，但不知道他的立场。当一张八位桌或两张六位桌的客人同时光临，他们点的餐可能造成整个餐厅作业的拥塞失序。要同时为太多大桌烹调菜肴和管控上菜时间很不容易。这需要厨房和用餐区各岗位的精确配合，而且就餐人数少的桌位的上菜可能就被耽误。

我们一直配合弗洛伊德对人数的限制，直到有一晚，一位最忠实的老顾客预订了一张八位桌，但他们抵达时却多出一位。弗洛伊德坚决不让侍者领班安排他们入座，于是那九位客人除了离开，别无他法。

这种事发生在任何人身上都不应该，何况偏偏那晚的主人是弗恩·马里斯（Fern Mallis），他担任极具影响力的美国服装设计协会会长已超过十年，还主持了在布赖恩公园举办的美国时装界盛事“Seventh on Sixth”的发布会。他是我的朋友，也是我们餐厅的老顾客。弗恩很失望，也很生气。

我得知此事后，立即约见弗洛伊德。我的意思坚定而明白：为了客户的利益，政策是可以改变的，开餐厅的宗旨是满足顾客的要求。弗洛伊德开始时仍坚持己见，不过他是明理的人，能听进去我所说的话，了解到他不客气的反应对客人有何影响，自此态度一百八十度大转变。此后塔布拉想出办法，可以接待 9 人、10 人、12 人，甚或 16 人一桌，而不致牺牲质量。弗洛伊德的充分配合是塔布拉待客成功、得以获利的一个主因，但是得罪一位忠实顾客很不应该，幸而我们吸取了教训，使餐厅更上一层楼。

至于弗恩，我向他认错、道歉并处理错误，我对他说：“实在很糟糕，很不好意思，我们做这种决定大错特错，真不希望你因这次事件就不再光顾，下次我请客。”倘若任何人因这种闭门羹而永不上门，我也不会怪他。

比这种更不堪的过错涉及人格缺陷，如偷窃、欺骗或对客人不敬。2000 年秋天，《美食家》杂志的一篇报道指称，在临时上门的顾客得知没有预订即无座位后，联合广场餐厅某侍者领班收受了对方 50 美元贿赂（趁握手时递送）。那位客人就是写报道的记者，他隐匿身份到好几家顶尖餐厅去探访哪里的桌位可以被收买。

读了这篇报道，我坐立难安。联合广场餐厅遭到当众羞辱，我们却不知文中指的是谁。这迫使我们必须询问所有前门接待人员（无人自动招认），以了解是否确有此事。可是单单这样询问就有伤团队士气，我不想像抓犯人一样继续追究。反之，我要把这次事件转变为一次团体学习经验。我一刻也没耽误，为此事画上完美句号：这次的处理方式是，立刻写一封读者信，在《美食家》杂志下一期刊出。我在信中写道，“尽管有所谓的《美食家》杂志‘突袭成功’，但任何一个员工私下收受小费以提供随到随有的座位，绝对违反联合广场餐厅的规定。我们对有人做出违反规定的行为感到非常惭愧；最重要的是，要向过去开业 15 年来成千上万按规矩向联合广场餐厅订位的老顾客表达歉意。”在我认识撰写该文的布鲁斯·菲勒（Bruce Feiler）后，这个故事有了很圆满的结局。他后来又在《美食家》写了另一篇关于联合广场餐厅的报道，他为此悄悄混入我们的普通员工中，以了解深藏在“款待文化”背后的秘诀。他以这篇作品赢得了詹姆斯·比尔德奖。这可算是不错的完结篇。

我也注意观察其他公司如何处理错误，从中受益良多。有一回我到上东区的布鲁明戴尔百货公司买厨房用具。我买了好几样东西，包括一个电动搅拌器。数周后，我妻子要用它来做蛋糕。她打开搅拌器的包装盒，发现里面没有附任何刀片。奥黛丽一直没空，直到过了几个月，等孩子开学后，才拿回布鲁明戴尔去换。她找到家用产品部门的女售货员，打开盒子并开始解释："我感到很抱歉，我暑假出城去了，而且找不到收据，现在才有时间拿来……"

女售货员打断奥黛丽，用一种我听过的最和气的方式回应："不用解释啦！你连盒子也不必带来，只要打电话给我们就可以了。我马上就给你换两片刀片。"

奥黛丽听了非常高兴，结果又买下五件家用品。这个故事还有更棒的后续。当售货员看到奥黛丽在浏览一套烤肉钳和抹刀用具时，她说："这套用具今天特价，你有折扣券吗？"奥黛丽说她没有，售货员说："太可惜了，不然可以打七折。等等，我到后面帮你找找看。"于是她走过去，把楼层展示品中的两片刀片取出来，回来时手上又多了折扣券。

不用解释！只要愿意用心，总找得到解决之道。

另外一个企业懂得改正错误的好例子是捷蓝航空。这家公司刚开业不久时，理查德·科雷恩订了飞往佛罗里达的班机去探望父母。临行前一天，他接到电话和电子邮件，要他立刻与捷蓝航空联系。该公司首先确认他有订位，然后承认出了差错。经手人告诉他：“我们重复订位了。”她让理查德选择：第二天照计划上飞机；或放弃那班飞机的座位，以一趟免费赴佛罗里达州棕榈滩的飞行作为补偿。

通常大多数航空公司会在旅客登机前一刻，甚至等到所有旅客登机后，才会处理重复订位问题。理查德说，这是第一次，航空公司会在24小时前联络旅客，让他有所选择。理查德选择放弃订位，得到了免费飞行，而且几乎没有搅乱原定计划。他比原定航班晚两小时顺利成行。

无论是布鲁明戴尔百货公司还是捷蓝航空，它们切实遵行了五A守则，为奥黛丽和理查德画下完美的句号，更为自己赢得忠实顾客和热情信徒。理查德这次经验也促成我们公司与捷蓝航空建立强而有力的商业关系，现在这家航空公司赞助了我们的“大苹果烤肉派对”，以及十一号麦迪逊公园餐厅一年一度的秋季丰收晚宴和慈善拍卖会，以支持缓解饥饿的“分享力量”组织。

斯坦利·马库斯先生一点儿也没错。把错误当成修复及加强关系的机会，而不要任其破坏既有的关系，此为企业迈向成功和获利之路。错误是我所知的最佳工作保障。就如同海上的浪涛，毫无疑问，无论何时，在你正面对的错误后面永远都会有下一个错误在等着你。只要下定决心，以擅长处理错误来彰显自身和公司的特点，就能够拥有稳当永续的工作。

SETTING THE TABLE

第十一章

完美的循环

我们对以下五种主要利害关系人最有兴趣，希望给予最为用心的款待。依照优先级排列为：（1）员工；（2）顾客；（3）所在社区；（4）供货商；（5）投资人。

就像任何理性的生意人一样，我希望我们的餐厅能够获得很多利润，最后为投资人创造永续的投资报酬。不过在有智慧的款待模式下，唯有先照顾好前四种关系人，才顾得到第五种，即公司投资人，并带给他们稳健而持久的收益。如果采取不同的先后顺序，就会打破这个良性循环（如下图所示），严重破坏公司表现卓越、取得成功和保持良好愿景及企业灵魂的机会。

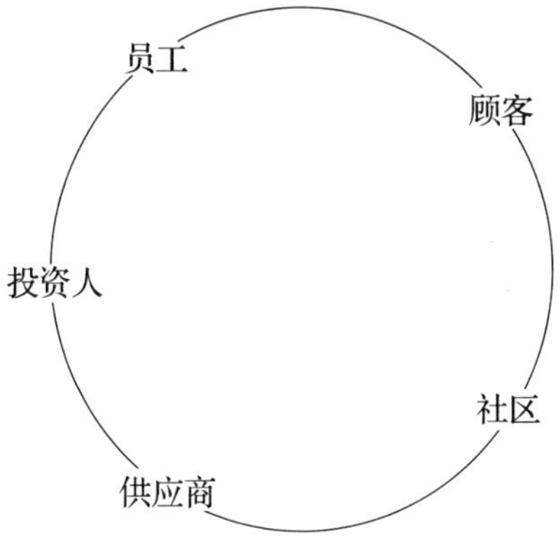

完美的循环

为什么要以这种顺序来照顾利害关系人呢？员工的利益必须在顾客之前，是因为想要持续赢得赞誉和生意，并与顾客培养忠诚关系，唯一的方法就是先要让员工带着积极愉悦的心情来工作。这种愉悦的心情包括积极、热忱、自信、自豪，以及因加入我们团队而感到心安。我把投资人的利益排在第五，倒不是说我不想赚很多钱。正好相反，我深信把传统商业的优先级倒过来，可以带来更大、更持久的金钱利益。同样重要的是，如此得到的成功可以为各种关系人的生活增添具体价值。这种商业或组织逻辑，可以应用在餐厅以外的很多行业。

假定把投资人的利益放在第一位，你可能很快就能替他们赚到大钱，但是恐怕不能长久，员工的流动率必然很大。一旦发现所处的企业文化不把他们或顾客的利益放在其他利害关系人之前，他们很快就会对上班不再感到自豪、积极或热心。反之，我们的优先顺序使我们可以为投资人提供能联结上以员工杰出、热忱款待、与优秀供货商关系良好、和矢志在小区扮演积极有价值角色著称的企业的机会。我也相信这些投资人会对此感到与有荣焉。

投资人（以及其他四类关系人）也相信，我绝对不会跟有损我们商誉的品牌结盟。例如我们曾有机会跟添柏岚公司结盟。这是一家很成功的公司，其产品经久耐用，员工表现出色，注重小区发展的文化也令人佩服，所以不难做决定。我们自然选定由该公司供应蓝烟的员工制服和供出售的商品，如蓝烟棒球帽和T 恤。

我们各家餐厅外来的投资人不多，大部分都是家人、朋友或同事投资。我们很幸运，被吸引来投资的都是能激励我们的人，他们带来了广泛的经验、极有趣的观点和正直的品格，而且全都带着一颗支持的心。

有这种投资人是我们的福气，在投资期间，他们勇于分担预知的财务风险，又能提供丰富的个人智慧。很少有事情像餐厅可以为投资者盈利让我感到无比骄傲。

我必会让每个投资人都知道，有智慧的款待是为长期持续获利而设计的商业模式，不是一夕分红或致富的偏方。设计以经久不衰为目标的高水平餐厅，然后以长远眼光来经营，基本上就要花很多钱。我们的投资人都愿意耐心等待，但是他们理所当然希望投资有不错的长期回报，我们也觉得有替他们赚得收益的重大责任。我个人在我们每家餐厅都有投资，所以我与投资人的利益是一致的。

投资私人新创事业（未上市）跟投资一般股市不同。投资人不只是要找收益多的标的，还拿认同这家公司的整体原则做赌注。

我们把五类关系人这样排定优先级，可以在最重要的地方建立忠诚度。我们的事业是否可以长久保持成功，基本上取决于能够照顾这五种人的利益到什么程度。

有智慧款待的五类关系人

1. 员工

每当我走进一家餐厅或公司，从感觉员工是否专心工作、彼此支持、相处愉快，就能马上猜得到在这里会得到哪种体验。如果员工会互助合作，那么我知道获得好体验、受欢迎的概率会很高。顾客对餐厅还有比这更好的期待吗？喜欢取悦人的员工，即便不会对全部客人这么做，也会对很多客人这么做。

在能够对顾客做出有意义的款待前，员工先要体认互相为对方着想有多么重要。互敬互信是任何行业组成活力四射、积极、胜利团队最有力的工具，而能够吸引最有才华的员工者，往往是让他们得以与同样有才华的人一起工作。

鉴于大部分人的一生有三分之一的时间在工作，所以影响工作满意度最大的因素，就在于跟同事一起工作的相处是否有价值；能学习到什么，一起工作有多大乐趣，以及彼此尊重和信任的程度。

当我谈到员工彼此照顾时，我会强调全体员工都是公司的一分子，上班就是要发掘互相帮助的机会。

餐饮这一行有时相当累人。像厨房里的催菜员，可能同时有35张点菜单瞪着你，每张都需要火速处理。这表示要给35桌客人送开胃菜，还要协调煎煮区、意大利面区、烧烤区和沙拉区如何给每一桌出菜。侍者在厨房跑进跑出，打听26号桌的菜做得怎么样了，又说 28 号桌要快上主菜，好赶去看戏。厨房很热，有多达 30 人在里面忙来忙去，在狭小的空间里完成艰难的任务。气氛很紧张。

在这种情形下，员工需要记得，处理完所有点菜单的最好方法，就是从互相照顾做起，像团队一样合作。联手合作比餐厅厨房常见的大吼大叫更费劲吗？不见得。但是互敬互重的合作可以长保成功，防止相同的问题一再发生。我喜欢听侍者彼此问：“你的 41 号桌需要帮忙吗？要不要我帮忙把这些菜端出去？”当互敬互信得以充分发挥，大家也会不断找机会帮别人的忙，于是这种具传染力的精神便形成企业文化。这种互相帮衬的感觉会转换成更好的产品，因为经理会帮助侍者、侍者会帮助厨师、厨师会帮助侍者、厨师也会帮助厨师。当某个侍者忙得不可开交时，附近一定有暂时分得了身的侍者可以帮他。我永远不愿看到的是，厨师对催菜员不客气，催菜员对侍者不客气。不论谁对谁不客气，即使发生在厨房里，客人也一定会注意到甚至感受到员工之间有不和。

然而员工来工作，不只因为款待文化让他们有共鸣，令人感觉很好，他们也要付房租。我坚持我们的薪资水平比其他餐厅要有竞争力，而且在许可范围内要提供最好的福利，包括所有全职员工都有医疗保险。

在员工流动率高是常态的餐饮业里，我们有忠诚而努力工作的员工，主要原因在于我们了解一般人在工作上最需要的是尊重与被尊重。而知道自己每天忠于职守，不管有没有犯错，都受到重视，会很有帮助。我们总是找机会以各种方式来表达对员工的尊重。除了请顾客在意见卡上提供反馈外，我们也定期与每家餐厅的员工举行圆桌会议，请他们诚实地说出对餐厅经营优缺点的评价。

在职三个月以上的员工，每月可参加免费餐券活动，到我们旗下的其他餐厅去用餐。交换条件是，他们必须就用餐体验填写一份详细的问卷。我们为什么这么重视甚至需要员工的反馈呢？因为很少有人能比他们更了解我们餐厅的使命，他们的地位也最适于去就评估我们设定的理想目标和实际表现进行评估和反馈。他们是观察用餐区同事工作、品尝自己了如指掌的食物和评估餐厅整体表现的专家，有机会观察和感受我们各家餐厅持续一致的款待威力。

从内行人又是自己人那里听到或看到需要改进的意见，比先从有广大读者的食评家那里得知问题要好。最重要的是，这个活动传达了一个重要信息：“我们十分尊重、信任和关心员工，愿意积极请他们发表意见并予以重视。”东西好吃，顾客才肯花钱。

我们也要求员工定期参加人事部门设计的问卷调查。这给员工一个机会，告诉领导者和主管他们的表现如何。这是极有启发性的报告单，可以提供发人深省、具有挑战性和鼓舞力、偶尔令人丧气的调查结果。当你勇敢告诉员工，公司秉持什么理念，有什么原则不容妥协，然后给他们一面镜子，他们会很高兴反映出实情。例如，我们因此得知有主管不采纳建议，或不能持续鼓舞属下达到优异标准；也听说某餐厅的管理层疏于维修工作，让外人感觉我们好像不太看重那个地方。另外我们曾获得线索，知道某家餐厅遵行智慧款待不力，这激励我更加关注管理层对员工的投入够不够。

2. 顾客

款待是从真正乐于做好事、把快乐带给别人开始的。无论这是一种态度、行为或天性，都应该成为员工每天来上班最主要的动力。我们努力以自己想被对待的方式去对待客人，这条金科玉律历久而弥新，而且含有深意：不仅对人生很有用，也可能是有史以来最厉害的商业策略。企业经营一如人生，付出什么就会收获什么。我们对每一次商业挑战，都设法从人性观点出发，寻找具有开创性、得体妥当的解决方法，并向客人保证我们坚决站在他那一边。

落实款待承诺的最前线是电话订位员。多年来，联合广场餐厅的主管都得从订位员做起。接听订位电话始终是这一行绝佳的测试关卡：当订位员可以在电话响个不停的压力下，不靠眼神接触和微笑协助，仍能保持客气，跟客人侃侃而谈，就能证明此人拥有在餐饮业出人头地的本钱。

每种行业都有跟客人一线接触的员工（机场闸门的地勤人员、诊所接待员、银行柜员、高层主管特别助理等）。这些人可以是代理人或守门员。代理人是成人之美，守门员则是设立屏障，不让别人进去。我们要找的是代理人，而员工必须负责监督自我的表现：在做这件事时，我是以代理人还是守门员的姿态出现？在款待的世界里，没有介于这两者之间的模糊地带。

代理人能否创造双赢结果，真正的考验在于让打电话来的客人相信，即使订不到想要的日期或时间，但我们已经尽力了。有一年，联合广场餐厅得到的好评中，《查氏餐馆评鉴》引用了其中之一："如果订不到顾客想要的，订位员会感到很难过"。这使我感到非常自豪。

我们在用餐区的基本待客之道，是给客人提供一个亲切舒适的环境。这要靠控制噪声和设计贴心的座位安排。我对噪声的看法跟大厨师试咸淡一样：多了太咸，少了没味。客人交谈如果要大声吼叫，或者必须不自然地轻声细语，以免被邻桌听到，都会觉得不自在。若音量控制得当，那每一桌的客人就能包在隐形的私密罩里，畅所欲言。相反，噪声太大会侵犯到别人的空间，干扰别人的谈话，使气氛紧张，亦非款待之道。

在音乐方面，我们可以控制播放音量，也费很大心思设法以吸音器材来降低噪声（如挂布幔、在桌面下椅背后钉上吸音纤维等）。我们在葡萄酒墙后贴上吸音砖，并在天花板和墙上有用之处做特殊处理。因为地毯会让人感觉太正式，会吸气味又很难打理，所以我的餐厅不太用地毯。地板做吸音处理可以解决很多噪声问题，不过纯粹基于个人品位，我们的餐厅几乎都是用硬木或水磨石地面。

餐厅座位的安排对于客人用餐舒适也十分重要，并且有利于营造社交环境。我们在设计每家餐厅时，都刻意使座位安排犹如在一个大区里分为许多小区。走进我们任一家餐厅，都可以看见各自不同的用餐区，让人在大空间里仍能感觉较亲密和较人性化。这种模式和大小既可以使客人觉得安稳，也鼓励员工与客人、客人与客人之间建立真正的联系。毕竟餐厅除了烹调食物和清洗餐具之外，必须提供公开社交环境，以有别于在家里吃饭的体验。

我不喜欢桌子排得太近，以致客人无法进行私密交谈。这是餐厅对客人最怠慢的地方。假定你看到某家餐厅有长长的一道墙，沿墙设置一排排的座位，那往往是为了以最经济的方式容纳更多的客人。而为了挤下最多的桌位，大部分餐厅都选用容许范围内最窄的餐桌，沿着墙边排列座椅。可是要放得下所有食物（加上面包及黄油、葡萄酒瓶、花卉、盐和胡椒等）的桌子不但要窄还要长，于是客人与一起进餐的朋友距离远了一倍，与两旁别桌客人却非常近，近了一半。除了旁边的陌生人，几乎不可能跟任何人亲近。这是非常糟糕的待客之道。

十一号麦迪逊公园餐厅的空间像典型的大众餐馆，我们的构想是摆长座椅。决定餐桌大小时，我要求本特尔设计公司的建筑师，把沿墙座位旁的餐桌设计成比标准尺寸缩进来两英寸（让客人可以坐得更近以便面对面沟通），宽度则比标准桌宽一点。这种空间效果细微而又显著：与同伴坐得较近，而与两旁邻座坐得较远。这种方法也起到了控制餐厅噪声的作用，朋友交谈不必大声嚷嚷。

很多人喜欢坐在角落里，所以我们每家餐厅就设法安排，愈多角落愈好。与其设计成一个大通间，不如在大开间里营造许多小空间，这样就有更多的角落可以利用。像感恩小馆就分三个用餐区，有 12 张角落桌。十一号麦迪逊公园餐厅也有三个用餐区，16 张角落桌。另一个设计目标是避免有不受欢迎的用餐桌。我们设法把两人桌安排在墙边或是窗边，很少放在用餐区正中央，两人同行的客人都追求私密性。五到八人座餐桌则多半位于中央，为整个用餐区提供凝聚力；坐大桌的客人彼此相互支撑，对桌子所在的位置不那么敏感。

我们招呼客人时，带给客人的第一印象可以简单有力地表达出我们是多么关心他。我们的招呼应该让任何客人听了，马上可以肯定地回答这个问题："他们看到我是不是很开心？"接待员如果没有诚意、心不甘情不愿或装模作样地敷衍客人，客人是会知道的。接待员如果眼睛不看着客人、不面带微笑、不谢谢客人光临，就不够有诚意。如果在引客人入座时，他在前面急忙往前冲，会让客人感觉好像是一只狗被链子拉着跑；客人想要赶上，但是总比侍者慢几步。这样，接待员和客人之间没有感情联系。此外，眼神的接触则是告诉客人：我看见你了。微笑表示你确实很高兴看到某个客人。这些肢体动作虽简单，对开始时的用餐体验却极为重要。

遇到一位懂得如何亲切欢迎和自然来往的接待员是很好的用餐体验。从真挚的欢迎开始；继而在用餐过程中，不时到桌边来看一下，让客人知道，如果有什么需要，尽管吩咐；在客人离开时表示感谢，并请再度光临，由此画下完美句号。倘若员工切实做到，那顾客必定感觉自己很重要，而且我们是真正关心他。

仔细检视订位单和详细的顾客数据，可以让现场主管和接待员在热忱欢迎及道别时享有很大的优势。接待员也许已经搜集到一些点点滴滴，可以作为很好的初步接触点，像是："我知道你老远从佛罗里达州来。请问是怎么知道我们这家餐厅的？"或是在说谢谢或再见时，递给对方一张名片并且说："希望你下次来纽约时，会再来我们这里用餐。要来的时候，请告诉我一声，我可以帮你订位。"

当客人在网上订位时，最常提出的特殊要求有两个："安静的位子"或"浪漫的位子"。多年来，有不少客人事先打电话告诉我们，表示准备在晚餐时求婚，我们一定会把这个消息告诉接待员和侍者。厨房就会特别准备祝贺的饭后甜点，现场经理则会准备一瓶香槟。

为顾客提供特别的款待，有赖具有同理心的员工发挥机警和本能。

不管是写在意见卡上或面对面的表达，我们都切实注重客人的意见。

> 我不喜欢侍者或接待员在送客时，敷衍地问对方："一切还好吗?"客人也许会回答"好"，对我们的餐厅而言，如果答案是"好"，那就表示我们失败了。假设我们的目标是每次均获得顾客大加赞赏，那"好"是没有达到这个目标。"谢谢"和"希望很快能再见到你"听起来更中肯些。

3. 社区

我们给员工提供的最主要的福利，远不止是能在舒适的环境里提供美食这一点。我对新员工讲得很清楚：他们加入的公司会积极关心社区，我们也需要员工以社区一分子的身份挺身参与社区事务。我们鼓励员工投身社区，因为这使他们更懂得照顾彼此以及客人。这也是我所知道的组建团队最有效的形式。当员工在正常工作范围以外，仍一起做事、服务和娱乐，那他们重返工作岗位时，彼此会更加熟悉、更合作无间。他们会变成更强的领导和更亲密的队友。

对社区投资最好的结果，便是能为社区创造财富，从而带给公司好运，这是任何企业想要永续经营都少不了的。我们的好运可以在股东之间激起善意，使他们感到与我们有关联是值得骄傲和满足的事。我们在营业点所属的社区扮演主导角色，使社区内的纽约市两大公园恢复了生气，并由此证明大环境变好可以让大家都受惠。智慧款待在这一部分，美化了我们所在的邻里环境，转而使餐厅的生意更好。

我相信替社区做事会使公司获得回报。若原本不相信是正确的事，那我们根本不可能去做。不过我们也了解，做好事可能有很多附加利益。

任何公司把本身最核心的长处，以合适的推广形式，应用于公司高墙以外的世界，绝对符合它的利益。像我们靠供给客人食物为生的餐饮业，为社区内饥民提供食物，就是很合逻辑的应用形式。多年来，在员工，其他优秀的主厨和餐厅、顾客、组织——尤其是分享力量组织的协同支持下，我们主办或参加过无数的济助饥民活动。大家志同道合，齐心协力，每年送出 2 000 万磅以上的食物，给纽约市各教会和收容所的救援组织。我们不强制员工应该或不应该参加哪些社区活动，而是敦促他们在自己认为重要的理念上带头出力，也请他们向公司寻求支持。我们在附近的贝斯以色列医院推动的爱心晚餐计划，是联合广场餐厅前经理、现任蓝烟总经理马克·梅纳德－帕里斯的构想。他来找我，相信他的主意会打动我。我对他说，想出好点子是一回事，执行又是另一回事；我鼓励他自己来领导，说服其他的总经理和主厨加入。后来他果真这么做了。（目前马克是蓝烟的经理人兼合伙人。）

每逢周二、周三的晚上，我们旗下一家餐厅会为临终关怀病房准备约 20 份晚餐，由餐厅义工送至贝斯以色列医院，给临终关怀病房的病人和家属以及护士和护工吃。在情绪上，面对濒临死亡的病人叫人难过。然而我们的员工用这种方式服务他人，有可能让病人的脸上绽放出人生最后的笑容，抚慰痛苦的家属，其实这对我们是一种恩赐。每次有人去医院送餐后，再回来上班时，都会对生命和款待的真谛与影响有更深的领悟。

每当员工发起并号召同事捐款，以参加像雅芳乳癌健步走或东北部艾滋病骑行这类活动，公司都会捐出募得款项的对等基金。如果员工出于个人动机请公司帮忙（例如为家有自闭症儿的某人而向某特殊学校捐助），我们多半都会首肯。我们各家餐厅也曾合力举办救灾募款活动，像是 1993 年美国中西部（我的家乡）发生大水灾、印度西部大地震（塔布拉执行主厨弗洛伊德 · 卡多兹的家乡），我们均立即采取行动举办餐会，募集救灾基金。2005 年卡特里娜飓风灾害，我们每家餐厅都率先参与由分享力量组织主办的全国“外出用餐”夜，拿出营业额的 1% 捐给分享力量组织，作为墨西哥湾救灾之用。又请员工捐款，结果一共募得 30 000 美元。这么做可以使员工和顾客与我们一起参与有意义的社区活动。

我们多年来努力与邻近小区建立联结、提供支持，使社区本身和我们的生意都获益。最明显的例子便是联合广场，它现在已是曼哈顿数一数二生意兴隆的零售区。早在 1986 年 5 月，联合广场餐厅尚未开始在周六午餐时间营业，我便同意替联合广场公园社区联盟办一场早午餐会。这个联盟是当地基层组织，旨在改善联合广场及其周边地区的生活质量，保护果蔬市场和附近历史地带的利益。我们的餐会菜品全部使用从果蔬市场采购的食材（比纽约市各大餐馆主厨习惯于在此采购应时蔬果早了很多年），最后募到将近 10 000 美元，这在当时算是不小的数目。

那一天对我十分重要，因为早午餐会是我们与联合广场产生联系的第一个活动，也为我们餐厅打了不少广告。由于出席者反响热烈，不出几个星期，我们就固定推出“周六果蔬市场早午餐”，所有食物（开胃菜、汤、主菜和甜点）均用当天早上在附近果蔬市场所购买的食材。

联合广场素来是纽约市大厨和喜欢新鲜食材者爱来的采购地。迄今为止，我们每家餐厅的大厨和二厨，在 5 月至 10 月期间，有八九成的蔬菜水果是在这里采购。历年来，我们为成人和在校儿童举办联合广场果蔬市场之旅，也在我们早上举办的市场会议上请农民讲解其产品，然后由我们示范如何做成菜。

我们还通过参加每年的广场丰收节来支持联合广场社区，我也是这个活动的发起者之一。1990 年代，罗伯・沃尔什（Rob Walsh）来看我，他曾大力促成我加入联合广场公园重新开发计划，此时则提出帮联合广场筹钱的构想。罗伯・沃尔什是十四街 – 联合广场商圈暨开发公司的执行官（这个名称太累赘，所以大家直接叫他“联合广场市长”，后来他做到纽约市中小企业局副局长，政绩斐然）。他的原始构想，是请附近前四大或五大餐厅的主厨为每人 1 000 美元的晚餐会掌厨，当时那一带满是三星级餐厅。我跟罗伯说："不要弄得那么贵，便宜一点，让更多爱护广场公园的人也能参加，同时把联合广场打造成纽约最美味的地区，好不好？每人收 1 000 美元，只能吸引很少的人，不如一个人收 75 美元，吸引社区愈多人愈好。我们应该弄一个大帐篷以容纳很多家餐厅，变成游园会。也可以请农民参加，告诉广场附近的餐厅，在果蔬市场采买是多么方便。"

整整十年那个活动都很成功。在巨大白帐篷下，有 45 家餐厅和将近 1 500 人参加。募款额超过 100 000 美元，分别用于各种改进和修复计划。阿米什人有帮邻居盖谷仓以换取邻居准备的食物的习俗，广场丰收节则变成本地的公园筹款习俗，街坊邻居一起来爱护我们的公园。一年一度的活动筹得的钱都用于需大笔经费支持的计划上，像是更新公园照明设备、添加装饰铁栏杆等。

1980 年代末期时，我参与的小区活动，仅限于担任联合广场开发公司董事及美国葡萄与美食协会（American Institute of Wine and Food，AIWF）纽约分会理事。AIWF 是非营利组织，目的在于教导大众享用美食。我们举办烹饪示范餐会来募款，同时让消费者跟厂商共聚一堂。记得我们办过一系列特殊族裔早餐会，每个早晨分别到唐人街、小印度、犹太餐饮店、墨西哥餐厅和老式美国早午餐馆，去体验和认识不同文化的人是如何吃早餐的。我们还办过微酿啤酒试饮会（在大多数人还没听过这个名词之前）、葡萄美酒晚餐会、手工奶酪品尝会、香槟晚宴和农民节等活动。

对很多喜爱美食的民众而言，那是令人着迷的学习时光，而且能够在纽约烹饪革命滥觞之时，参与这刺激的过程，让人兴奋不已，也对生意有帮助。AIWF 理事会是很好的建立人脉的场合，里面有大厨、餐厅老板、酒厂老板、消费者、新闻记者、厂商和农民，大家都热爱美食。参加 AIWF 全国大会，使我有机会在创业早期即认识各行各业的名人，并建立有意义的关系，对日后事业发展助益良多。我一向认为建立人脉可以促进人际关系，替企业带来好运。那时候我对 AIWF 投入许多时间，后来我领悟到，如果能为济助饥贫的团体出力，不只是教导来参加活动的人，我会收获更多的喜乐。

我首次有机会让联合广场餐厅主导慈善活动，是无心插柳。当时分享力量组织在美国、加拿大各大城市举办“国之美味”大试吃，那是创新的慈善活动。要民众付钱来参加试吃派对，四处品尝名厨做的名菜，这在 1989 年时还是很新的概念。当菲利迪亚餐厅主厨利迪娅·巴斯琴尼什（Lidia Bastianich）邀请联合广场餐厅参加时，我受宠若惊，立刻就答应了，因为这是让我的新主厨迈克尔·罗马诺露脸的大好机会。

不过那次的体验不是很愉快。我们事前的规划全集中于运筹安排，很少顾及活动宗旨。那次活动在林肯中心举行，由 *Bon Appétit* 杂志主办，目的好像不只是为终结饥饿募款，而主要是该杂志想要办高级美食餐会来招待广告厂商。有一刻，在我与迈克尔、二厨杰米·利兹（Jamie Leeds）一同看顾火锅，努力为大排长龙的宾客盛食物时，我开始喃喃自语：“我们到底是在帮谁募钱啊？”

这时在我前面递过来盘子的女客，听到我不客气的抱怨。她正巧是在 1984 年与兄弟比利（Billy）一同创办分享力量组织的黛比·肖尔（Debbie Shore）。她把她的弟弟带过来并做了自我介绍。翻过石头来，我们很快就连起点点滴滴，我发现比利·肖尔认得我外公欧文·哈里斯和舅舅比尔·哈里斯。比利创办分享力量组织之前，先后做过科罗拉多州联邦参议员盖瑞·哈特（Gary Hart）和内布拉斯加州联邦参议员鲍勃·克里（Bob Kerrey）的助理，这两位参议员均支持投资于幼儿（零至三岁）研究和发展计划“KidsPac”。我外公和舅舅曾为这个计划毫无保留地付出。虽然我这次失言，大声抱怨那天的活动，却带来我一生中最特别的学习和领导机会。

我向黛比和比利提起，我觉得他们的主张并没有彰显出来，黛比说：“你说得完全正确，有更多人需要知道这个活动是为与饥饿做斗争。我们很愿意为你多做介绍，也很需要你来领导。明年请你来分享你的力量如何？”

随后两年，我说服纽约顶尖的大厨来参加，我告诉他们：“除非决心向饥饿宣战，否则不必勉强。”我非常热爱这个活动。有趣的是，我愈向大厨们强调，不认同这个目标就不要参加，却有更多主厨愿意加入。我们说服世界游艇公司答应出借其最大的游艇“纽约客号”让我们驶向自由女神像，在船上举行 1 400 人的餐会。我们把票价提到200美元，所有用品几乎都来自各界捐助：食物、酒水、拍卖物、设计、花卉、印刷等等。连衣帽间的服务生都把小费捐了出来“分享我们的力量”。我们找对的公司来支持这个宗旨，从说服它们成为赞助厂商的过程中募到了可观的钱。此次活动最后变成美食、商业、慈善和乐趣的美妙集合。1989年在林肯中心共募到4万美元，后来两年则分别募到24万和36万美元。

1980年代，美国运通卡是精致餐饮业最主要的结账信用卡，尤其被用于业务交际。但到了1990年代初，经济非常不景气，美国运通的餐饮市场占有率被其他信用卡抢走。主因之一是美国运通的态度：“你们需要我，所以我爱收多少就收多少，你们爱用不用。”它收的手续费总是比别家信用卡公司高，这种傲慢引起了反弹。在波士顿，有一大批餐厅扬言要抵制美国运通卡，还打算戏剧化地把运通卡剪掉，然后丢进波士顿港，上演波士顿倾茶事件[①]的现代版。

我不满美国运通这种态度还出于个人原因。起因是它推出名为“ Plus Business ”的新营销计划。该公司负责我们餐厅这个客户的地区经理说，如果我们同意给持卡人折扣券，美国运通会把生意加倍送上门。他们宣称，运通卡持卡人在我们餐厅的消费，会高过万事达卡或维萨卡的持卡人。我无法照他们说的配合推出联合广场餐厅折扣券或招待券。他们傲慢的作风令我生气，

① 美国独立战争前抗议英国税赋不公的事件。——译者

那好像在暗示：你们餐厅需要这样促销，如果不这么做，就是傻瓜。

大约也是在此时，我回到圣路易斯老家去看父亲。他正在与肺癌抗争，我定期去探望。我对他说，我对美国运通很生气，有意加入抵制行动。我父亲摇摇头，说："我了解你对它的作为不满。但美国运通是信誉卓著、十分成功的公司，不会一下子就不见。它的实力，你一辈子都比不上。如果想要和它对抗，那注定会失败。"

但我当时年轻气盛，我的餐厅天天午晚餐都客满，我觉得自己很了不起。于是我争辩道："我们可以有所作为。况且还有很多家餐厅一起行动。"父亲劝我："你为什么不想办法跟它合作？如果它的工作人员觉得你有心合作，不是像其他随便一家餐厅的老板，也许他们会听你的。"

我懂他的意思，也意识到有机会做一件最爱做的事，即反其道而行。回到纽约，我跟吉姆·贝里恩（Jim Berrien）和汤姆·赖德（Tom Ryder）见了面，他俩负责经营美国运通的杂志部门，我对这两位朋友敬爱有加。我再次告诉他们，我刚参加完分享力量组织的领导人会议，组织内有很多主厨和餐厅老板，大家都踊跃为这个活动出力，令我十分感动。我也发现愈来愈多的同行体认到参加这项慈善活动是一举两得，既可以做善事，又可以与顾客建立特殊关系，每个参加的人都很欢喜。这种社区营销模式，似乎是再好不过了。

我对吉姆和汤姆说："全美国精致餐饮业，大半都准备起来反抗你们公司。美国运通要赢回它们的好感，有一个妙计，就是大力支持现在看来许多大厨和餐厅业者十分看重的事情。现在大家对你们的印象只有：收我们太多钱，还要强加营销要求在我们身上。"我劝他们想办法，让公司拿出像样的金额来当"国之美味"的全国赞助厂商。他们觉得这个建议不错，很快把此事反映到公司高层，成功地让美国运通拿出25万美元，赞助全美国的"国之美味"活动。这是一项创举，因为当时这项慈善活动没有其他的全国性赞助者。

不久后，美国运通工作人员请我去做一个试播的广播插播广告，播出地点在波士顿。他们希望这个节目能够缓解波士顿商界冲突仍然一触即发的情势。他们保证这可以提升联合广场餐厅的知名度，不过主要是希望我夸赞美国运通卡为我的餐厅带来"比其他信用卡客户素质更高、消费更多的客人"。

我拒绝了这个提议，因为这么说会得罪选用其他卡的客人。不过我提出了别的建议："我愿意这样做，而且是很骄傲地去做，就是谈美国运通无比慷慨地支持分享力量组织，你们公司与我们行业共同为对抗饥饿而合作，这是何等好事，你们应该为此感到骄傲，我也很乐意为你们宣传此事。"

听完此言，再看他们的表情，仿佛觉得我脑筋有问题。大企业做与理念有关的广告在当时是闻所未闻。几个月过去了，没有一点回音。就在我快要放弃希望时，奥美广告公司的一位高级主管打电话给我，表示已经放弃波士顿的广播广告文案，现在换成想做全国性的电视广告宣传，内容讲述美国运通为缓解饥饿所做的贡献，他们希望由我来拍这个广告。我考虑了一晚上，次日早上便打电话热切地应允了。

广告后来在联合广场餐厅拍摄，由一流的大制作公司制作。一开始的画面是，夜深时分，一群人在吃饭，背景是爵士萨克斯手在吹奏。接着交叉剪接客人在联合广场餐厅享用晚餐及纽约市民在挨饿的镜头。再后来是我出面说明纽约饥民的情况，以及分享力量组织如何募款。我说："美国运通慷慨解囊，这些钱确实会把食物和需要食物的人连在一起。"

美国运通为这次广告宣传砸了巨资。1993 年 1 月 20 日克林顿总统就职时，这则广告播出；后来又在同年的美国超级碗比赛时播过，有千千万万的观众看到。星期天出刊的《纽约时报杂志》和《华盛顿邮报周末版》则登了有我照片的两页广告。这次广告宣传是我个人的关键时刻，使我认识到如何让做生意和做慈善事业产生交集，它也明确赋予了联合广场餐厅一个很特别的形象，同时由此带来的公共意识的觉醒也鼓励我和我的团队再去寻找其他途径为社区进一步不懈付出。

我担任分享力量组织的理事，持续、积极地参与组织事务，这使我有机会遇见一些不凡的思想家。创办人比利·肖尔总是能找到杰出的人来担任理事、工作人员和济饿专家，他们的观点影响到我们公司如何继续为社区服务；也有助于我对该组织的理解，我把分享力量组织看作一个共同基金，专长是缓解饥困。这个组织已经做了所有该做的功课，也找出该投资的最有效的救助机构。我喜欢这种做法，也佩服其把企业跟非营利文化配合得如此妥帖。分享力量组织完全了解如何鼓励企业做有利可图、与理念有关的营销。

> 肖尔送给我最大的礼物是他了不起的观念：创造社区财富，是达成持久的社会改革最有效的方法。分享力量组织不纯靠个人的慈善捐款或政府的奖助补贴（这是传统但自我设限的两种募款途径），而是鼓励合作机构开创自给自足的营利事业和计划，既能增加消费者价值、扩充公司生意，还能带给社区一些持久的好处。由此形成一个良性循环，使公司赚钱的利益与消费者想要认同与他有相同理想的品牌相联系。

我时常看到这种模式起作用。锅具制造商卡福莱多年来在百货公司出售带“分享力量组织”标签的锅具。除了在包装上明显标示“分享力量”的标记，并告诉消费者，每买一个锅就有 10 美元捐给对抗饥饿的组织。这使逛百货公司家用品部门的客人会因此而购买卡福莱的锅具，而不选择其他品牌。如果顾客不认为卡福莱锅是最值得购买的，那还有一个很好的理由：“为自己煮饭的时候，也能帮忙喂饱别人。我为什么不支持这个品牌呢？”这种促销法激活了销路，卡福莱赚了更多钱，分享力量组织按比例每年也得到将近 25 万美元。

1990年代末，有机酸奶制造商石园农场用塑料薄膜盖替分享力量组织打广告。公司创办人盖瑞·赫什伯格（Gary Hirshberg）认为，每一个薄膜盖犹如迷你广告牌，可以用来推广他觉得重要的理念。由于他同意让分享力量组织在薄膜盖上做宣传，所以我在1998年塔布拉开业时，决定选他农场的产品作为酸奶黄瓜酱的主要原料。我们在菜单上注明“石园农场酸奶黄瓜酱”，作为回报，农场在卖给塔布拉酸奶时打折。这种安排很划算，双方都很满意。

我从联合广场公园学到的心得是，举办活动，让人们有来公园的好理由十分重要。因此我们选择在麦迪逊广场公园举行纽约年度烤肉派对，地点距蓝烟只有两条街，时间是6月中旬的一个周末。这个为烤肉迷举办的活动，邀请到美国十大著名烤肉师傅到纽约，做他们得奖的烤肉。2006年，全国有近11万烤肉迷参加了为期两天的活动，吃下5 000磅鸡胸肉、36头全猪、将近10 000磅肋排。纽约烤肉派对除了让大家在公园里享受两天的美食和音乐外，还捐出部分营收给麦迪逊广场公园保护协会。前三年共计有14万美元，这些钱又用于园艺和办活动（雕塑展、音乐会、儿童演出、读书会等等）。

由于我们公司持续不断地投入社区服务，有人就是慕我们社区服务的名而来，希望能成为我们的一分子。对此有所向往的人，多半也是天生就喜欢带给别人快乐。这也正是款待的真谛。

“9·11”事件刚发生那段时期，许多人自然会对自己的人生角色和职业产生疑问。我问自己：发生了这么恐怖的事，谁还有心情去餐厅？不过我很快就打消了自己的疑虑。餐厅是能够提供滋养和照顾，给人们带来欢乐的相聚场所，它作为一种疗伤的媒介，反而愈来愈符合当前的需要。

“9 · 11”事件的集体经历使全城放下分歧，比以前更团结。当时我是推广纽约观光的纽约餐厅委员会主席。“9 · 11”事件刚过那几周，我们几乎天天开会。起先我们讨论，怎么帮助救灾人员和罹难者家属，后来我们考虑可以为整个业界做点什么。那时许多餐厅门可罗雀，陷入财务危机，市中心的餐厅受打击最严重。世贸中心双子大楼倒塌后两个月内，最北直到我们的联合广场、感恩公园、麦迪逊广场一带，都闻得到瓦砾燃烧的那种刺鼻味道。

这次的危机如此严重，而餐饮业表现得无比坚强，令人感到特别欣慰。纽约各大名厨和餐厅，包括我们的员工都明确知道如何扮演好自己的特殊角色，来帮助和抚慰纽约市民。

4. 供货商

有愈来愈多的人想要光顾经营理念一致的公司，而不是只问烤鸡和奶油大麦粥做得好不好吃。我们挑选供货商也是一样，一开始就把企业价值观和目标讲得非常清楚，也试着去了解对方的理念，设法找出彼此的共通点，并且特别重视正直。我们要找团队由“51% 的人”组成、具有工作热情的开明公司。正如我们请员工加入社区服务，也钦佩会这么做的供货商。

我们对第四核心团体，即供货商和卖主，表达关切的方式是建立忠诚互敬的关系以及追求双赢局面。对此，我们最根本的做法就是说话算话。如果谈好特定的付款条件，我们一定遵守。我们表明做得到的部分，等于也约定了做不到的地方。如果发生意料之外的情况，例如空调的压缩机坏了，需要花很多钱修理，导致意外无法按时付款给供应商，我们就必须绝对诚实以告，并商请供货商同意，另寻变通的办法。

不久以前，我们有几家餐厅，把依云瓶装水换成斐泉瓶装水。主要是因为我听到愈来愈多主厨、员工和客人说，他们比较喜欢斐泉牌的味道，它似乎比较解渴，而且比较不像依云那样“油油的”。

多年来，基于忠诚和感情因素，我一直坚持用依云。我头一次看到瓶装水是在 7 岁时，家人首次带我去法国旅行。晚上我在床边放一瓶依云，也很喜欢开开关关地玩塑料瓶盖。在成长过程中，我就把依云与到法国的新奇旅行以及在法国上高级餐厅的记忆联系在一起，所以我开始供应依云。我认为依云是 1980 年代末期至 1990 年代初期，美国精致餐饮地位得以确立的重要推手。餐厅若想要维持身价，一定得用依云。那仿佛是标示正宗和肯定的法国印记。

再说，由于奥黛丽在《美食家》杂志做广告业务时负责过这个客户，我们便与依云一些很不错的人建立了良好交情。依云的执行官大卫·丹尼尔（David Daniel）和继任者马克·罗德里格斯（Mark Rodriguez）都是能干的市场开拓者，也是自家品牌的最佳代言人。我对他们一直有很高的忠诚度。通过这些关系，我用之前说服美国运通的相同道理，说服了依云赞助分享力量组织。几年间，依云每年花大约 50 万美元支持对抗饥饿活动，并与有产品诉求的上层目标客户接触。若产品质量和价格等条件相同，那么依云赞助分享力量组织，就使其在我（和其他同业）心目中比其他品牌占了优势。

后来几年，依云的领导和营销策略发生了很大转变；在法国经营团队的指示下，公司开始削减对分享力量组织的赞助，除了减少捐款，也削减针对消费者的广告预算，取消对精致餐饮的营销支持。无怪乎现在我头一次愿意听听对斐泉瓶装水质量的好评；我们旗下餐厅中，有三家也已换用这个品牌。不过在替换之前，我觉得有必要打电话给分享力量组织的主管，确定不会发生什么冲突。我说："我想确定，这么做不会造成依云进一步削减支持，以致有损你们抗击饥饿的工作。"

对方说："该公司已经在减少资助了。你该为自己的生意着想，不过谢谢你还费心打电话来问。"

我们在跟斐泉牌相关人员洽谈时，问道："你们会加入我们，一起支持对我们、对社区而言很重要的理想吗？我们一定是觉得对你们的生意有帮助，才会提出这个要求。"他们的回答非常肯定。

现在斐泉牌上场。2004 年我们请该公司赞助我们每年为分享力量举行的秋收餐会，以前都是由依云赞助。我们基于对彼此关系的忠诚，自问是否应该最后再邀请依云一次。结果我们决定不问。这时斐泉牌工作人员来征询，可不可以只捐产品不捐钱（赞助者通常两种都捐）。我们非常诚实地说："依云从来都是既捐钱又捐东西。现在（举办这个秋收餐会的地点）十一号麦迪逊公园餐厅用了你们的产品，所以我们这次刻意不再找它，不能让你们做得比依云少。那对依云和分享力量都不公平。"还好后来斐泉牌找到了资金。

这不是一般做生意的方法；大部分公司都是找最好的供货商，以最低的价钱进货。价钱固然是重要的考虑，但对我们而言，优异、款待和共同价值观也是选择时的参考因素。

5. 投资人

小孩子的天性是不喜欢与人分享的。在老师和父母教导我们分享有多重要以前，谁也不愿意那么做。分给别人就表示自己的会减少。随着耐心、成熟、谈判与让步的艺术在实践中提高，大多数孩子最后都会懂得分享玩具、糖果甚至朋友，它可以丰富生活体验。现在牺牲一点，也许将来会得到更多。

我的每一家餐厅都会让高层主管分享所有权，成为合伙人，他可以靠苦干以及切实有效地奉行企业价值观以获得股份；操守、忠诚、资历久，以及最佳领导管理技巧也都很重要。这些领导人曾帮助我们团队的其他成员取得成功，他们的判断跟我一致，最主要的是他们站在我这一边。虽然不算是我的独特发现，不过我发现领导层若意见一致，企业兴盛的概率就比较大。如果我不与高层领导人分享股权，等于阻断扩张事业的机会，蹉跎公司名下各家餐厅的潜力。

公司的成长得益于来源不同的资金。我做生意从来没有不自己投入大量资金的。如果连我自己都不愿赌某个计划会成功，怎能期待他人愿意投资？此外，我欢迎也鼓励高层主管投资。这样能让外界投资人，不论是银行、组织或个人，在知道我们负责经营这个事业的人也有投入自己的钱后，感到放心和有信心。从开第一家餐厅联合广场餐厅起，我就请几个亲戚入股以分担新开店的财务风险。我过去从未创办过事业，所以他们相信我很明显是出于爱和支持多过理性投资。幸好那家餐厅的表现超出预期，所以同样的投资人后来全部又跟着我去开感恩小馆。

直到同时开十一号麦迪逊公园和塔布拉两家餐厅，总成本超过 1 100 万美元，我只好向外筹募大笔资金，来进行建设和运营。我先是战战兢兢地向祖父借钱，他那时已 88 岁高龄，之前我从未请他投资我的餐厅。他的反应一如往常地直接、严厉：“你所说的整笔投资我都可以负担，可是我不会这么做。你必须去找非亲非故的人，说服他们投资你的计划。你需要知道这是不是好的投资，但是单靠家人分辨不出来。等你找到其他人肯投资，再来告诉我，我们再谈。”

我很泄气，不了解祖父为什么多此一举，把事情弄得这么复杂。我转而去找少数几位朋友，他们拥有必要的资金、精明的生意经和与我长期的交情，看起来像是很好的人选。我向他们解释，这将是长期投资，回本是很久以后的事，而且前提是餐厅必须存活。整修建筑就要花好多钱，而且为了重振就在餐厅前门外的小区和公园，我们必须扮演带头的角色，这又会延后投资获得回报的时间。这两家餐厅有一天可能变成纽约的地标，那时进账就会很可观——这是我们的期望。对理性投资人而言，从纯粹财务的角度来看，这项投资的时间跨度与其他投资机会比起来，只是略有吸引力。

尽管如此，资金还是像潮水般涌入。大家相信我和我的经营团队，更高兴有机会跟我的新餐厅，还有我们现有的事业产生关联。他们也相信这个投资未来回报可观。

后来我每次开新餐厅都重复这种模式，也把祖父的话奉为圭臬。找对外来的投资人，不仅为我们的事业提供足够的成长燃料，也扩大了我们的信息、建言、智慧、接触和影响范围。我对投资人（包括合伙主管和外人）的托付有一份责任感，那磨砺了我作为经营者的准则，我必须为他们的投资带来健康持续的回报。

在款待的良性循环里，投资人是一个关键性的联结。若缺乏信任、满意和有信心的投资人，我们将无法继续成长，也就不能让想要成长的员工得到成长机会。从我刚开始做生意起，对优异和款待的重视程度便远超过赚钱。如今，赚钱依然不是我做生意的主要目标，但是我了解利润是我们一切行为的动力。无论称之为款待还是自私自利，这便是我所知道的最稳妥可靠的商业模式。

第十二章

情境至上

跟大多数领导者一样，我在推动公司运营时，以优异、成长和获利为目标。不管目标在哪里，我做首席执行官的风格，就是带领联合广场餐饮集团，在追求安全、冒险和比较少有人走的路之间找到平衡。我把新商机当作学习和探索的机会，而非获得一张可以无限制、不计成本扩张公司的许可证。我不会不顾一切，拼命想开更多餐厅。那会令人感觉鲁莽，也使靠有意义的人际互动而成功的公司，几乎不可能保有其灵魂。我不会只因为办得到，就随便答应一项交易。一天不可能多于 24 小时，我会小心选择如何利用这些时间，因为那会决定我和同事们利用时间的方式。

我们公司很多的成绩，都来自向某些机会说“不，谢谢”，那些机会看似好得不容错过，但是实际去做却非明智之举。我常想，因为说“不”而避免了一些可能发生的错误，所以对该拒绝的事说“不”，是否反而让我们赚到比说“好”更多的钱。如何做出“不”的选择，有很多学问，分析不去做的交易也是一门艺术。

多年来，我们婉拒了一些极为大方的提议：到赌场、新潮的酒店、高级购物中心、火车站、体育场、机场和办公大楼去开餐馆。做拒绝的决定，有很多是基于我们的直觉，即感到大环境不适合我们。这就好比画廊老板买了一幅很好的画之后，不但要特别小心地裱褙、悬挂、设置最适当的灯光，还必须问一个最重要的问题：这幅画到底跟画廊本身合不合？要能够有信心而且很明确地做这种决定，就得了解公司的定位，以及你的产品和品牌对利害关系人具有什么意义。即使情境的感觉是对的，在签订一个交易之前，我还会以个人的平衡观对此仔细做一番“直觉查核”，因为我知道，新计划可能在任何方面对我和我的同事构成挑战。

有时我和高层主管会探访不下15次，去了解一个后来未做成的新生意。每一次都是认识新生意详情的过程，也是看看如果同意感觉如何的机会。有太多人在投入新交易前，未曾考虑自己的公司是否真的需要或是应不应该做这笔生意。在探索新生意的过程中，我们会再三去查看开设的地址；会见房东、地产商或可能合作的伙伴；感受一下附近小区的氛围（事先设想我们将来在此可能扮演什么角色）；评估雇用出色员工的可能性和可行性。

新事业的“好”标准

（1）机会适合，而且可以提高公司整体策略目标。

（2）这将是具开创性、有新意、过去不曾尝试的创业机会。

（3）符合公司追求卓越的宗旨，尤其是当我们有足够的员工，他们想要成长也为此做好准备的时候。

（4）有把握在打算经营的利基市场成为佼佼者。

（5）相信尽管在开展新事业，现有的事业也会因而受益和改进。

（6）对新计划感到兴奋。去执行可以学习、成长和获得乐趣！

（7）对于在这个小区内营运兴致勃勃。

（8）大环境十分合适。我们的餐厅风格与所在地点很协调。

（9）深入评估后确信这个投资是明智而安全的。

我最大的创业灵感来源，一直是丰富的个人回忆和兴趣，让我从中找出投资新事业的点子。例如我一直很喜欢看运动比赛，到现在仍会注意家乡圣路易斯红雀队的每一场比赛。我偶尔会想到运动场上供应的食物，也许在种类和质量上可以做一些改进。在这方面，现在当然比我小时候进步不少，但还是有很大的进步空间。想必一定有很多人既喜欢运动比赛又喜欢美食，两者为何要互相排斥呢？球场上多一点饮食服务，当然不会破坏看球的气氛。

既然我们公司开始有类似的餐饮经验：外带餐饮、汉堡包、热狗、奶冻、烤肉，这些都很容易用于运动场，那我就愿意仔细聆听，会不会有在此创造利基市场的好机会。看运动比赛是娱乐，外出享用美食也一样。吃美味食物可以增强看到自己喜欢的球队赢球的乐趣；即使输了，也可以减轻一些痛苦。

有个颇不寻常的生意机会，是由教堂提出的，问我们愿不愿意在那里开家咖啡厅。曼哈顿有若干漂亮的老教堂盖在黄金地段，这几年来因为上教堂的人变少，闲置的情形很明显。教堂旁边多半有一栋附属建筑，可以用作社区中心或接待场。这次教堂找上我们的用意，是希望在隔壁的空间打造一家经营良好又受欢迎的咖啡厅，以吸引更多人上教堂，也为教堂会众增加一点收入。那家教堂跟我们的餐厅在同一区内，这个提议符合“我们的社区”和“开创性构想”的标准，所以绝对值得考虑，但是没有必要再进一步。再走下去会有什么结果？哪些员工会觉得转到这里是个人事业发展的良机？我们开教堂咖啡厅的热情在哪里？

我们也考虑过可以赚大钱的提议，可能在别的城市，像是拉斯维加斯、迈阿密、大西洋城、东京等开我们某家餐厅的分店。从短期财务观点来说，拒绝这类提议令人感到痛心，但是无论是时机还是情境都无法让我说“好”。例如拉斯维加斯，那里是全世界推销梦幻最成功的城市，这使讲求灵魂的正规餐厅不太可能存在于此。基于我们长期以来在纽约经营成功，依赖的是给人一种实在感，而不是靠出售梦幻，所以那里的情境就不太适合。尤其我们有些餐厅，明显是以所在地命名和开办的。联合广场餐厅、感恩小馆和十一号麦迪逊公园餐厅，都不是概念型餐厅，而是属于社区的餐厅。我必须了解并依此行事。

当然也许会出现某个时机，是情境、时间点和价值感均适于我们去拉斯维加斯或是东京开店，比方当地在外就餐的人似乎崇拜一切带纽约色彩的东西时，我也不排除可能在拉斯维加斯开蓝烟或塔布拉的分店。我觉得当地的情境，较合适有强烈主题的餐厅。毕竟在纽约开烤肉店和印度风味餐厅，需要不按牌理出牌，在拉斯维加斯也是。那种挑战可能很过瘾。但是我在踏出第一步前必须十分小心。首先，要有十足把握，比如蓝烟在纽约已经站得很稳，生意兴隆。其次，我得有信心我们的组织足够深入，足够懂得管理和烹饪技巧，这样我才不必时常往拉斯维加斯、东京、伦敦或其他地方跑。如果需要到处跑，那不仅会影响我对各公司的平衡，也会损及个人平衡，和尽量与家人多相处的个人愿望。

另外一个认真考虑是，不论在何时何地开新餐厅，我们都必须在各层级有人才和能力，达到客人对高质量的期待。再者，如果现有的事业未能与时俱进，那扩张就失去意义。且拿气球做比喻，除非吹满气，否则不算是气球，可是气灌得太多，气球又会爆炸。由于曾亲眼看到过家父生意扩张太快带来的后果，所以我自己很怕灌太多气到我们的气球里。我们的同行时常因扩张太快而关门；扩张太快往往会使质量受影响，组织也承受不了。

身为公司领导人，我当然学会了要有适度的急迫感和当机立断，但我总是倾向于先与不同的同事取得共识，他们独到的有利观点让我更有信心勇往直前。建立共识的过程也许很冗长，可是只要每个决定的精神符合我的理想，吸纳别人的意见就可以使要推动的计划有更多人明白，并且获得将来执行者的支持。每当我召集顾问小组，对要不要进行某个新交易提供意见时，最后总是能够做出最精明的决策。

首先，我会请主管策略事业开发的资深副总大卫·斯温哈默（David Swinghamer）担任“未来规划发展秘书”。他是新创事业负责人，对构思、策划、设计和开发新方案相当在行，也会做分析财务模型及财务预算。我仰赖主管人事的资深副总保罗·波尔斯－比文（Paul Boues-Beaven）告诉我公司的人力资源和基本培训体系是否达到必要的高度，使我们得以朝下一步发展。主管营运的资深副总理查德·科雷恩是我评估是否能够确实执行某个计划的秘密武器，他知道以优异为标准，需要什么要素才能达到目标。负责烹饪的资深副总迈克尔·罗马诺长于仔细设计所有食谱的细节，也帮助我取消不成熟的计划，提供厨房设计的基本知识，并贡献宝贵的烹饪意见，好让我们做出来的菜都非常可口。

我每周二早上与这个“厨房内阁”开 90 分钟的会，讨论公司的大政方针，首席顾问“智慧守门员”理查德·戈德堡（Richard Goldberg）也在与会人员之列，他的头脑非常好，也是高明的老师，自卸任普士高律师事务所合伙人以后，便担任我们的首席顾问。

还有一位是社区投资指导珍妮·德克森（Jenny Dirksen），她负责做会议记录，确定我们同意的事得以切实执行，所做的承诺也要兑现。她也是议程负责人，每一位与会者只要在前一周将议案提交给珍妮，并发给我们每人相关的数据，以便事先准备开会时讨论，即可每周提出和“拥有”一项议案。珍妮是很有经验的员工，她的意见很受重视，不管我们讨论什么议题，她都可以自由表达赞同、反对或不同角度的意见。厨房内阁会议使我为公司做决策时，能够得到平衡的意见。公司所有利害关系人的看法，都是由值得信赖的代表提出的。

即便新交易的每一个商业层面都讨论、分析、检讨过，我还是会打电话给我的“生活平衡秘书”奥黛丽，她通常会对某个商业考虑上可能不错的决定，提出对我个人和家庭好不好的意见。

当我失去平衡时，奥黛丽是第一个能察觉和提醒我注意的人。她知道我对新商机的心态，就像登山者看另一座山那样。远看也许是很诱人的挑战，但是仔细检视，许多机会其实根本没那么好。我很想看看上山时的景观，也很好奇从山顶望去是如何一番景象。我特别喜欢爬山的一个原因是去认识所有要一起合力爬上山的人所带来的挑战和冒险。每一趟商业旅程都吸引一群新的参与者：主厨、总经理、经理、厨师、侍者、接待员、订位员、记账员等。与新鲜团队共创新事业所带来的喜乐，是让我感到高兴的一个主因。我做决定前，也会向一小群长期信赖的朋友和老师请教。他们中很多都只是和我认识，甚至只是我的顾客，他们中有些也变成我新餐厅的投资人。他们的商业见地和专长，往往证明是不可或缺的。他们很了解我，在我考虑事情时，看到有必要就会提醒我注意。他们的出发点都是为支持我和尊重我。我非常用心地使自己身边围绕着十分能干且诚实正直的人，把不同的意见带给我。

探讨和协助开创新事业是资深副总大卫的事，新事业必须符合我们的战略愿景，并能够促进与潜在生意伙伴的对话。如果进入第二次洽谈，大卫和我就会与其他合伙人讨论这个计划，接受他们挑毛病。迈克尔为我们提供深思熟虑的平衡观点，因为他有点反对冒险，分析能力又特别强。理查德·科雷恩则最实际，他知道开办新事业需要什么，说话也毫无保留。他还懂得美食美酒，以不辞辛苦地发掘最优者为职业目标，积极参与遴选主厨和总经理的工作。当我们的成长速度超过做到最高质量的能力时，他总是坚持让我们必须停下脚步，因为如果发展出了差错，他和他的团队就得负责收拾残局。人事副总保罗时时关注我们员工的素质和能力，因为员工是公司的核心力量。他对任一时期公司的人力有多强或多弱都很清楚，他也是从 1985 年第一天一开始就一直跟着我的唯一一位同事。

尽管过程中不时会产生一些良性紧张气氛，但我会积极征询合伙人的意见，也从中获益良多。我们的交谈始终是坦白、热烈、具有建设性的。在考虑各种选项时，我会小心衡量他们所有的意见，另外还有我自己的直觉。片面做成长的决策，不是我的作风，我认为那种决策最后不会让我们取得最大的成功。达成共识很重要，这样我们投入新事业时才会是更有效率的团队，才更能脱颖而出。

第十二章
情境至上

直到今天，我偶尔仍会懊恼于 1990 年代放弃了一个在联合广场餐厅隔壁、都会咖啡厅原址开一家新餐厅的机会。纵使我百分之百相信，这在当时对公司来说是正确的决定，但这是唯一一个让我一直想起的错失的交易，主要原因是我几乎每天都要路过那里。

都会咖啡厅也在 1985 年开业，只比联合广场餐厅早几天；它位于东十六街和联合广场西侧交界处西北角，比所有远眺公园的其他餐厅更受惠于联合广场周围愈来愈多的开发和愈发具有的活力。如今公园里几乎总聚集着各色人等，有附近居民、商人、学生、购物者、看戏者和观光客。都会咖啡厅直接对着联合广场——沿着长长的十六街的那一边，在和联合广场餐厅相邻的地方有一处狭长的露台，让人很想坐下来，看着络绎不绝的行人——有点像罗马市中心的威尼托大道的咖啡店。我们这两家餐厅的房东是同一个人，我跟都会咖啡厅的老板相处融洽，所以我有机会在他打算结束营业时先看一看那里。那里的环境和地点都很理想，我非常感兴趣，但是尚无开第二家店的意愿。我没有做好心理准备，公司也没有扩张的准备。1991 年时，我还在纠结于要不要和该不该扩充。

我知道当时的决定是对的。我们当时各层级的管理经验还不够深厚，加上我自己犹豫不决，若是在那里开店可能会出问题。

如果当时决定要做，三年后绝不可能再开感恩小馆。

为检验我有多想要租个场地或完成一笔交易，我总是问自己：如果免费相送，我是否会接受这笔交易？这听起来很简单，但是我知道很有用。信不信由你，我对这个问题的回答多半是“不”。

1993 年我跟汤姆·科利奇欧在纽约市四处寻找正在酝酿的新餐厅的地点（后来成为感恩小馆）。有一天，我们到格林威治村去看不久前关门的马车房餐厅。我们走过那已荒废的屋子，它曾是生意兴隆的美式餐厅，得过《纽约时报》“米米·喜来登”栏目的四颗星评价，也是詹姆斯·比尔德的最爱之一。现在它残破、散发着霉味——很少有比停业餐厅更难闻的东西。看过那个地方之后，我们过到对街，看着那栋建筑，心中盘算。

我说：“这个地方就是免费送我我也不要。”汤姆·科利奇欧完全赞同，于是我们就放弃了。

不久后，马里奥·巴塔利（Mario Batali）和乔·巴斯琴尼什（Joe Bastianich）就在那个地方开了极受欢迎的一流餐厅巴波，创造了奇迹。他们凭直觉知道那个地方适合他们，可就是与我们无缘。

选新餐厅的地点很像试穿新鞋子。款式要对、大小要合适、穿起来要舒服，否则我根本不会买；即使买了，也从来不会穿。我拒绝过不少开发商提出来的条件优厚的交易，基本上等于免费赠送，也知道拒绝可能令合伙人和投资人失望。但是单单免费，并不代表这笔交易就很划算或非做不可。

天下真的没有免费的午餐。我们发现，即使房东或开发商很慷慨，愿意负担兴建新餐厅的部分或全部成本，但我们必须对他们理所当然而真实的期待予以考虑。例如“现代”是我们的一家餐馆，但是其营运必须与现代美术馆的整体目标协调一致。那里不能举办婚礼或募款活动，而这正是餐厅最赚钱的业务。十一号麦迪逊公园餐厅和塔布拉的营运必须考虑所在的巨型办公大楼（瑞士信贷银行总部）的商业宗旨。凡是推出新活动，我们都得事先知会大楼物业，有时它会影响到我们的生意。像“9·11”事件以后大楼加强安保措施，塔布拉的中庭就必须缩小，以容纳可阻挡车辆冲进来的一堵大水泥花架墙。

我对人生不是持“后视镜”态度，通常我都是向前看。不过我会花时间，分析不开新店的决定对不对。这种分析需要很多自知之明和一点后见之明。有些困难的“不”决定，是我认为计划很适合我们公司，但时机不对，也有的是时机对但不适合。要我点头必须两个条件都符合。

1997 年，喜达屋连锁酒店打算推出新的 W 品牌，酒店的高层主管来跟我们接触，讨论在位于莱克星顿大道和五十街交会口的第一家纽约 W 酒店开新餐馆的计划。我有三个主要的顾虑：第一，时机绝对错误。当时我们正在规划设计十一号麦迪逊公园餐厅和塔布拉，仅这个双重开店计划就逼得我必须问自己，能不能维持现有两家餐厅的优秀水平，同时兼顾到再开的两家新餐厅。已经有人认为，我们一次同时开两家大张旗鼓的精致餐厅太离谱，所以再加一个新项目无疑是疯狂之举。要把两家新餐厅变成上等场所，必须投入时间和精力，培养必要的灵魂。我觉得我们不需要再加一个项目。

第二个问题是地点。我依然坚持，从家里走到每家餐厅的时间不能超过五分钟（19 年来第一个例外，便是为纽约现代美术馆开餐厅和咖啡厅）。

第三是情境问题。喜达屋高层主管把他们如何为新品牌定位说得一清二楚。他们的目标是时髦、新潮、前卫、更年轻版的四季酒店；目标客户则是想要在住房时增添一点夜总会体验的高级旅行常客。可是每次听到要进行的计划里强调的是“时髦”而非“持久”，我的警惕心就会升起。这牵涉到认识自己的定位，以及把产品放在适合的环境下。而喜达屋主管的陈述完全不像是我迄今所开的餐厅所走的路线，因此我们决定放弃这个机会。它的时机、地点跟情境完全不合。

1999 年，我们开办十一号麦迪逊公园餐厅和塔布拉餐厅后不久，喜达屋的开发商又来找我们，这次是要在下一个大规模 W 酒店开餐厅，地点就在联合广场旁边，位于重新整修过的守护神寿险大楼里。现在时间很合适、地点完美，W 品牌也实现了最初追求新潮的愿景，可是情境仍然通不过我直觉的检验。塔布拉口感十足的风味和装潢，吸引着年轻、有活力的客群，这原本是可以利用的概念，可惜我们刚在北边八个街区远的地方开了塔布拉。我们再次放弃了机会。

旅馆业大亨伊恩·施拉格（Ian Schrager）也曾于2004年邀请我们去开餐厅。那家旅馆面对纽约另一处美丽的公园，这个机会很诱人。大卫·斯温哈默和我都知道，应该仔细检视情境、时机和对公司的价值。那家旅馆位置适中，就在感恩公园对街，离我们的办公室和五家餐厅只有几条街远，离我家也只有几步路，地点再好不过了。基于我们开餐厅一向喜欢与公园有关联，所以跟施拉格见了两次面。他大力夸赞我们各家餐厅，并提出他打算给我们的优惠条件，这实在不能不令人心动。我坐在那里心想：这可是大大的赚钱买卖，我们怎么能不做呢？

施拉格因为1977年与已故的史蒂夫·鲁贝尔（Steve Rubell）创办了“Studio 54”迪斯科舞厅而享有盛名。他告诉我们，要把自家酒店装修成市中心版皮耶尔酒店，那是可以俯览中央公园的贵妇级豪华大酒店，又说打算把它打造成经久不衰的个人传奇——这将是我们被公认善于创造的那种“纽约地标”的绝佳环境。

但我还是不放心，对他说：“我必须确定，这不是在传统的画作上配一个新潮画框。也许你会说，你只是想把我们的画挂在你的酒店里。不过我虽然欣赏你们的风格，可那跟我们的还是差很多。”

他说：“你一定要信任我。我和以前不一样了。我们要低调，要质量。这将是我的经典之作。我甚至可以跟你们合作酒吧生意，并把宴席生意转给你们的新酒宴承办公司。请相信我，你们很合适这个计划。”他的话开始有说服力了。

我们粗估他的提议，这是可能高达 1 200 万美元的生意。鉴于他如此成功地回答了我们一切的顾虑，我几乎有意不理会直觉的感受，径自去相信他提供的情境。

关于那个诱惑，我用了一周时间跟自己辩论：他是改变作风的伊恩·施拉格，不再热衷于开热门的店，对挤上《纽约邮报》第六版，对狗仔队和八卦消息不再感兴趣；他的公司拥有世界各地的高档旅馆。他说他要做有意义、经得起时间考验的事，那正是他找我们的原因。如果他只是要办一家热门的新餐厅，大可以找世界各地跟他有关系的任何餐厅老板。他们一定会立刻答应。

这笔生意对我们非常有利。大卫要我们仔细考虑策略问题：是否有足够空间，让即将开始营业的哈德逊庭院酒宴承办公司主办宴会。保罗考虑的是：能否为资深员工提供成长机会。同样重要的是，有没有足够的资深员工来经营这家餐厅。我们的团队里，有没有人已准备好升任主厨或总经理？展望未来，是否在 30 个月内，当新酒店开业时，有人已足堪担当大任？奥黛丽问了一个很好的问题：“你真的想每天早上遛狗和送小孩上学的时候，都走过那家餐厅吗？要知道你永远脱离不了它的。”而且施拉格的餐厅，会与我们刚接下的现代美术馆庞大项目相冲突。虽然酒店还要将近三年才开业，但是我们对美术馆餐厅的开办工作极为投入，所以根本没有时间或心思去做那个梦。这一次是被时机救了！我得以免于担忧那个环境是否真的适合我们。不管提议有多诱人，我们还是选择放弃。

还有另一种“未曾选择的路”，是介于绝对的“不”和明确的“是”之间的决定。例如捷蓝航空公司找上我们承包机场的饮食摊位，其追求卓越和以员工为第一的款待企业文化似乎与我们的风格十分契合，所以纯粹为了有机会学习，听听其提议也是很值得的。捷蓝航空的主管说明，由于“9·11”事件以后安保措施加强，旅客在机场的停留时间很长，而且他们公司不供应餐点，所以这个商机有很大的发展空间。这笔生意的销售潜力似乎不小。该公司的主管说：“我们很喜欢你们的餐厅，也喜欢你们做生意的方式，觉得那符合我们的文化。我们想走在这一行的最前端，也想跟你们谈一谈。”

我们相约在肯尼迪机场见面，而且好好地参观了他们航空站的蓝图和作业计划。可惜这一次时机还是不对，现代美术馆新餐厅还有一年就要开业，我们在全心全意推进那边的项目，没有余力好好把握这个新机会。不过在探讨的过程中我们发现，也许有一天时机成熟，便可以进入机场饮食供应领域。说“时机未到”的风险是，机会可能被其他更有准备的公司抢走，不过我们的希望是，假使能与捷蓝航空建立稳固的关系，同时不损及我们的品质（和供货）商誉，那么这个机会有一天也许会跟我们的时机相吻合。我相信有一天，我们会具备执行这个项目的作业能力、策略方法和人力资源。

我想要以自己的方式扩展公司。我对公司长期、坚定的看法是，无论一笔交易有多诱人，所有一切都排在情境之后。2000年代初期，有人曾短暂地征询我们要不要在曼哈顿哥伦布圆环广场庞大的时代华纳中心开餐厅。有个根本的问题是，其他一些高级餐厅也打算开在那里。有精致餐厅群聚于此，使开发商相信那些餐厅会形成规模，因此这个餐饮中心会很成功。然而不论前景多么看好，我对众多一流餐厅聚集在曼哈顿的一个购物中心并不是特别感兴趣。

时代华纳中心的这个机会，几乎各方面都不理想。一则，撇开我个人喜好不说，我相信其他纽约市民也宁可去位于一楼可以好好吃饭的餐厅，而不是躲在购物中心高楼层的餐厅。二来，从购物中心本身和民众在那里购物的经验判断，不像是适合我们开餐厅的地方，或者我们能在那为它增添价值。再者，在时代华纳中心开店，不符合我们公司所期待的发展；那里没有可以往来的真正社群，也没有我们可以发挥创意去补足的利基市场。我知道我们不需要这种交易。

有一天，我八岁的女儿海莉参加完周末足球活动，我开车送她回家，那天让我确信自己做了正确的决定。那天车开得很慢，我们在哥伦布圆环广场工地旁走走停停，当时那里只是一个挖了大坑的工地。我问海莉："如果爸爸在这里开餐厅，你觉得怎么样？"她瞪着地上的大洞，问我："你为什么要在这里开餐厅？"

我解释说："这里要盖一栋漂亮的大楼，里面会有豪华的酒店（文华东方酒店）、漂亮的爵士音乐厅（林肯中心爵士管弦乐团），还有一家大电视台（CNN）。许多喜欢餐厅的人会住在最上面，也会有店铺、杂货店、健身中心和另外四五家高档餐厅。”

听完以后，海莉大哭了起来。她说：“我不要别人去你的餐厅是为了做别的事。你不要开这种餐厅。我要人家去那儿是因为想去你的餐厅。”

从那天开始，我把海莉加到我的非正式顾问名单上。我知道她是对的。她很聪明地告诉我，那里的情境不适合我们公司。

情境、情境、情境！多年来我听到的做生意秘诀是：地点、地点、地点，即零售生意成功的关键在于找对开店的地址。我自己的经验却说明，对成功异常重要的因素是情境。

不久后，我又告诉海莉另外一个生意机会，也是在会有很多人不为吃饭而聚集的地点，不过这回那里只有我们一家餐厅。我们会有专为客人开的入口，让要来这里的访客，在与餐厅的对话上增加一些新体验。

就许多方面来说，在现代美术馆开设现代餐厅和另外两家咖啡店，是我做过的最大的赌博，也是对我们公司核心价值观和能力的一种检验。如果说有值得去努力的成长和拓展机会，那这次就是了。就概念、情境和复杂度而言，我们都将进入新的领域。新事业如果能够成功，将为我们的生意打开难以想象的机会大门。

SETTING THE TABLE

第十三章

款待的艺术

2004年11月20日是我永生难忘的日子。在我们家雅好艺术的观念里，纽约现代美术馆吸引人的程度不亚于世界七大奇观。它自2001年起闭馆进行大规模整修。如今三年后，在这个大喜之日，现代美术馆在文艺界引颈期盼下，终于重新开馆。联合广场餐饮集团也躬逢其盛，在美术馆馆区内开设了四个餐饮网点。对我们而言，不仅是说要规划和营运美术馆的所有餐饮设施，更是说必须在这国际知名机构大兴土木以完成这些任务。那种压力和受关注程度使我感到麻木，以至于有一种超现实的冷静感。

在生意人这一面，我听到两个内在的声音。有一个声音督促我要成功、扩展和成长；另一个声音则是不断瞻前顾后地轻声提醒我："要小心。多想一想，慢慢来。"有时必须被打好几个耳光，才能激起我的竞争意志，然后告诉自己："好，我准备应战了。"我真心希望公司能赢得关系重大的美术馆合约。现在合约到手，我又担心我们是否太自不量力。

美术馆本身竭尽所能克服所有最后一刻出现的复杂工程障碍和延误，以便及时照已宣布的日期在11月20日重新开馆，这也迫使我们必须在那一天开张。更令人伤脑筋的是，美术馆决定在开馆这天让民众免费入场，届时可能有两万人涌入馆内。你没办法叫参观者别到餐厅用餐，所以不管准备好没有，我们都得供应他们餐饮。尽管只有四天时间训练员工，我们还是设法让二号咖啡厅在那天开业，这是我们头一遭尝试传统美术馆自助式餐厅，当日总共服务了约 1 500 人。在供应甜点与轻食的咖啡店五号平台，我们则接待了 500 名饥肠辘辘的游客；现代餐厅附设的酒吧间也有 250 多名客人。由于馆方禁止二号咖啡厅与五号平台进行大火烹煮（厨房在地下室，又没有通往五楼的送餐升降梯），所以生疏的员工只得推着摆满餐点菜肴的白色餐车，在公用电梯中与参观人潮挤上挤下。

新员工那天是活力满满地来上班，我却担心他们的训练不知道够不够应付即将面临的繁重工作。仅三个多月，我们集团的员工总数便增加了近五成，由 650 人增至 1 000 多人。而且我们是在低于正常标准的情况下召集到那么多人的：没有充分时间仔细面试、雇用和训练新员工。事实上是没有地方进行训练。工程进度延误使餐厅拿不到使用许可，在 10 月之前这些空间根本不堪进驻。即便雇用了员工，也没有置物空间给他们用，甚至都没有员工厕所。

成长的勇气必须有放手的勇气相配合才行。

凡是扩展生意，不仅是餐厅，过程均是无比大的挑战，对才刚升至最高位的领导者尤其如此，因为他们有想要控制一切细节的癖性。你必须懂得放手，让周围有一群代理人，亦即知道如何做决定和达成目标的人，他们也会以你的方式对待别人。

这些人可以在你的企业文化边界内自在地表达自己，也满足于扮演协助团体实现最大潜能的角色。

开办新餐厅可能会得罪一些老客人。每次我们开新店，总有一定比例的现有顾客不打算跟着接纳新的店。有些连试吃都不肯；有些则基于礼貌吃过一次就不来了。当我首次意识到这一事实时，受到了极大的打击。难道爱护我们的人，不见得对我们所有的作为一概接受？

如今此种情况太常发生了，于是我有机会分析究竟是怎么回事。有时忠实顾客无法接纳新餐厅，就如同孩子无法百分之百欢迎新生的弟弟妹妹一般。顾客有一种天生的恐惧感，怕我们会忘了他。我仿佛听到客人在说："他改做印度餐馆究竟是为了什么？现在他又要做烤肉餐厅吗？他是不是发神经了？什么？又新开一家？卖奶冻？够了，到此为止。他已经不关心我这个客人了。"

最早向我表示担心的客人有保罗·戈特利布（Paul Gottlieb），他当年是哈利亚伯拉罕公司的发行人。保罗自 1985 年起即在联合广场餐厅 24 号桌用午餐，此后 18 年如一日保持这个习惯。后来他变成了很好的朋友，总是提出用心良苦的意见，我俩也经常交谈。他的反应一般都很威严、很直接。1994 年，我打算开感恩小馆时，他说："你不可以再开第二家餐馆了，否则我们在这里再也看不到你了。一切会完全变样。"

保罗也担任现代美术馆的信托人，四年后我再度扩张，开了塔布拉与十一号麦迪逊公园餐厅，他同样表示忧心。好笑的是，1990 年代初，在感恩小馆尚不存在前，想说服我到现代美术馆开餐厅的就是他。我们在他的办公室见面，保罗代表信托委员会当说客。那时馆内在二楼设有餐厅，名为会员餐厅。我从小就对现代美术馆着迷，我家父母两边的亲戚均认真搜集当代艺术品，家母经营过画廊，又是圣路易斯美术馆的信托人。我家厨房里挂的月历一定来自现代美术馆，家中也摆设取材自现代美术馆设计典藏的各色产品。事实上双亲结婚 25 年，除子女之外，维持两人继续在一起的恐怕就是对现代艺术的共同爱好。

保罗说得恳切，令人心动，但是经过两三次怂恿我的会面后，我考虑了很久，最后告诉他，我尚不打算开第二家餐厅，如果要开，也不敢想是开在中城区。我住在南边的市中心，也明白走路就能到自己开的每家餐馆对经营成功有多么重要。更何况开一家只有在开馆时间才能用餐的店，似乎也不符合经济原则。这种店没有直通人行道的专属出入口，基本上只能做午餐生意。

多年来保罗一直是良师兼益友。2001 年年中的一天，他来电表示有个令人兴奋的消息要告诉我。我们见面后他向我透露："美术馆要关闭，要进行前所未见的大幅扩建和整修。"他还说："我们打算在整修好的馆内设餐厅，而且这一次十分重视食物。馆方愿意谈谈，有专属出入口通往街上的独立餐馆。"

他想起我们十年前的讨论，便说："这一次你得认真考虑。

针对在现代美术馆用餐，你和你的团队可以做出叫人刮目相看的安排。一定还会有别人来竞标，你们务必要提供企划案。”

那次之后我们没有再见过几回面，保罗于数周后突然过世，享年 67 岁。有幸结识他的人都没想到，这么快就要跟他道别。他透露现代美术馆将进行历史性扩建，并坚持要我们参与进来，这促使我积极努力创造出纪念我俩多年友谊的成果。

2001 年 11 月，大卫 · 斯温哈默和我，与现代美术馆两位高层主管：詹姆斯 · 加拉（James Gara）和迈克 · 马吉提克（Mike Margitich）举行了首次说明会。我们得知，馆方不仅要重开一家餐厅，还要开三家简餐店，两个面向参观民众，一个面向美术馆员工。这次获选的餐厅组织，也会成为馆方办活动时的优先（但非独家）餐点供货商。那两位主管鼓励我们，考虑在搬离曼哈顿三年期间的临时馆址——设于皇后区长岛市的现代美术馆 MoMA QNS，开一个饮食摊。他们热切表示，即将在现代美术馆 MoMA QNS 展出的“马蒂斯 – 毕加索”特展极为热门，将有大批人潮涌而进。这次谈话好像暗示，谁肯经营临时摊位，便会得到他们另眼相看，将来现代美术馆在西五十三街重新开馆时，角逐那个大项目会享有竞争优势。

遗憾的是，现在到皇后区开饮食摊，时机简直最糟。蓝烟仍在开业前大兴土木的阵痛阶段，我们很快便确定，没有能力同时把两个项目都做好。要再次拒绝现代美术馆实在极为困难，然而这是正确的决定。

不过我们还是向馆方工作人员保证，非常有兴趣和他们讨论未来更大规模的项目；为维持与现代美术馆的关系，在其后一年内，我们又与其高层主管、策展人和信托人开了好几次会。当馆方把地下室的影片中心暂时迁往莱克星顿大道旁的东二十三街的感恩剧院时，新机会来了，那里距我们的三家餐厅只有几步远。我们谈出一个共同促销方案：美术馆会员来观赏一部现代美术馆影片，即可获得一张招待券，凭券可兑换十一号麦迪逊公园餐厅、塔布拉或蓝烟的甜点一份。我们一直保持往来到 2002 年年底，那是馆方收受企划案的截止期限。

在现代美术馆内供应餐点看似为大好商机，可是我们并非百分之百确定真的想赢得这桩生意。多年来，我们接到过房地产开发商无数的邀约，始终享有可以挑三拣四的特权。现在主客易位，要让别人来对我们品头论足，感觉不太自在。我对那时公司的成长步调，以及为求保持优势应该采取什么成长速度，又犯了纠结的老毛病。现代美术馆的计划能够把我们带进机构餐饮、简餐快餐及酒宴承办的领域，让我们的企业转型，而四家馆内新餐饮设施及一家馆外酒宴承办设施所需要的新员工将使公司规模暴增。这种好大喜功的白日梦，我那些老谋深算的同事和亲友不是向来劝我不可做吗？

可是这次很不寻常。那些我习于请教“某某，你觉得怎么样？”的亲朋好友，现在居然鼓励我。保罗·戈特利布直到过世时，仍然拼命督促我向现代美术馆交提案，可是以往每次我新开一家餐馆，他都要不满地埋怨一番。家母此时是现代美术馆版画暨插画书委员会委员，她对企业成长的看法深受父亲屡屡扩张失败所影响，却对我们打算在馆内开餐厅的想法很感兴趣。外公曾慷慨支持现代美术馆，如今他已到人生暮年，却鼓励我继承其志。我对自己周围的领导团队愈来愈有信心，最要紧的是我相信自己，也相信本身的动机。

因此，能够为纽约现代美术馆开创新事业的想法让我跃跃欲试。这次创业在我看来不只是一个商机，更是难能可贵的特别机遇。奥黛丽明知道这个项目会耗掉我和我们全家多少心力，却也说："你当然要争取这个机会！"事情就这样定下来了。

我不清楚评选过程中的竞争对手是谁（到现在也不知道），不过我晓得当年贯彻始终而煞费苦心的评审工作将着重于三大方向：

- 整体创意构思：我们如何设计规划餐厅、简餐店及馆方活动的酒宴承办。
- 财务方案可带给馆方多少价值（我们提议与馆方一同进行怎样的资本投资以兴建餐厅，还有我们预备付多少租金）。
- 我们可以提供什么相关经验和组织实力，以证明我们确实能够实现所有承诺。

单是构想餐厅部分显然已经不简单，好在以我们过去的经验，这似乎相对而言很直接明了。至于处理馆内两家截然不同的简餐店以及一家员工餐厅，则是全新的挑战。从美术馆的整修蓝图中，看不出有为酒宴承办厨房预留足够空间，我们显然必须另外租地方，再建一个厨房。这一切所需要的经费已经构成巨大的障碍，可是最大的问题在于，我们有没有能耐同时耍弄那么多盘子。

如果我们有意到已经做了 20 年生意的熟悉范围外去开餐厅，感觉上现代美术馆应该是理想的地方。它在艺术界的地位，恰好是我梦想我们的餐厅能在精致饮食界达到的地位：历久弥新、高瞻远瞩、明智地以传统为基础，并符合时代潮流。

我请大卫·斯温哈默负责为这个提案跑腿。我们并没有为了想做出有史以来最炫的提案而把自己搞得焦头烂额，但是仍然找了埃里克·贝克（Eric Baker）提供专业支持，他是想象力丰富的平面设计师，曾与我们合作蓝烟的商标，还有许多其他项目。我们的提案只是一份 11 页的简单文件，说明我们的特点和自认适合与美术馆合作的理由。我们的财务方案保证提供不小的金额（含我们在筹建阶段预备投入多少自有资金，以及将付出营业额的百分之几作为房租）；我们为餐厅和简餐店所做的构想富有创意，经得起推敲而且完整扎实；至于相关经验，就完全由美术馆去判断了。

尽管我很清楚，有不少我们餐厅的常客是可能参与评选的信托人，但在甄选过程中，我们决定不向任何与美术馆有关的人游说。若是我们中选，我希望那是根据提案优劣做出的选择。馆方要我们数次参加与高层主管进行的紧张面谈，我有充分的把握去应对他们的问题，面谈过程也令人振奋。

企划案提出约 90 天后，我们接到现代美术馆营运长詹姆斯·加拉的电话：我们中选了。没多久又接到一通电话，是信托人鲍勃·门谢尔（Bob Menschel）打来的，他热烈地恭喜、称赞我们。初听到这消息我脑子一片空白。一瞬间，我开始想到今后又有格外多的工作要做。被现代美术馆选中并不表示已经拿到合约，还需要八个月的具体工作与洽商，到 2003 年 11 月才会实际签约。那八个月期间，我们不许对外宣布或与任何人讨论此事。

我们双方反复讨论各个餐饮设施的租金结构，并确立用餐区陈设的艺术品由现代美术馆掌控，还决定现代美术馆有权批准各餐饮设施的设计和聘用的主厨及总经理（馆方的理由是，餐饮设施也是参观美术馆体验的延伸，如此高度的控制权，可确保我们这一方不致用人不当）。再就是你来我往地讨论不动产问题；对平面图的讨论细到每一英尺都不放过，再费尽心思把后台办公室挤进去；又商讨用哪一边的电话系统；协商员工可以用或不准用馆内哪些洗手间。

签约后不久，我想出餐厅的名称。记得为联合广场餐厅命名时，先父曾建议："就照它该叫的名字命名。"所以答案是"现代"。我拿这个去请教信托人罗纳德·劳德（Ronald Lauder），他对此项餐厅计划大力支持，几乎当成自己的事业来关心，后来他表示董事会很赞成，于是名称就这么决定了。

■

我开始思考能为美术馆用餐的体验增添什么新意。我自问："谁规定在传统制式的美术馆情境里，不能在亲切殷勤的招待下享受优雅、私密的精致用餐体验？又是谁规定，不能在传统美术馆的自助餐店，获得热忱的招呼，并在餐桌上吃到侍者殷勤送上的美味食物？"这两种情况的挑战，都是把向来成定式的不自由的参观体验，变成温馨、个人化的体验，使餐厅本身便足以吸引顾客上门。

美术馆简餐店可以增添什么？首先，我们找出美术馆游客光顾简餐店的基本理由：可以坐下来休息，很快就有东西吃，以及价格公道。美术馆简餐店的设计通常为迎合各色人等：年长者、年轻人、美国人、外国人、本地人、观光客、学生。由于位置接近展览厅，馆内各店均不能烹煮食物，这又多出一项挑战。我们必须想出可以在地下室的厨房煮好再送至餐厅，仍然能保持新鲜美味的菜单。

我们发现，如果能够根据客人点的餐很快备齐新鲜材料，排除事先包好、盛好的食物，也不用餐盘，就可以做出特色。我记得自己绞尽脑汁苦思世界各国有什么事先煮好反而好吃的菜，想到最有把握的就是罗马的大众食堂——这是世上特有的快餐概念之一，也是我学生时代在罗马最爱吃的。这类食堂供应炖好或烘好的时令食物，也有熏肉或奶酪，有人点时再装盘。此种烹调法在罗马历史悠久，不过在美术馆餐厅这么做还是头一遭。这个办法百分之百符合我们的经营模式：把传统烹饪观念放入新框架中。

在上菜方式上，我们属意的是客人向收银员点餐，收银员给他一个号码；然后客人找好座位；不久我们就会找到客人坐的地方，送上餐点。过去有餐厅这么做，而且做得很成功。这最早其实是大卫·斯温哈默建议的。起初我有所疑虑，但眼见几家餐厅运作得不错，我便被说服。我们用几乎一贯的做法，重新组合现有熟悉的音符，奏出新的旋律。

我们定出为三家简餐店设定的用餐经验，分别是"补充""提神""恢复"。二号咖啡厅的作用是补充，为身体提供"燃料"。五号平台的对面，正好是馆内永久收藏的大师名画的展览厅，包括塞尚、修拉、梵高、毕加索、马蒂斯，不一而足，这种地址对餐厅来讲很不错。我们对五号平台的设想是，参观者看过许多好作品感到疲累后，可以来此提提神。我们会供应许多含振奋精神三宝"糖、酒精和咖啡因"的食物。在我们看来，五号平台所在的位置本身，便为美术馆用餐（其实是整个参观美术馆的体验）增色不少。在喝上一杯马丁尼、葡萄酒，或吃完一个冰激凌圣代、喝下一杯卡布其诺咖啡后，再去欣赏梵高的《星空》或毕加索的《亚威农少女》，可以让人有全新的感受。现代餐厅的作用则是恢复元气；它既属于美术馆访客也属于纽约市民，他们选择这里，是想坐下来好好享受一顿美食和周到的服务。现代餐厅是为滋养和珍视美食爱好者所设计。

当美术馆方面同意选用我们长期合作的本特尔建筑公司来设计现代餐厅时，我们松了一口气。本特尔家族有深厚的现代主义渊源，所以对这个复杂的任务来说，他们是再合适不过了。

这个计划在艺术上的另一重要决策，即选择现代的主厨。我不只想把它变成一家优质的美术馆附属餐厅，而是一家倍受赞誉、会让人专程前来的餐厅。我最早的想法是找一位大厨负责现代，再请另一位管理简餐店和酒宴承办。我认为如此划分工作，比较可能做得面面俱到。我翻遍脑海里的人才库，一一考虑多位可用的人选，大部分经过三思后发现完全不合用。比方我想到某人，他主要是做意大利菜，就没有理由用他。又想到一个带西南部口味的名厨，用他也很奇怪。走民族风，请印度、中国、日本或其他亚洲国家料理师傅，也不对劲。

现代主义艺术运动，基本上起源于奥地利、瑞士、德国、法国。现代餐厅不仅在设计上，还要从美术馆现有的建筑物去找寻提示，还要顾及其窗外可看到的洛克菲勒雕塑公园，里面陈列着艺术家胡安·米罗（Joan Miró）、亨利·摩尔（Henry Moore）、巴勃罗·毕加索（Pablo Picasso）、埃尔斯沃斯·凯利（Ellsworth Kelly）、乔尔·夏皮罗（Joel Shapiro）、加斯顿·拉雪兹（Gaston LaChaise）和阿尔贝托·贾科梅蒂（Alberto Giacometti）等人的名作。既然有如此优美的景观做背景，那我们的菜品最好能构成相匹配的前景。

我曾列出一份包含 30 人的候选名单，也有人打电话给我毛遂自荐。有位主要的角逐者，在明白整个计划有多庞杂之后自动退出。没错，如此百废待举的现实状况也开始令我头痛。距离2004年11月开业，倏忽已只剩365天，我们必须聘好主厨，以便完成准备工作，正式营运；也得克服重大的设计和施工问题，这些已非假设性而是骤然间成为实实在在的问题了。2004年元旦，我在多萝西和道格·汉密尔顿（Dorothy and Doug Hamilton）家中参加宴会，他们是纽约最负盛名的厨艺学校法国烹饪学院的创办人。我在宴会上碰到这所学院的院长：法国名厨阿兰·赛拉克（Alain Saillhac）。我说明了我为现代美术馆餐厅的愿景，并请教赛拉克大厨应该聘请谁做这家餐厅的主厨，他马上推荐了一位年轻有活力的主厨，名叫加布里埃尔·克鲁德（Gabriel Kreuther）。

我怎么早没想到？我在曼哈顿的丽思卡尔顿酒店法国餐厅尝过他的手艺，当时他是做执行主厨，在那之前则在三星级餐厅待过几年。加布里埃尔出生于法国东北角的阿尔萨斯省；就我对其烹饪风格的了解（前卫、有个性、经典、精简、富有灵魂），他似乎与现代主义的场景完全兼容。他才三十五六岁，可是已经服务过几家纽约顶尖餐厅。《美食美酒》杂志在那一年把他选为美国十大最佳新厨师。我觉得他非常适合。接下来几个月，我陆续和加布里埃尔讨论现代餐厅的方案，并造访工地。等我们彼此了解后，我请他来做主厨，他接受了。

我聘请主厨时希望做到三件事：建立互信互重的密切关系；

在供应餐点部分建立共同愿景；鼓励他们从内心、灵魂去寻找灵感，督促他们还要做得更好。我尤其对于这些年来始终与主厨们休戚与共、忠诚相待倍感骄傲。

经验告诉我，要达到上述目标（以及认识新主厨的为人），有个有效方法就是跟他一起走访故乡。跟加布里埃尔来到阿尔萨斯，通过他的眼睛和味觉去看他的家乡是一段感人的经历。当然那个地区对我也有特殊意义。我父母刚结婚时，曾在邻近的洛林省住过两年。阿尔萨斯和洛林在历史上向来是民族的熔炉，法国、德国、新教、天主教和犹太教文化共聚一堂，度过战争和艰难岁月，孕育出适应能力很强的人民和可以使心灵得到满足的美食。

加布里埃尔为我俩设计了野心不小的行程。他挑选的餐厅，有米其林三星餐厅，有位于很靠北边的森林中的餐馆，也有阿尔萨斯小巷里稀奇有趣的传统小酒馆。他带我到从小长大的地方尼德夏佛村（人口 1 246 人），并告诉我，自六岁起就开始在厨房里帮母亲和祖母打杂，不满十岁就当真开始做起菜来。他深为自己家族的厨艺着迷，称之为“我们家的家常菜”。他从祖母和母亲那里学到了所有挑选上等新鲜食材的必要知识。我们去他的老家，他得意的母亲请我们吃当地最爱美食大块明斯特奶酪，熟得恰到好处，比前一晚我们在三星级餐厅吃的更加美味。他母亲明明知道我俩午餐还要去三星级餐厅吃，却坚持要我们先尝尝自制的沙拉和奶酪。不过加布里埃尔把此行最精彩的部分安排在他母亲家冷飕飕的地下室，那是个葡萄酒酒窖，他从 14 岁起就开始在此收藏葡萄酒。他指给我看当年很爱自制水果酒的地方，并用德语称呼这种酒名，又给我一个酒瓶，里面装满自家酿的李子白兰地酒，让我带回纽约去。那是引人入胜的三天。

我在大厨们身上发现一个共同现象，那就是他们很多人从小就投入大量精力去开创自己的人生，使自我获得解放，决定自己要做什么样的人。人需要很大的信心和精神上的安全感，才会感觉自己在外面已有足够的成就，所以在技艺上或实质上可以“回归故乡”了，特别是厨师，因为他们的厨艺能够非常清楚地透露自己的身世。我过去与迈克尔·罗马诺以及（感恩小馆开业前）与汤姆·科利奇欧的“彼此熟悉”之旅，有部分用意即在鼓励他们为本身的厨艺寻根。

我要让加布里埃尔能够快一点回归他的厨艺故乡。我预料现代餐厅一定会引起高度瞩目，所以可不会有富余的时间让他慢慢学习成长。我倒不是希望他全盘复制阿尔萨斯的“小酒馆”。如果我们要把那种质朴的烹调引进曼哈顿的现代美术馆，那么某些元素得转换过来，某些则不需要。重点在于他必须以他的阿尔萨斯之心来为纽约人烹调。

这趟美食探险之旅，相当于我自己版本的外地管理会议，目的在于让我认识和激励一位新同事，并与他建立情谊。我喜欢鼓励点心师傅、厨师或执行主厨，去回忆首次成功做出巧克力碎片饼干或巧克力方块蛋糕等时的感受。如果我能让他们重新体验到这种成就感——解决问题和尝到美味食物的快感，更重要的是，向父母献上礼物的快乐——那我就有把握，未来我们会合作愉快。

后来又更幸运地遇到安娜·玛丽·莫曼杜（Ana Marie Mormando）。2003 年年中，我听说担任名厨让 - 乔治·沃格里腾（Jean-Georges Vongerichten）旗下餐厅营业主任多年的安娜·玛丽有意做出职业调整，即便我们没有适合她的职缺，我还是愿意和她面谈。

当时现代美术馆尚未通过我们的企划案，我也尚未想到，如果中标，要请谁来负责美术馆各店的营运。我和安娜·玛丽首次碰面时，发现她曾经营过现代美术馆会员餐厅的前身，也有经营林肯中心多家餐厅的经验。于是，在现代美术馆的店开业前，我们请她过来做了一整年，负责督导工程和开业时程，也希望她能体会一下联合广场餐饮集团的文化，并充分融入其中。

安娜·玛丽领导由 300 余名员工组成的优秀团队，在时间紧迫、练习不足和压力毫不减缓的情况下，让我们在现代美术馆的各家店顺利开业。

■

到预定开业日前最后那段日子，事实很明显，我们难以赶在 11 月 20 日开业，记得我对馆方高层主管说了一些不太中听的话："餐厅跟艺术作品不一样。餐厅不是静止不动的东西，没办法定个日期，往墙上一挂，就指望它能运作，甚至做得像个样子。餐厅需要训练、调整、找出经营重点，并不断修正。”这是我试着用感性方式，把馆方的要求近乎办不到的事实——在急迫、高压的状况下，必须雇用和训练这么多员工——说得比较委婉，后来馆方勉强同意把餐厅对外的开业日延至 2005 年 1 月。2 月 7 日，现代餐厅终于对外营业。第二天晚上，2 月 8 日，《纽约时报》餐厅评论家弗兰克·布鲁尼（Frank Bruni）就来光临。

我们事先毫不知情，但他也到十一号麦迪逊公园餐厅去吃了饭。2 月 23 日，他的两颗星评价出炉，大出员工意料，全员士气低落。我们从来不知道他的模样（食评家的习惯是尽可能匿名，即使需要变装上餐厅也在所不惜），不过他首次来现代时，一个刚好在酒吧里的香槟业务员指着坐在桌边的一个黑发男子对我们的酒保说：“坐在那边的就是弗兰克·布鲁尼。”就我们能算得出来的部分，这位食评家在搜集到足够的资料以撰写评论前已经来过餐厅 11 次了。至少单是他屡次光顾，已为我们的餐厅贡献了不少营收。

在我所开的餐厅中，员工在等待评论期间，从来没有像现代的员工那么在意和紧张的。经理、厨师和侍者们，由于太过在意会得到多好或多坏的评价，反而很多人的言行都变得不自然。2005 年 3 月底，布鲁尼来过的次日早晨，我与家人正在佛罗里达州朗博特岛度春假。当我打完网球正要离开时接到电话，是安娜·玛丽打来的，她说昨天晚上发生了一件可怕的事。布鲁尼吃完饭去取外套时，有个酒吧领班走上前去对他说，十分感谢布鲁尼刚给了她朋友的餐厅荣耀的两颗星评价，那是位于布鲁克林的一家小店，名叫石头公园咖啡馆。

有些员工因为这位酒吧领班破坏规矩而反应激烈，而那条可笑的重要规矩是：即使认出谁是食评家，也一定要假装不知道。所以安娜·玛丽说，这位酒吧领班的行为很不专业，问我现在该怎么办，我忍不住笑出声来。

有客人再度上门，即使三四次，我们却不特别热烈地去招待他，那已经不太自然，更别说是来过 11 次了。那位酒吧领班正是表现出了款待者应有的灵魂！而我感觉，灵魂似乎便是现代所欠缺的。我们在技术上很快就会纯熟，因为鉴于我们站在灯火通明的大舞台上（有那么多信托人、美食家、记者和我们其他餐厅的常客，近距离盯着看），其实我是采取与平常相反的策略，以雇用“49%者”为主，好借重他们老到的技术专长。然而这些员工较为拘泥，又自己给自己追求完美的压力，反而变得神经兮兮，造成服务不及我们所要求的那么亲切周到，或不如客人的预期。像这类事件发生的频率超出常态，令我意识到员工的神经有多么紧绷。真的有人认为，诚心表达感谢会影响《纽约时报》给我们几颗星吗？食评者会因为餐厅里有人跟他说过话而降低对这家餐厅或其餐饮的评价吗？

我总希望食评人可以更像酒评人。酒评人品尝刚酿好的酒，却能预测其未来：“这种酒将来会变成如此这般。成为名酒指日可待。”如果布鲁尼这么写：“这家餐厅正在迈向三星级的轨道上快速前进。”我相信那不算欺骗读者，也不会有损他的声誉。我们在构思或设计现代时，就没有以“很好”为目标。它天生应该是“优”级，而第一年即给予此种评价的有《金融时报》、《国际先锋论坛报》、《新闻周刊》、《时尚先生》杂志（获选“美国最佳新餐厅”）、《卷宗》杂志（“世界最佳新餐厅”）、《纽约旅游休闲》杂志（“纽约最佳新餐厅”）、詹姆斯·比尔德基金会（“美国最佳新餐厅”），甚至2006年的《米其林纽约市指南》在现代开业没几个月后便给它打了一颗星。

布鲁尼的评论在某些方面成为现代的转折点，让高层主管摆脱了等候和猜测的煎熬，并鼓励他们卷起袖子享受工作的乐趣。高压锅滚烫的锅盖终于掀起。我甚至认为，他的评论出来没多久，连现代的菜都更好吃了，因为加布里埃尔原本顾忌那篇评论，采取保守策略，不敢造次；现在侍者们心情也放松，脸上开始有笑容，会直视客人的眼睛。大家之前都在努力避免失败，而非追求成功。现在员工渐渐感到，超出别人的预期也是乐事一桩。“谁说这家餐馆只有两星级？你们实在很棒！”

其实我自己也觉得自由了。我开餐厅这么多年，还是第一次感觉心情放松。这个项目规模之大，超出我想象中所能掌控的范围之远，使我不得不松手。它让我做出向来知道该做的事：与才华过人的同事为伍；给他们清楚的指示、目标和反馈；别想事事一把抓。不过这不包括刚开始前的三四个月，那段时间我每天到现代美术馆巡访两趟，四处搜集点滴信息，翻起每块石头，查看每件事情。

■

我印象中，在现代开业之前，美国好像没有一家博物馆或美术馆的餐厅是会吸引人专程前往的。我所知道的这类餐厅，都主要设计成方便参观者的设施，以服务馆内的人为目的，而非要与外界竞争的独立用餐地点。我们则是决心开办一家，即便窗外看不到世上最壮观的雕塑公园，客人仍然会想去的餐厅。

■

餐厅业有时得花上好几年设法去争取一群固定核心顾客的忠诚度，可是在现代餐厅，我们等于拥有现成的俱乐部，包括美术馆、信托人、策展人和高级主管。这是我们建立新客群之际，一项难得的优势和高级挑战。

由于现代也是美术馆第一家对大众开放的餐厅，所以我们为自己增加了一项挑战：如何既像专属俱乐部又像公共餐厅那般营运？一开始，学习兼顾这两方面搞得我们手忙脚乱。过去打电话来习惯听到“喂”的人，现在听到的却是无尽的忙音，好不容易接通了，得到的答复却是：“抱歉，我们位子已经订满了。”我们煞费苦心去平衡各种客群的需要，他们全都有资格受到最用心的款待：与美术馆有关的社群、现有其他餐厅的老顾客、我们的投资人，当然更少不了众多好奇的纽约市民，他们大排长龙想抢先尝鲜。

一天，我站在现代餐厅里，看到一位美术馆的信托人，坐在一位职务极高的金融家旁边。隔几桌过去是一些远从明尼阿波利斯市来的艺术爱好者观光客，再隔不远是来自冰岛的另类歌手比约克（Björk），坐在一位很有名的书籍主编旁。这里客人的背景各有千秋，而且完全预想不到每天会有谁来，那真是再好不过了。我到现代餐厅去巡视时的兴奋之情，不亚于 1985 年刚开始巡视联合广场餐厅时的感受。我总是迫不及待地想要过去。现代也跟我们其他的餐厅一样，需要时间才能充分发挥潜力，可是我有信心，它会变成一家经久不衰的纽约优秀餐馆。

当我们开始着手这个项目后没多久，十分能干的格伦·劳里（Glenn Lowry）馆长给了我一些衷心的忠告。他说："不要被美术馆的光环所束缚。我们选择贵公司是基于对你们的认识。很多人太过努力配合我们，弄到最后反而表现得不是最好。"他的忠告我听进去了，可是当我参与创办的餐厅，有 35 英尺高的窗户，可以俯瞰洛克菲勒雕塑公园时，我没有办法不拼命努力去迎合它。

■

我为什么不断在爬山？因为除少数例外，永远有更高、更陡的山等着你去攀登。我愿意面对各种各样的艰难险阻，特别是当我相信，渡过这些难关后，可以看到山顶壮丽的景色时，会觉得很值得。开新餐厅和开创任何新事业也都是如此。正如同过去开每一家新餐厅的情况，我深信这一次也会有好的结局。我没有水晶球，无法预知这一路走下去会挫败多少次，或是将来这几家店会变成什么样子。不过我们别无选择，只能不断改进，不屈不挠地一步步努力向上爬。

眼见我们公司又接下准备扩大现有的事业这一新的挑战，我的情绪愈来愈高昂。复制正在经营的生意，需要一套全新的技能，也是身为专业人士的我和整个组织更上一层楼的大好机会。不论在哪个时间点，我们的挑战均是：在扩充的同时，兼顾优异、款待和灵魂。当然，不管在什么地方进行，时机和情境也务必配合得天衣无缝。

我们正是以这种方式面对扩大酒宴承办事业的挑战。哈德逊庭院酒宴承办公司于2005年年底开业，命名（循惯例）取自它坐落地点附近的新兴社区。经过不断寻觅，新事业小组找到位于曼哈顿区、租金又可负担的地方，在西二十区里面，远眺哈德逊河。我们秉持一贯的做法，让酒宴承办公司与所在的社区连成一体，这反映出我们想要成为活跃市内新兴区域的积极参与者，那是我们更大、更长远的目标。

我们也要把在别家餐厅效果良好的做法应用在酒宴承办业务上：采取有智慧的款待策略，同时挑战自己为酒宴承办供应餐饮的体验增添新意。我们也会持续为哈德逊庭院酒宴承办公司寻找特殊的供餐方式和地点。

2005 年 5 月的一个周一下午，我回家特别早，四点半左右就到了，换上正式礼服，准备参加当晚的活动：詹姆斯·比尔德基金会颁奖典礼。这么早就回家实在太反常，以致五岁的儿子培顿丢下一起玩的同伴，跑到门口来目睹这个奇观：“爸爸吃晚饭以前就回来了！”我一边挣扎着换礼服，一边与儿子闲聊，每次那都要折腾很久。

培顿指着我的领结说：“你看起来跟戴维森（Davison）先生很像。”那是他幼儿园的园长。“你今天晚上要去上学吗？”

我说：“不是。我是要去参加颁奖典礼。”

“颁奖是什么？”

“就是如果别人觉得你做得很好，就会给你一个像奖品一样的东西。”

“那爸爸今天晚上会得奖吗？”

“不知道。今天得奖的是在餐厅业做得很好的人。”

他说：“那我觉得你应该得奖。我认为奶昔小站是世界上最棒的餐厅，我喜欢那里的奶冻。”

与儿子这一段愉快的相处时刻，是当天整晚发生在我身上最有意义的事情。其次是，在全国令人钦佩的同业当中，我们获得第一个詹姆斯·比尔德杰出餐厅经营者奖。我骄傲地代表整个公司领奖。

我很清楚，我们并非因为某道菜做得特别好，或是某个概念特别独到而得奖。我们之所以得奖，主要是扩大了以款待为导向的商业模式，把它的应用范围从联合广场延伸到感恩公园、麦迪逊广场公园和二十七街，再到第五大道的现代美术馆。我们得奖是因为，不论在奶昔小站点一个招牌汉堡包和奶冻，或是在现代餐厅点一份加黑松露的生羔羊里脊肉片，不管是放在纸盘或精致瓷盘上来吃，我们均准备了丰富的饮食来滋养和呵护客人。我们的职责和乐趣所在，便是开设让人吃完还想再来的餐厅，以及建立回馈社区不亚于自社区受惠程度的事业。

20 多年来，我们努力集结与餐厅成败真正有利害关系的人，组成一个大社群。由于我们先付出忠诚，他们也充分地予以回报。当人们选择成为联合广场餐厅、感恩小馆、十一号麦迪逊公园餐厅、塔布拉餐厅、蓝烟餐厅、爵士标准餐厅、现代餐厅、美术馆的简餐店、奶昔小站，或哈德逊庭院酒宴承办公司的常客，就等于在告诉我们：“这里是让我感觉最像家的地方。”

Setting the Table: The Transforming Power of Hospitality in Business
By Danny Meyer

Published by arrangement with HarperCollins Publishers

图书在版编目（CIP）数据

全心待客：创造直抵人心的非凡体验 / 丹尼·迈耶著；顾淑馨译．—北京：中国人民大学出版社，2020.10

ISBN 978-7-300-28508-5

Ⅰ.①全… Ⅱ.①丹… ②顾… Ⅲ.①餐馆－商业经营－经验－美国 Ⅳ.① F737.126.93

中国版本图书馆 CIP 数据核字（2020）第 165708 号

全心待客

——创造直抵人心的非凡体验

丹尼·迈耶 著

顾淑馨 译

Quanxin Daike——Chuangzao Zhidi Renxin de Feifan Tiyan

出版发行	中国人民大学出版社		
社　　址	北京中关村大街 31 号	**邮政编码**	100080
电　　话	010－62511242（总编室）		010－62511770（质管部）
	010－82501766（邮购部）		010－62514148（门市部）
	010－62515195（发行公司）		010－62515275（盗版举报）
网　　址	http://www.crup.com.cn		
经　　销	新华书店		
印　　刷	北京联兴盛业印刷股份有限公司		
规　　格	148mm×210mm　32 开本	**版　　次**	2020 年 10 月第 1 版
印　　张	10.25 插页 2	**印　　次**	2020 年 10 月第 1 次印刷
字　　数	182 000	**定　　价**	59.00 元